河南省社会科学院学术书系·文库

新常态下的
河南开放发展

HENAN OPEN DEVELOPMENT UNDER
THE NEW NORMAL

王建国　主编
左雯　李建华　柏程豫　副主编

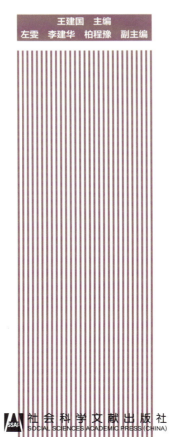

社会科学文献出版社
SOCIAL SCIENCES ACADEMIC PRESS (CHINA)

目录
CONTENTS

第一章
新时期河南开放发展的
紧迫性和重要性

    当前，经济全球化和区域经济一体化深入发展，国际产业向发展中国家转移以及我国东部地区产业向中西部地区转移的趋势不断加强，河南省经济社会发展也呈现出好的趋势、好的态势、好的气势。同时，"十二五"时期是河南省全面建设小康社会的关键时期，是全面深化改革、加快转变经济发展方式的攻坚时期，是必须紧紧抓住并且可以大有作为的重要战略机遇期，也是中原经济区建设五年彰显优势的奠基时期。在这一时期，河南省面临新形势、新机遇、新要求、新挑战，一定要准确把握对外开放阶段性特点，深刻认识新形势下开放发展的紧迫性和重要性，进一步强化机遇意识，增强紧迫感、使命感和责任感，更加积极主动地实施开放带动主战略，着力打造内陆开放高地，努力以对外开放新突破带动经济社会大发展。

一　开放发展是适应经济全球化发展的客观要求

    经济全球化是跨越民族、国家、政治疆界的经济活动的扩展。经济全球化意味着世界经济中各国经济开放度的增加，相互依存、依赖关系的加深和经济一体化的推动。在市场利益的诱惑和竞争的威胁驱动下，经济全球化不仅伴随着跨国境经济交易规模的扩大和日益普遍，也带来各国经济活动的组织化程度的提高。经济全球化是不可抗拒的世界经济发展潮流，新时期河南只有实现开放发展，才能适应经济全球化发展的客观要求。

（一）经济全球化的内涵、特征与作用

1. 经济全球化的内涵

经济全球化（Economic Globalization）是指世界经济活动超越国界，通过对外贸易、资本流动、技术转移、提供服务、相互依存、相互联系而形成的全球范围的有机经济整体。从本质上说，经济全球化是货物、服务、生产要素更加自由地跨界移动，各国经济相互依存、相互依赖、更加一体化的过程。它不仅是指商品、货币、资本、资源等要素在国际市场中的有效配置和合理流动，也是指世界各国的利益在整体磨合的过程中，所达成的能够最大程度体现各国之间协调意志并且可以弥补市场缺陷的原则、规则、机构和程序的国际性的制度安排；它不仅是一种现实状态也是一种不断深化的过程，也是国际经济发展的一种必然趋势，也是中国作为发展中国家的现实选择。

2. 经济全球化的实质

经济全球化的实质，应从社会生产力发展的内在规律及其与生产关系的关系中去加以理解和把握。

（1）经济全球化是一个客观的历史进程，是社会生产力和科技发展的客观要求和必然结果。世界各国都不可能离开这一进程而获得独立发展。

（2）经济全球化是生产力超越国界，生产要素在全球范围内自由流动和配置，促进全球经济不断增长的方式。在这一进程中，世界各国、各地区通过市场这个纽带，逐步推动国内市场向全球市场过渡，最终形成具有规范经济行为的全球统一规则，并建立起全球经济运行机制，从而极大地促进了全球产业结构的新一轮调整，加速全球经济的增长。

（3）从生产关系角度看，经济全球化本质上是全球经济的市场化，市场化把全球各国、各类经济紧密地联系在一起。经济全球化之所以在20世纪八九十年代出现新一轮浪潮，其中一个重要的原因就是市场经济体制成为世界上多数国家的选择。市场化使世界所有国家和地区经济逐步融合，使跨国商品与生产要素在全球流动的规模不断扩大，速度不断加快，形式日趋多样化，使世界各国（地区）经济的相互依赖性越来越强，

最终形成互相依存、紧密联系的有机统一体，产生牵一发而动全身的效应。因此，没有市场化就没有经济全球化，市场化成为经济全球化的本质特征。

（4）经济全球化的过程也是世界各国利益再分配的过程。世界各国在参与经济全球化的过程中，展开了激烈的角逐，各国都力争实现本国利益的最大化。一方面这使全球性竞争更加激烈、更加复杂。思想理念竞争、制度竞争、机制竞争、政策竞争和产品竞争、技术竞争、资本竞争、人才竞争交织在一起，使竞争呈立体化趋势；另一方面由于世界各国的具体情况千差万别，各国所获得的收益也大不相同。不可否认，经济全球化的进程主要是由西方发达资本主义国家主导和推动的，是在不公正、不合理的国际经济旧秩序没有根本性改变的情况下发生和发展的。目前，国际社会通行的市场规则和国际惯例很大程度上反映了主要发达国家的利益和要求。因此，发达国家是全球经济的"中心"和经济全球化最大的受益者，而广大发展中国家则收益较少，有些国家甚至只能受到损害。

3. 经济全球化的基本特征

经济全球化作为当今世界经济发展的一种趋势，其基本特征可以概括为以下几个方面。

（1）商品、技术、信息，特别是资本，可以在全球范围内实现自由流动和重新配置。

（2）它促成一种包括发达国家和发展中国家在内的各国经济相互渗透、彼此交织的复杂格局的形成。

（3）它符合现代社会生产力发展的内在要求。信息技术飞速发展成为推动全球经济一体化的主要动力。在这一进程中，信息产业逐步取代传统产业，主导世界经济发展潮流，并成为新的全球经济体系形成的重要基础，因此经济全球化也是科学技术高度发展的必然结果。

（4）跨国公司日益成为经济全球化的核心组织和主要载体，高科技产业已成为全球产业体系中的主导产业，高技术产品在国际贸易中的比重迅速增加，知识经济导致了新的国际产业分工体系的形成。

（5）由于经济全球化是不以人的主观意志为转移的历史进程，因而就应该是不为某一社会制度专属的共融体系，当然更要朝着不以强权政治为前提的互利准则运行和发展。从这个意义上说，经济全球化是对世界经济发展的一种贡献，和市场经济一样具有历史进步性。超级大国强权政治所造成的负面影响，并不能视为经济全球化的本质属性。

4. 经济全球化的作用

从总体来说，经济全球化加深了世界各国和各地区的经济联系，拓展了经济活动空间，有利于商品和资本的流动，有利于提高规模经济效益，有利于产业结构调整，有利于高技术的扩散和推广，有利于资本、资源、技术、劳务等生产要素在世界范围内流动和进行优化配置，是世界经济发展到一定阶段的产物。经济全球化主要在以下四个方面影响着世界经济格局的变迁。

（1）经济全球化促进以信息技术为先导的技术革命进入新的发展阶段。由于世界经济已进入以信息技术为先导的高科技迅速发展的新阶段，在经济增长中，科学技术和知识的贡献率将大幅提高。知识经济将越来越广泛地取代传统产业，并增强对各产业的渗透力，广泛运用并改造着传统产业，加快各国产业结构的调整步伐，使经济全球化不断深入和发展，并使世界经济发展转向主要以科技为主导的可持续发展道路。随着经济全球化的发展，各国间货物、服务、技术及其他生产要素的跨国界流动也将进一步加快，各国能充分发挥其生产某种货物或提供某种服务的绝对优势及比较优势，从而减少资源配置和价格扭曲所造成的资源不合理使用和浪费。技术的扩散和转移也将进一步加快，从而提高各国的经济发展和企业竞争力水平，也为各国产业结构、产品结构的调整做出积极贡献。全球化还将进一步加快各民族国家市场与世界市场的融合，为不同国家和地区的企业提供更广阔施展才华和竞争的空间，充分实现因企业生产经营规模扩大所带来的生产经营成本下降、交易成本下降、无形资产价值提高、抵御外来风险能力提高等方面的利益。

（2）经济全球化促使研发及技术竞争进入更深层次。经济全球化的发展会促使各国间开展技术竞争，增加研究与开发的投资，进行国际范围内合作和战略联盟，加快技术转让和扩散。促进发达国家与发展中国家的技术合作，为各国引进先进技术创造了条件，也必然会推动新产品、新的零部件、新型材料的生产和消费，缩短一些产品、企业甚至产业的生命周期，强化企业间的竞争。

（3）经济全球化促使各国间经贸往来走向有序、经贸政策走向协调。经济全球化导致各国间的经贸依存度加深。随着经济全球化的发展，一国经济的兴衰对另一些国家或地区经贸发展的影响进一步加强。这样一来，一国经济的繁荣和衰退将对另一国经济的发展繁荣或衰退影响更深。将有更多的国家认识到，经贸竞争的合作与协调是世界各国共同繁荣和发展的基础，从而更加注重加强经贸政策的协调，不能再采取过去那种为了本国的经济利益，实行一些以邻为壑的政策。全球化的健康发展，不仅需要处于危机中的国家或地区协调经贸政策，也需要各国及地区性、全球性的国际经贸组织，加强合作与政策的协调管理。

（4）经济全球化使金融业在全球经济生活中的作用更加举足轻重。随着经济全球化的深入发展，金融全球化逐渐成为经济全球化的核心内容。证券市场对全球资源配置所起的支配作用将得到进一步的加强；金融业对全球财富的再分配，将起越来越重要的作用；国际货币体系将走向多极化。

经济全球化在提升世界经济发展的效益和效率的同时，也暴露出其发展进程中的不容忽视的弊端。一是区域化的发展在一定程度上使全球化的发展前景不甚明朗；二是在经济全球化过程中，各国之间的依赖性和不稳定性增加；三是在经济全球化过程中，世界经济财富增长和贫富差距拉大将继续同时存在；四是经济全球化在促进全球经济发展的同时，将经济风险扩散至全球。

（二）经济全球化对河南带来的机遇和挑战

1. 经济全球化带来的机遇

河南省作为我国的一个内陆省份，对外开放起步较晚。改革开放以来，河南省紧紧抓住历史机遇，积极转变观念，深化改革，扩大开放，营造良好的发展环境，多层次、宽领域、全方位的开放格局逐渐形成，河南经济与世界经济的联系日益紧密。全球化进程的进一步发展，将为河南经济的发展带来新的机遇，注入新的活力。

（1）经济全球化给河南弥补资金短缺、技术相对落后等缺陷带来了机会。经济全球化加速了生产要素在全球范围内的自由流动，国际金融和国际投资的发展，使得国际资本流动日益迅速，再加上跨国公司的大发展，使河南能够更好地利用国内国外两种资源，一方面可以引进更多资金、技术及先进管理经验；另一方面也可以"走出去"参与跨国投资，利用海外资源。因此，经济全球化对于弥补河南资金短缺、技术相对落后等缺陷，迅速实现产业优化、技术进步、制度创新和经济发展，提供了前所未有的大好机遇。

（2）经济全球化有利于河南提高产业竞争力。国家或地区竞争力的提升有赖于产业竞争力的提升。在全球化背景下，一个国家或地区产业的发展从一开始便显露在全球的视野之中。因此，产业的进入壁垒将减少，"门槛"总体上可能降低。此外，经济全球化加速了全球经济结构调整的进程，河南可以利用发达国家的产业向全球转移的机会，加速工业化、信息化进程，推进产业结构合理化，促进经济结构不断改善和升级，从而提高产业竞争力。

（3）经济全球化有利于河南企业加快改革步伐。在贸易保护的条件下，企业在国内市场可以享受到许多来自政府政策上的优惠，实际上进行的是不平等竞争，使国内企业对提高自身素质缺乏紧迫感。加之我国原有经济体制的作用，企业的设立、经营和产出往往不是根据市场的需要，盲目投资、重复建设、浪费严重、经营粗放、集约化程度不高等因素制约了经济的发展。经济全球化要求各国相互开放市场，降低关税和非关税壁垒，这必然使国外有竞争力的产品和服务大量涌入，从而对国内同类产品和服务行业带来冲击。为了把这种冲击减至最低，我国国内经济主体，尤其是河南等内陆省份的企业不得不进行改革，以提高自身的竞争力，适应经济全球化的挑战。因此，经济全球化可以加强河南经济与世界经济的联系，促使河南企业改变传统的观念，参与国际竞争。

（4）经济全球化能够促进河南政府职能的转型和完善。为了与世界经济实现对接，河南必须改革传统的政府管理体制，实现政府职能的转变和完善。通过政府职能转变，建立高效、廉洁、透明的政府，促进河南建立一个具有国际竞争力的体制环境，使投资环境更具竞争力，从而更加有效地吸引资金、技术、信息、人才等要素来发展本地经济，增强本地经济竞争力。

（5）经济全球化有利于河南扩大出口，发展对外贸易。随着经济全球化的发展，国际贸易加快发展，这将更加有利于河南扩大出口，发展对外贸易。当前，一个国家和地区的经济发展不仅仅是国内的问题，也是国际性的问题。在经济全球化进程中，商品、资本、技术、信息、人才等各种要素都在快速流动，对于河南省而言，充分利用国内外的资金、技术、资源、人才、市场，可以有效地促进经济的增长。此外，开放市场、扩大进口也有利于河南充分地利用外国的资源，在一定程度上解决本地资源相对稀缺的问题。出口的扩大也可以扩大总需求，开辟世界市场，进一步带动河南经济的增长。

（6）经济全球化有利于加速河南工业化和城市化进程。河南省作为农业大省，在实现工业化和现代化的过程中，庞大的农村人口和富余劳动力始终是经济社会发展面临的一个大难题。随着河南对外开放和参与经济全球化的进程不断深入，外资外贸的大发展给农村劳动力转移提供了契机。随着农村劳动力的离土离乡，他们的生活方式、价值观念发生了极大变化，日益接近现代工业文明和城市文明的要求，推动着工业化、城市化进程加快。

2. 经济全球化带来的挑战

河南经济积极参与经济全球化的进程是经济发展的必然要求。但是，任何事物都是有两面性的。经济全球化绝不仅仅是经济上的世界一体化，相伴发生的还有政治、文化等方面的某种程度的强制同化，因而实质上是一种政治经济秩序的全球推广。因此，全球化在给河南经济发展带来无限机遇的同时，又对其发展带来一定的负面影响。河南面临着经济全球化带来的多方面的挑战和冲击，主要表现在以下三个方面。

（1）经济全球化给我国及河南的体制改革带来了巨大的压力。经济全球化使得经济传递性和同步性加强，我国及河南的改革特别是体制改革，在时间和空间上均受到强烈的挤迫。我国及河南今后的改革政策选择将更加困难，尤其是渐进改革与激进改革、平等主义与自由市场主义、国内保护与市场开放、短期后果与长期效应等一系列问题，处理起来都相当困难。

（2）外资投向和出口产品结构不利于河南内部产业的整体发展。由于大量的外资企业是"两头在外"的企业，所以其带动的是个别产业的发展，甚至是大发展，但不能使产业整体得到发展。现在，河南的出口产业结构虽已从原来的以初级产品为主转变为以工业制成品为主，但出口的制成品仍以劳动密集型、低附加值产品为主，技术密集型、高附加值的产品所占比重仍然偏低。这样的外资投向和外贸结构可能引起经济内部的结构失衡，外向型产业或行业过度膨胀，而内需产业或行业发展不足，一旦国际市场风吹草动，就会造成结构性的过剩危机，给经济发展带来负面影响。

（3）经济全球化对河南工业发展战略和工业化升级提出挑战。全球化的一个特征是跨国公司的飞速发展，全球生产体系迅速发展和日益庞大并不断增长的跨国公司资本，在给河南经济发展注入活力的同时，也使河南本土经济面临越来越大的压力。跨国公司通过"价值链"分析，按照"价值链"的比较优势，从生产组织上把技术密集工序和劳动密集工序在空间地域上分开，把劳动密集型产业向国外转移。其高效的管理、先进的技术设备，再加上河南廉价的资源，对本地同类产业带来了巨大的冲击，使不少企业面临破产、倒闭的危险。

（三）开放发展是河南适应经济全球化发展的客观要求

邓小平同志曾经指出："中国的发展离不开世界。"[1] 这是基于世界经济发展趋势得出的科学结论。当今的世界是开放的世界，经济全球化是当今世界经济发展潮流，是世界经济发展到一定阶段的必然结果和客观产物。经济全球化使跨国界的商品流、资本流、信息流和人力流急剧加速，生产要素在全球范围内配置，生产力的发展受世界范围内多种因素的影响。在全球化大背景下，国与国之间的关系日益紧密，一个国家只有主动融入世界潮流，采取积极的开放政策，才能充分利用两个市场、两种资源，加快本国建设。中国作为世界经济一体化中的一员，只有参与国际经济活动才能使自己得到更快的发展。30 多年来，我国对外开放的实践深刻表明，开放程度与经济社会发展程度成正比，小开放，小发展；大开

---

[1] 《邓小平文选》第 3 卷，人民出版社，1993，第 78 页。

放，大发展；不开放，难发展。什么时候把开放这篇大文章做好了，什么时候的发展就会快一些；反之，发展的速度就会慢下来。

一个国家如此，一个地区亦是如此，河南要加速发展自己，一个至关重要的因素就是要抓住经济全球化的重大机遇，适应经济全球化的世界潮流，坚定不移地实行对外开放政策，加快开放型经济的发展。

二　开放发展是缩小同全国发展差距的内在要求

改革开放以来，河南省经济社会发展取得了显著成就，呈现出好的趋势、好的态势、好的气势。但是，与东部发达地区及全国平均水平相比，河南省经济社会发展仍然存在较大差距。究其原因，作为一个内陆省份，河南省对外开放水平较低是制约其经济社会快速发展的重要因素。因此，进一步扩大开放，实现开放发展是河南缩小同全国发展差距的内在要求。

（一）河南经济社会发展与全国存在巨大差距

1. 经济发展总体水平比较

改革开放以来，河南经济持续高速增长，经济总量多年位居全国第5位。2013年，河南省GDP达到32155.86亿元，1978~2013年年均增长11.2%，高于全国9.1%的年均增长水平，与全国平均水平的差距逐步缩小。但是，由于河南省人口众多，经济发展总体水平仍然存在较大差距。人均GDP是反映经济发展水平和综合经济实力的重要指标。2013年，河南省人均GDP为34174元，低于全国平均水平7734元。

2. 经济结构水平比较

（1）河南省的产业结构层次仍然较低。发展经济学的有关理论认为，经济发展存在着明显的阶段性，在不同的发展阶段，产业结构具有不同的特征。世界经济发展的历程揭示出某一地区三次产业构成中第二、第三产业的比重越高，其结构的现代化程度就越高这一基本规律。2013年，河南省三次产业增加值占GDP的比重分别为12.6∶55.4∶32.0，而全国这一比例为10.0∶43.9∶46.1，河南第三产业的比重不仅远远低于全国平均水平，且位居全国最末位。由此可以看出，河南三次产业发展不协调，经济发展还比较依赖农业，经济增长主要依靠第二产业带动的局面尚未改变，第三产业发展严重滞后。

从就业结构分析，2013 年，河南三次产业从业人员占全部从业人员的比重为 40.1∶31.9∶28.0，而全国为 31.4∶30.1∶38.5，与全国相比，河南第一产业比重过大，社会劳动力向第二、第三产业转移的步伐仍显缓慢。

从三次产业贡献率分析，2013 年，河南省 GDP 的增加额中，第一产业贡献率为 5.9%，第二产业贡献率为 65.6%，第三产业贡献率为 28.5%；全国 GDP 的增加额中，第一产业的贡献率为 4.9%，第二产业的贡献率为 48.3%，第三产业的贡献率为 46.8%。河南省产业的演进水平明显低于全国平均水平。

（2）各产业内部结构层次偏低。在河南三次产业内部，第一产业的农、林、牧、副、渔五大产业构成仍然偏重于农业，林、牧、副、渔产业发展相对较慢。2013 年，河南农业实现总产值 4202.3 亿元，占第一产业总产值的比重为 58.4%，而全国这一比重为 53.1%。而农业也偏重于传统种植业，新型高效农业比重较低。

河南第二产业内部层次不高。作为河南经济主导产业的工业，起重要支撑作用的依然是资源型产业和传统优势产业，技术含量低、附加值低、综合利用程度低、物耗高、能耗高、污染高的"三低三高"问题突出，而带动性强、关联度高、对长远发展有重要影响、代表当今国际产业竞争焦点的新兴产业，如电子信息、生物制药、新材料、石化深加工等产业发展较为缓慢。

在第三产业内部也存在着结构方面的问题。传统服务业比重偏大，现代服务业比重较小，新兴服务业拓展不足，与经济大省的地位极不相称。2013 年，河南省交通运输、仓储和邮政业占第三产业的比重为 12.7%，高于全国平均水平 2.3 个百分点；批发和零售业占第三产业的比重为 20.1%，低于全国平均水平 1.1 个百分点；住宿和餐饮业占第三产业的比重为 9.7%，高于全国平均水平 5.3 个百分点；金融业占第三产业的比重为 11.5%，低于全国平均水平 1.3 个百分点；房地产业占第三产业的比重为 11.3%，低于全国平均水平 1.4 个百分点；其他服务业占第三产业的比重为 34.6%，低于全国平均水平 3.9 个百分点（见表 1-1）。这表明，河南省传统服务业比重明显高于全国平均水平，而金融业和房地产业等现代服务业比重低于全国平均水平。

表1-1　2013年河南第三产业生产总值构成与全国比较

单位:%

行　业	河南省	全　国
交通运输、仓储和邮政业	12.7	10.4
批发和零售业	20.1	21.2
住宿和餐饮业	9.7	4.4
金融业	11.5	12.8
房地产业	11.3	12.7
其他	34.6	38.5
第三产业合计	100	100

资料来源:《河南统计年鉴（2014）》《中国统计年鉴（2014）》。

3. 城镇化水平比较

城市是生产发展的产物。城市化进程的加快，一方面可调整和完善经济的空间布局，提高集聚和扩散效应；另一方面，在某种意义上也标志着现代化和文明的程度，它引致整个社会的历史性变迁——从乡村社会向城市社会转型。通过城市的优先发展带动区域经济发展和社会文明进步是工业化的国际经验。

改革开放以来，尤其是近年来河南省城镇化发展速度较快，发展势头良好。2013年，河南省城镇化率（城镇人口占总人口的比重）达到43.8%，比1978年的13.6%提高了30.2个百分点。但是，由于受到思想观念、经济实力、发展条件、区位环境等诸多因素的影响，与全国和其他城镇化发展较快的省份相比，河南城镇化发展的速度较慢，水平仍然比较低，与工业化和经济发展不协调，城镇化滞后于工业化。2013年，河南的城镇化水平比全国平均水平低9.9个百分点，在全国31个省份中排在倒数第5位，仅略高于甘肃、西藏、云南和贵州。

4. 经济效益水平比较

财政实力与经济发展水平落差较大。财政收入是一个地区经济实力的重要体现，也是反映一个地区经济效益的重要方面。从地方财政收入来看，2013 年，河南公共预算收入为 2415.45 亿元，在全国排第 9 位。而 GDP 为 3.7 万亿元的浙江，公共预算收入为 3700 多亿元。就是说，浙江 1 万亿 GDP 的效益相当于河南 1.3 万亿 GDP 的效益。同样处于中部地区的安徽，GDP 为 1.9 万亿元，公共预算收入为 2075.8 亿元，财政总收入占 GDP 的比重也比河南高。如果再除以一个接近 1 亿的人口分母，河南之难就越发清晰了。

5. 人民生活水平比较

居民的收入状况是影响经济发展的重要因素，尤其是在建设高水平小康社会和基本实现现代化的进程中，收入水平更是衡量社会文明程度、体现生活质量的标志。2013 年，河南省农民人均纯收入和城镇居民人均可支配收入分别为 8475.34 元和 22398.03 元，分别为全国平均水平的 95.3% 和 83.1%，在全国的位次分别为第 16 位和第 21 位。这表明河南省居民收入水平与全国平均水平还存在较大差距。

（二）对外开放水平低是制约河南经济社会发展的重要因素

河南地处中原，内陆意识相对较浓，加之其他一些因素，长期以来，在对外开放方面，尽管也取得了不少成就，但是总体来看，开放度不大。开放型经济发展缓慢，经济外向度低已成为制约河南省经济与社会发展的"瓶颈"。2013 年，河南进出口总额为 599.5 亿美元，只占全国进出口总额的 1.4%。河南对外贸易依存度为 11%，而全国高达 46%。河南对外经济总量在全国所占的分量与河南经济总量在全国的地位、比例不相称，成为河南经济的凹陷地带。对外经济凹陷对河南经济可持续发展带来一系列的问题，主要有以下几个方面。

1. 难以有效利用外部资源和市场

一个地区与国际经济接轨的能力和水平，决定着本地区的发展方式和发展内涵，最终决定了这个地区的发展水平，这已为我国东、中、西部地区的不同发展实践所证明。外资企业是我国利用国内外两种资源、国内外两个市场的重要渠道和桥梁。外资的进入不仅可以有效缓解各项建设资金的不足，而且可以促进当地投资环境的改善，促使当地企业经营理念的更新、管理经验的创新，更有利于人才的成长和培养，同时也促进资本、劳动力、人才、技术、信息等要素市场的形成和发育。因此，有效利用外部资源，对于一个地区经济的持续增长至关重要。但是，目前河南省外资利用水平还较低。2013年，河南实际利用外商直接投资134.6亿美元。同时，河南外资企业还存在着规模小、实力弱的问题，国际知名的大财团、大企业很少进入河南市场。在已批准的外资项目中，一般加工性项目较多，技术密集型和出口创汇项目偏少。从整体上看，河南的招商引资工作还基本处于起步阶段，存在着盲目引进、外商投资规模偏小、技术含量低等现象，而且外商投资的形式单一，几乎全部集中在合资经营、合作经营和外商独资上。利用外资的落后状况，使得其对国民经济的拉动作用也相对较低。

从上述可以看出，河南经济基本上没有融入经济全球化潮流。国际化程度低，不仅影响到经济的发展，还直接影响到决策、管理、文化乃至人的观念与国际接轨，不利于形成兼容并蓄、竞争开放的社会人文环境，这极大地制约着经济社会的发展。

2. 没有发挥河南的比较优势

比较优势的发挥对区域经济的发展有重要意义。有效发挥比较优势，利用当地有利条件形成独特的竞争优势，可以占领市场，扩大市场份额，获取尽可能多的利润，进而实现产品技术的升级、产业结构的优化，实现经济的可持续发展。而河南对外经济的凹陷却不利于发挥河南的比较优势，主要表现在以下几点。

（1）人力资源的优势没有发挥。河南是第一人口大省，人力资源丰富，但对外经济的凹陷，使得这一优势没能得到充分发挥和利用，人才流失严重，影响了河南经济的发展。

（2）农业大省的优势没有发挥。作为农业大省，2013年河南粮食总产量位居全国前列，占全国总产量近1/10，小麦产量占全国总产量的1/4。河南的食品加工已经在全国有了一定的影响力和竞争力，拥有双汇、三全、思念等全国著名的食品品牌，但河南农业大省的优势并没有得到充分发挥。从农产品加工、研发、储存保管、食品设备，一直到产品的销售网络这样一个巨大的农业产业链中，河南还有很大的发展潜力有待挖掘。

（3）资源优势没有得到发挥，河南是矿产资源大省，然而资源是把"双刃剑"，资源优势往往容易变成"资源陷阱"。丰富的资源往往使人们缺乏忧患意识，过分注重资源开发，有矿就采，有煤就挖，带来产品结构不合理、技术含量低、终端产品少等问题。采矿规模小、浪费严重、环境污染、生态恶化等突出问题，使煤炭、铝土矿资源对河南经济社会发展的"瓶颈"制约日益凸显。

（4）文化旅游优势没有发挥。河南是中华文明的发祥地，中国的旅游大省，旅游资源非常丰富。2013 年，河南省接待入境游客 2073305 人次，旅游创汇收入 65997 万美元，在全国排在第 21 位。显然河南旅游业对国民经济的贡献还不足，还有很大的提升空间。

3. 投资性增长带来严重的结构失衡问题

投资、消费和出口是拉动经济发展的"三驾马车"，对外经济的凹陷使得河南经济增长主要依靠内需，而消费需求不足又使河南经济增长主要依靠固定资产投资的高速增长。投资增长水平过高，将加剧一系列的经济结构失衡问题，给中长期宏观经济的稳定增长带来很大隐患。主要表现在以下几点。

（1）经济增长对投资的过度依赖，导致投资与消费的比例严重失衡，影响中长期宏观经济增长的稳定性。投资过快、消费偏慢的格局继续保持，投资持续过快而消费持续偏慢的后果是：投资与消费之间循环不畅，即高投资缺乏相应消费的支持，高投资增长将会很不稳定。当高投资无法持续并出现明显向下调整时，消费增长不足将会变得更加严重。

（2）在现有格局下投资持续过快增长意味着产业结构调整和经济发展方式的转变将会被大大延缓。

（3）投资性增长带来严重的结构性过剩。投资过热在短期有减小产能过剩压力的功效，但中期将加大产能过剩的矛盾。

（4）高投资增长伴随低就业增长和偏低的消费增长是我国最近几年的经济运行基本态势之一。由于投资效率偏低或者投资所形成的分配机制问题，转化为工资的份额偏少，而多数的份额转化为资本收益，且被少数人获得。因此，投资高增长又是导致收入分配差距扩大的一个重要原因，致使社会整体的消费能力被削弱。

4. 严重制约河南经济的持续性增长

人口、资源、环境与发展相互协调的可持续发展模式，已经为世界各国普遍关注并接受。可持续发展的最终目标是促使社会、经济、环境及生态系统之间相互协调,它是一项庞大而复杂的系统工程,构成这个系统的主要因子是人口与资源,而经济发展和社会进步是此系统的最终结果。如果人口—资源—环境系统失衡,必将带来人口膨胀、资源破坏、环境污染等诸多问题,最终会影响经济的发展和社会的进步。河南人口压力大、素质不高是河南实现可持续发展所面临的基础性障碍;资源较为富裕,但人口众多带来的资源压力逐步增大,是河南实现可持续发展的潜在威胁;未能合理开发和节约利用资源,严重威胁着脆弱的环境和生态系统,是河南可持续发展潜伏的巨大危机。而这些又都与对外经济发展滞后密切相关。

(三) 开放发展是缩小河南同全国发展差距的内在要求

扩大对外开放,实施开放发展是促进一个国家或地区经济快速发展的有效途径和方式之一。如今,河南省经济社会发展还比较滞后,同全国平均水平存在较大差距,而开放型经济滞后在很大程度上延缓了河南省现代化的进程,是造成河南与全国平均水平,尤其是东部沿海省份存在巨大差距的重要因素。要想实现跨越式发展,迅速缩小与全国的发展差距,光靠河南自身的能力,靠自身的积累是远远不够的,必须实施开放发展,高度重视并积极发展开放型经济,吸引省外和境外的资金、技术、人才以及先进的管理经验,来参与河南整体发展,尽快提高河南经济社会整体发展水平,缩小与全国的差距。

三 开放发展是构建经济增长内生机制的本质要求

社会经济发展系统的各组成部分必须运行有序、相互激励、迸发活力,才能形成共同推动跨越式发展的合力。实现中原崛起,是一个跨越式发展的系统工程。这一系统的运作,需要有强有力的内生机制做支撑。这一机制,必须能够保障社会经济发展的主体具有发展活力和动力,具有快速发展的积极性。长期以来,河南省消费需求不足、民间投资不旺、科技创新能力不强、高素质人才缺乏等造成经济发展内生动力和活力匮乏,经济增长内生机制尚不完善,由此制约着河南省经济持续性发展、均衡性发展和创新型发展。对外经济不仅是培育河南经济增长内生机制的重要方面，也是影响河南经济内生增长的重要原因，可以说，开放发展是构建经济增长内生机制的本质要求。

（一）河南经济增长内生动力不足的主要表现

近年来，河南省经济保持了持续、高速的增长态势。2003～2013年，河南省地区生产总值年均增长12.3%，高于全国10.2%的平均水平。究其原因，其快速增长主要是依靠以政府为主导的投资的快速增长拉动，而支撑经济增长的内生动力不强，具体表现在消费需求不足、民间投资增长缓慢、科技创新能力不强、高素质人才匮乏等方面。

1. 出口与居民消费需求不足

投资、消费和出口是拉动经济发展的"三驾马车"，而河南的经济增长主要依靠投资的快速增长来实现，出口和消费对经济的拉动作用尚未发挥出来。

河南地处内陆，尽管近几年的进出口总额等得到高速增长，但是由于基数较低，与东部地区相比，河南外贸指标还很低，外向型经济发展还很滞后，出口对经济的拉动作用还比较弱。依据支出法生产总值构成，2012年，河南最终消费率（最终消费支出占支出法生产总值的比重）为47.5%，资本形成率（资本形成总额占支出法生产总值的比重）为77.2%，而货物和服务净流出占支出法生产总值的比重为－24.8%。同年，全国最终消费率、资本形成率与货物和服务净流出占支出法生产总值的比重分别为49.8%、47.8%和2.4%。由此可见，河南出口严重不足，拉动经济发展的作用非常小。

河南长期实施"重投资、轻消费"的经济增长模式，这可以从投资和消费的关系中表现出来。近几年来，河南投资需求大幅度增加，消费需求增长不明显。2003～2013年，河南省地区生产总值年均增长12.3%，全社会固定资产投资总额年均增长26.5%，社会消费品零售总额年均增长16.3%，城镇居民人均消费性支出和农民人均生活消费支出年均分别增长10.7%和11.1%。以上数据显示出固定资产投资的增长速度远远高于地区生产总值的增长速度，而居民消费支出低于地区生产总值的增长速度。

由此可见，投资是当前拉动河南经济增长的主导力量。消费需求不足制约了河南经济的进一步发展，消费需求内部构成也存在着不合理的现象。从居民消费与政府消费的关系来看，与全国平均水平相比，政府消费比重较低。2012 年，河南居民消费支出与政府消费支出的比例为 73.1：26.9，而全国这一比例为 72.7：27.3。从农村居民与城镇居民消费的关系来看，河南城镇居民消费居主导地位，涨幅高于农村居民，并且占居民消费支出的比重呈逐年上升趋势，而农村居民消费严重不足。2012 年，河南省城镇居民消费支出为 6672.59 亿元，农村居民消费支出为 3081.82 亿元，前者是后者的 2.17 倍。此外，2003～2012 年，河南城镇居民消费支出占全省居民消费支出的比重由 56.6% 上升到 68.4%，而农村居民消费支出占全省居民消费支出的比重由 45.4% 下降到 31.6%。

由上述分析可知，河南投资、消费、出口比例不协调，经济增长主要依靠投资拉动，出口、消费特别是居民最终消费不足，对经济的拉动作用较弱。

2. 民间投资增长缓慢

投资作为经济增长的"三驾马车"之一，具有见效快、乘数效应大的优点，当前河南省经济增长主要靠政府投资和政策推动，民间投资和市场机制明显不足。2013 年，河南省全社会固定资产投资总额为 26087.45亿元，较 2012 年增长 21.6%。按资金来源分，国家预算内资金增长 41.7%，国内贷款增长 31.1%，利用外资增长 11.26%，自筹资金增长 21.2%，其他资金增长 -65.2%。由此可见，政府投资速度远远高于民间投资增长速度，河南省民间投资不足，"政府热、企业冷；公共投资热，民间投资冷"的现象比较严重，致使经济增长的内生动力和活力不强。

河南省民间投资不足的另外一个重要表现是民营经济发展缓慢，存在着规模总量偏小、总体实力不强、资金短缺、融资困难、观念落后、发展环境不够宽松等一系列问题。与东部沿海发达地区相比，河南省民营经济发展存在较大差距。一是组织规模小，自身竞争能力不强。在经济总量上，河南省非公有制经济总量占全省经济总量比重与非公有制经济发展较快的东部沿海地区相比还比较低。在组织规模上，河南省非公有制经济主要由个体工商户和私营企业组成，个体组织形式偏小。在产业分布上，河南省非公有制经济主要集中在第三产业，大多从事批发、零售和住宿、餐饮等行业，进入工业领域的户数相对较少，龙头企业更少，缺乏引导行业发展的骨干力量。二是发展方式粗放。总体上看，河南省民营企业受技术和人才等方面的制约比较突出，从事低技术产业的比重较高，绝大多数工业企业分布在一般加工工业领域，产品档次低，市场竞争力弱，产品、产业高级化进程不快。三是发展过程中的瓶颈制约特别是融资困难问题更为突出。河南省民营企业规模普遍较小，缺乏与之相适应的资本市场支持，加之企业自身的财务制度不完善、信用担保体系不健全等因素，融资难的问题相当突出。

3. 自主创新能力不强

世界各国和地区的实践表明，自主创新是推动区域经济发展的内在动力，是区域核心竞争力的源泉。绝大多数区域在发展初期，以技术引进为主的模仿创新是区域创新的主导模式，但随着区域经济的进一步发展，创新主体尤其是企业的创新能力的进一步增强，就有可能吸纳国内其他地区乃至国际性的创新资源，包括知识、技术、人才、资金等，实现技术上的突破，完成向以自主创新为主的创新模式的转换，从而实现可持续发展。相反，一个缺乏自主创新能力的区域，在国际和地区竞争中将始终处于受制于人的被动境地，从而在产业分工中处于低端环节。自主创新在区域经济发展中的核心地位，决定了区域经济发展的关键在于培育和提升自主创新能力。

近年来，河南省创新成果数量持续增长，高新技术产业迅速发展，自主创新能力不断增强，同时也应该看到，河南省创新基础总体还比较薄弱，缺乏核心技术和自主知识产权，自主创新能力不强。一是河南高技术制造业比重过低，而且高科技产业技术含量不高，市场竞争力不强。许多高技术企业仍然只具有高技术产品加工功能，缺少核心技术。二是河南企业缺乏自主创新意识，创新投入、创新产出等指标与先进省份都存在较大差距。2013 年，河南大中型工业企业研究与试验发展（R&D）经费为295.3 亿元，仅占全国的 3.5%，分别为广东、江苏、山东的 23.9%、23.8% 和 28.0%。2013 年，河南申请专利 55920 项，获得授权专利 14400 项（其中发明专利 4182 件），占全国的比重分别为 2.5% 和 2.0%，远低于河南省地区生产总值占全国 5.7% 的比重。

4. 高素质人才匮乏

进入知识经济时代，国家和地区间的竞争将不再单纯依赖物质资本，而是越来越依赖人力资本。在人口数量有足够保障的前提下，劳动力素质对经济的发展起到越来越重要的作用。人力资本学说认为，现代经济发展的速度与质量主要取决于人力资本的丰裕程度，人力资本是促进经济可持续发展的重要内生动力。在发达国家，国民收入增长要远远快于生产要素投入量的增长，其秘诀就在于人力资本的迅速增长。在经济欠发达的国家和地区，经济之所以落后，根本的原因在于人力资本的匮乏，劳动力素质不高。

河南是人口大省，但不是人力资源大省和强省。随着经济快速发展，人口素质较低的问题将会越来越突出。一是文化素质较低。2013 年，河南省文盲人口占 15 岁及以上人口的比重为 4.88%，略高于全国平均水平，远高于北京、上海、广东、天津等地区。高学历人才较少。2013 年，河南省共有普通高等学校 127 所，在校学生 2072606 人；每 10 万人口高等教育平均在校生数为 2114 人，远低于全国 2418 的平均水平。这与河南省人口大省的地位极不相称。二是健康素质较低。2014 年，河南省对外公布的全省残疾人人数为 720 多万。新生儿出生缺陷率迅速上升。三是部分人道德素质不高，诚信意识差，缺乏社会责任感。四是人口素质城乡差异较大。农村人口的身体和文化素质远低于城市人口。

（二）对外经济是培育河南经济增长内生机制的重要方面

经济增长内生机制主要包括投资机制、消费拉动机制、出口拉动机制、产业发展机制、产业结构调整机制、内源性和外源性动力机制、创新机制等多方面的内容。可见发展对外经济是培育河南经济增长内生机制的重要方面，而且影响着经济增长内生机制的各个方面。

1. 出口拉动机制是经济增长内生机制的重要方面

（1）在投资、消费、出口"三驾马车"之中，拉动河南经济增长的主要是投资。从河南省开放型经济发展现状来看，与东部沿海发达地区甚至中西部一些省份相比，河南省开放型经济发展不够，对外开放层次、水平、程度不高。在经济全球化的背景下，2013 年河南省进出口总额占全国的比重只有 1.4%，只相当于经济总量排在河南省前面的广东、江苏、浙江、山东四省进出口总额的 5.4%、10.9%、17.9% 和 22.5%，在中部六省中排名第 1 位。可见，河南省开放型经济相对于全国和发达地区发展滞后，对全省经济的带动作用还不够，已成为经济社会发展的薄弱环节和突出问题。

从河南省情出发，在一定时期内，经济发展还必须靠投资来拉动。但是从经济可持续发展来看，还必须高度重视出口的拉动作用，形成出口拉动经济增长的机制。要继续实施扩大对外开放的政策，加大出口对经济的拉动作用。

（2）从内源性和外源性动力机制来看，目前河南经济发展中，由于对外开放程度低、三资企业少、外来资金少，河南经济的增长主要是内源性的，主要靠现有经济主体来推动。由于河南人均水平低，企业竞争力弱，实现中原崛起单靠内源是不够的，必须同时发挥好内源性动力和外源性动力两个方面的作用。在内源性动力方面，要激活微观主体，调动好、维护好各方面的积极性，同时政府要加强发展环境的改善，致力于全民素质特别是企业家素质的提高。建立合理的利益分配机制，使内源性经济蓬勃发展。要加快外源性经济的发展步伐，继续加快实施好对外开放政策，利用土地成本低、劳动力资源丰富等优势，并通过培训提高劳动力的素质，为外源性经济主体提供高素质的要素资源，吸引他们到河南发展。

2. 对外经济影响着经济增长内生机制的各个方面

（1）就投资机制来说，培育河南经济持续增长的内生机制，首先要重视有形资本的投资，加快有形资本的积累，在保持有形资本高投资率的同时，要不断优化结构，疏通要素转移的渠道，维持资源的有效配置，有效发挥好结构变动引发的增长效应。要解决投资主体的内生性问题，就需要引导非公有制经济加大投资，扩大民间投资准入领域，保护投资者利益，强化服务意识，增强投资者信心，以保证经济增长的可持续性。这些都需要积极发展开放型经济，实行开放发展，大力吸引国外、省外投资参与河南的发展。

（2）就消费拉动机制来说，在今后相当长的时间里，经济增长还要靠投资来拉动，但从长远考虑，若要实现经济的可持续增长，还必须重视消费的拉动作用。扩大消费需要全面提高城乡居民收入拉动消费需求、开辟新的消费渠道等。大力发展开放型经济，大力引进境外、省外企业来河南投资，引导省内劳动力参与对外劳务合作等对于解决河南省劳动力就业、提高居民收入水平、拉动居民消费需求等都具有重要意义。

（3）就产业发展机制来说，河南的产业目前以传统产业为主，产业是否具有竞争力，不在于它是传统产业还是高新技术产业，而在于它的生产率水平的高低，生产率水平高的产业就是有竞争力的产业。因此，针对河南目前的产业现状，更现实的选择是用高新技术改造传统产业，提升传统产业的技术水平，从而提升传统产业的竞争力，催生高新技术产业，逐步实现由劳动密集型向技术密集型的转变。河南省可以通过开放发展、大力发展开放型经济，积极引进国外、省外先进适用技术来提升河南产业竞争力。

（4）就产业结构调整机制来说，河南目前的产业结构不合理，服务业落后。加快产业结构调整，形成三次产业协调拉动经济增长的发展模式是转变经济发展方式的重要方面。从经济结构调整的实践经验来看，近年来河南省通过扩大开放，推进招商引资，使富士康等一大批国内外知名企业落户河南，在推动企业做大做强的同时，还成功培育了一批在国内外有影响力的龙头企业和企业集团，带动了全省产业结构的优化升级。实践证明，调整经济结构最有效、最快捷的办法就是扩大开放招商引资。要积极吸引外资投向现代服务业、科教文卫社会事业、城乡建设、农业等领域，促进河南产业结构调整。

（5）就创新机制来说，自主创新是推动区域经济发展的内在动力，是区域核心竞争力的源泉。目前，河南省创新基础总体还比较薄弱，缺乏核心技术和自主知识产权，自主创新能力不强。在当前阶段，构建河南创新机制，还需要通过开放发展，吸纳国内其他地区乃至国际性的创新资源，包括知识、技术、人才、资金等，实现技术上的突破。

（三）开放发展是构建经济增长内生机制的本质要求

由上述分析可知，河南省经济增长内生动力不足，亟须加快改变传统的经济增长依赖路径，培育并构建拉动经济持续增长的内生机制，推动河南经济发展向"内需驱动、消费支撑、均衡发展、创新驱动"的模式转变。发展对外经济不仅是培育河南经济增长内生机制的重要方面，而且影响着经济增长内生机制的各个方面。实施开放发展、大力发展外向型经济本身就是出口拉动机制、外源性动力机制的内容，实施开放发展，大力吸引国外、省外投资参与河南发展，不仅能够加大河南投资、支持河南发展，而且对于解决河南省劳动力就业、提高居民收入水平、拉动居民消费需求等都具有重要意义。同时，实施开放发展，大力发展开放型经济，可以引进国外、省外先进适用技术来改造提升传统产业，促进河南产业结构调整，从而提升河南产业竞争力。此外，实施开放发展，还能够吸纳国内其他地区乃至国际性的创新资源（包括知识、技术、人才、资金等），实现技术上的突破，增强河南自主创新能力。因此，开放发展是构建河南经济增长内生机制的本质要求。

四　开放发展是建设中原经济区的必然要求

中原经济区是以河南为主体，延及周边，支撑中部，东承长三角，西连大关中，北依京津冀，南临长江中游经济带，具有自身特点、独特优势，经济相连、使命相近、客观存在的经济区域。中原经济区战略是事关中原崛起、河南振兴的重大命题和加快河南发展的必然选择。加快中原经济区建设，实现中原崛起、河南振兴，必须要靠开放发展，统筹用好国际国内两个市场、两种资源，借力发展、借势跨越。

（一）构建中原经济区是实现中原崛起、河南振兴的必然选择

当前，经济全球化和区域经济一体化深入发展，国际产业向发展中国家转移以及我国东部地区产业向中西部地区转移的趋势不断加强，国家促进中部崛起战略加快实施，以河南为主体的中原地区工业化、城镇化、农业现代化进程加快推进，全省上下谋求发展的共识、服务全局的合力、攻坚克难的精神进一步增强，经济社会发展呈现出好的趋势、好的态势、好的气势。未来五年，是河南省全面建设小康社会，实现中原崛起、河南振兴的关键时期，是深化改革开放、加快转变经济发展方式的攻坚时期，机遇前所未有，挑战也前所未有，总体上机遇大于挑战。

面对新形势、新要求，从全局和战略的高度出发，总结历史经验，立

足现实需要，展望未来发展，凝聚全省人民的智慧和力量，更加注重贯彻落实科学发展观，更加注重遵循经济规律，更加注重发挥河南优势，更加注重经济社会文化、城市农村发展的统筹协调，更加注重坚持解放思想、改革开放，河南省提出以河南为主体，建设中原经济区、加快中原崛起和河南振兴的战略构想。这一战略构想，是贯彻落实中央领导同志关于河南科学发展重要指示精神的深入实践，是历届省委、省政府团结带领广大干部群众积极探索的重要成果，是中原崛起战略的持续、延伸、拓展、深化，是全面实施国家《促进中部地区崛起规划》的重大举措，是凸显在全国发展大局中地位和作用的战略选择。

中原经济区是一个区域经济的概念。中原经济区，是以河南为主体，延及周边若干区域，具有鲜明特点、独特优势，经济相连、使命相近、相对独立的区域经济综合体，河南处于主体地位、发挥主体作用。中原经济区是一个总体战略的概念。河南提出建设中原经济区与加快中原崛起、河南振兴一道构成了河南发展的总体战略。中原经济区是一个载体平台的概念，是中原崛起、河南振兴的载体和平台，是明晰定位、整合优势、凝聚合力的载体和平台，是河南扩大对外开放、加强交流合作、实现互利共赢的载体和平台。

建设中原经济区，具有十分重要的战略意义：有利于国家区域经济布局的进一步完善；有利于国家统筹协调梯次推进发展重大战略的实施；有利于国家在中部地区形成新的经济增长板块；有利于河南在全国发展大局中明晰发展定位、发挥自身优势；有利于河南坚持走一条不以牺牲农业和粮食、生态和环境为代价的协调科学发展的路子；有利于遵循经济发展规律特别是区域经济发展规律，更好地深入贯彻落实科学发展观、加快经济发展方式转变。谋划和建设中原经济区，是贯彻落实中央对河南工作要求的具体行动，是历届省委班子带领全省干部群众不懈探索的重要成果，是实现全面建设小康社会奋斗目标的战略选择，是凸显河南地位、服务全国大局的重大举措，是实现富民强省的宏伟事业。

（二）开放发展是建设中原经济区的必然要求

《河南省全面建成小康社会加快现代化建设战略纲要》明确了河南今后一个时期的战略目标、战略方针、战略布局、战略重点、战略举措和战略保证。根据党的十八大确立的全面建成小康社会的奋斗目标和我国现代化建设"三步走"战略部署，按照习近平总书记提出的让中原更加出彩的要求，河南省提出的战略目标是到 2020 年全面建成小康社会，主要经济指标年均增速高于全国平均水平，力争经济社会发展主要人均指标高于全国平均水平。要实现这些宏伟目标和蓝图，仅靠自身力量关起门来搞建设肯定不行，其根本途径是要靠改革开放，必须统筹用好国际国内两个市场、两种资源，以更高水平、更大规模的对外开放获得更多自然资源、人力资源、技术资源、市场资源，借力发展、借势跨越。

从总体上看，今后一个时期，河南省扩大开放、承接产业转移正面临难得历史机遇。从国际国内环境看，当前，受国际金融危机影响，世界政治经济格局加速变革和调整，对外开放的国内外环境正在发生深刻而复杂的变化，但经济全球化、投资贸易自由化以及国际产业向我国转移的大趋势没有改变。我国既具有广阔的国内市场优势，又形成了一定的资本技术优势，仍是国际资本和产业转移青睐的目的地；同时，国家实施互利共赢的开放战略，坚持进口和出口并重、"引进来"和"走出去"并重，全面提升对外开放水平，这些都有利于河南进一步拓展对外开放的空间。

从区域经济发展看，我国沿海地区受资源、土地、劳动力成本等因素制约，主动调整产业结构，加快推进转型升级，加之国家政策推动，东部产业加速向中西部地区转移的趋势更加明显，而且更加注重向内需空间大的地区转移、更加青睐劳动力资源优势地区。

从自身条件看，经过近年来的发展，河南交通、能源、城建等基础设施更加完备，产业配套能力明显增强，发展环境不断优化，区位、市场、资源、劳动力等要素组合优势在上升，承接产业转移的综合优势更为突出，已经具备了接纳国际国内高水平、大规模产业转移的条件和能力。从一定意义上讲，开放发展是关系中原经济区建设、中原崛起和河南振兴进程的决定性因素，开放水平、开放程度、开放力度决定着中原崛起和河南振兴的成功与否和快慢。

（三）进一步扩大开放可为中原经济区建设提供强大动力和活力

构建中原经济区一个开放的系统工程，是在经济全球化快速发展形势下的新发展战略。中原经济区要实现跨越式发展，必须积极主动融入全国和世界经济大格局。通过开放带动，不仅可以增强中原经济区的承载力和辐射力，还可以让对外开放的良好势头在中原经济区建设中得到持续和提升。近年来，河南省开放型经济虽然实现了较快发展，但是从总体上看，开放程度还比较低，对外贸易规模小，利用境内外资金结构不合理，开放型经济对全省经济的带动作用还有限。在推进中原经济区发展中，必须把开放的理念融入谋划的思路中去，把开放的实践体现在建设的过程中，以开放带动、促进中原经济区建设，以中原经济区发展提升对外开放的水平。

1. 通过扩大开放破除阻碍中原经济区建设的思想局限

与沿海地区的长三角、珠三角、环渤海等经济区相比，中原经济区地处内陆腹地，大部分地区是传统农业区，思想观念比较落后。虽然近年来思想解放的深度前所未有，但从跳出中原看中原，把中原经济区的发展放到全国、全球发展大趋势中去审视做得还不够，比较狭隘的视野、相对陈旧的思维定式仍是妨碍更好更快发展的关键问题，这个问题不解决，必然影响中原经济区发展大局。我们必须在扩大开放的大潮中拓展视野、解放思想、锻炼提高，树立全球眼光，站在更高层次、更高起点上，准确把握世界经济发展总趋势，敢于向长三角、珠三角、环渤海等发达经济区看齐，通过扩大开放打破局限、克服惰性，破除阻碍中原经济区发展的思想观念的局限，树立居安思危、奋发图强的意识。树立勇于创新、昂扬向上的斗志。树立锐意进取、勇往直前的勇气，全力推动中原经济区建设。

2. 通过扩大开放为中原经济区建设提供强大支撑

在当前全国各经济区各出奇招、竞相发展、区域竞争激烈的情形下，中原经济区要实现跨越式发展，投资拉动仍是发展的主要动力之一。中原经济区必须在消费、投资、出口协调发展的基础上，保持较大的投资规模。但是单纯依靠自身的积累和投入、关起门来搞建设显然难以支撑经济发展的要求，必须继续扩大对外开放，通过招商引资推进民间投资的扩大化，借助外力，促进发展，增强经济发展的活力和动力。要通过精心策划、广泛宣传、大力推介，围绕中原经济区发展推出一批具有重大战略意义的项目，引进境内外战略投资者，以一个又一个重大项目来实现中原经济区的宏观战略布局。

3. 通过扩大开放推动中原经济区经济发展方式转变

中原经济区作为内陆欠发达地区，人口多，底子薄，自主创新发展整体比较落后，加快转变经济发展方式尽管取得一定成效，但前进步伐与国内外发展形势需要不相适应，与积极参与国际国内经济合作和竞争、有效应对国际经济风险挑战的要求不相适应，与实现科学发展的要求还有很大差距，走科学发展之路、加快经济发展方式转变尤为迫切。尤其是相对沿海地区，中原经济区开放程度低，开放型经济总量不大、结构不优、后劲不足仍然严重制约着经济发展，直接影响经济发展方式转变。从经济结构调整的实践看，近年来，河南省通过扩大开放，推进招商引资，使一大批国内外知名企业落户，在推动企业做大做强的同时，还成功培育了一批在国内外有影响力的龙头企业和企业集团，带动了全省产业结构的优化升级。实践证明，调整经济结构最有效、最快捷的办法就是扩大开放招商引资。从某种意义上来讲，中原经济区产业转型升级能否成功，经济发展能否占领未来发展的制高点，很大程度上取决于开放的程度，取决于引资的效果。河南要树立今天的投资就是明天的结构调整思想，以招商工作的力度、引资结构的优化，促进中原经济区产业的升级，推动结构的调整，带动中原经济区的发展。

4. 通过扩大开放推动工业化、城镇化、农业现代化协调科学发展

中原经济区是全国重要的农业和粮食生产区，对国家粮食安全极为重要。谋划中原经济区必须走以不牺牲农业和粮食为代价的协调科学发展之路。一方面，中原经济区要继续保持农业和粮食在全国的特殊地位，就必须广泛吸收世界农业先进生产经验，利用国际农产品市场和世界农业资源，拓宽农产品出口通道，提高农业对外开放水平和质量，提升粮食大省在全国乃至世界的地位；另一方面，当前中原经济区城镇化普遍滞后，而推进城镇化，必须推进产业集聚，以产业发展创造就业岗位、带动人口转移。因此，必须进一步扩大开放，加大招商引资力度，引进一大批项目落地中原经济区，促进产业集聚区加快发展，通过产业集聚区来促进城镇化，实现不以牺牲农业和粮食为代价的协调科学发展。

第二章
改革开放后河南开放发展的
历史考察

在改革开放以前，我国实行的是计划经济体制，在对外经济关系方面实行的是闭关自守的战略，或者说是自给自足的战略，对外开放程度低，对外经济总量小。对外经济主要体现在对外贸易方面，1977 年河南省的进出口达到 8726 万美元。在这个阶段，河南省基本上没有利用外资的项目，技术引进方面也全部是设备引进。先后从日本、联邦德国、英国、比利时等国家引进成套机械设备，为河南重工业发展打下了基础。随着1978 年党的十一届三中全会的召开，全国的工作重心转移到了经济建设上来，对外开放被确定为我国的一项基本国策。全国的对外经济翻开了历史新篇章。中央部署出台了一系列扩大对外开放的政策和措施，有力推动了全国对外经济的快速发展。河南省作为内陆省份，对外开放的时间和程度都远不及沿海地区，但河南省委、省政府紧紧抓住历史机遇，推出一系列政策措施，营造良好的发展环境，促进河南对外经济快速发展。2013年，全省实现进出口总值 599.51 亿美元（见图 2－1），是 1978 年的 508倍，年均增长 19.5%；实际直接利用外资 134.57 亿美元（见图 2－2），是 1985 年的 2381 倍，年均增长 32.0%。

回顾发展历程，河南的对外开放大概经历了三个时期。

一 1978～1991 年开放发展分析

在 1978～1985 年，中国对外开放处于初步发展和政策框架初步形成

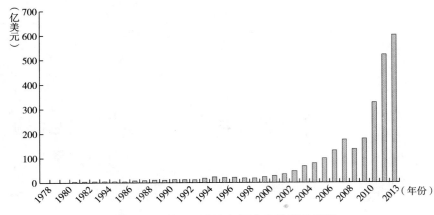

图 2 - 1　1978～2013 年河南省进出口总额

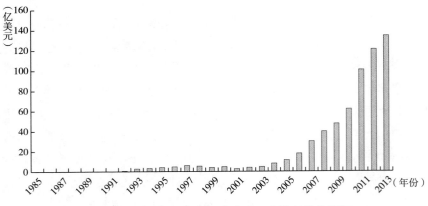

图 2 - 2　1985～2013 年河南省实际直接利用外资额

时期，国家对外开放处于初级阶段，首先在东部沿海地区实行对外开放，颁布了第一部有关利用外资的法律《中华人民共和国中外合资经营企业法》。河南省作为一个内陆省份，在这一阶段对外经济很不发达。1978~1985 年，河南省进出口兑值年均增长 21.0%，但总量很小，1985 年进出口总值也仅为 4.50 亿美元。

　　从 1986 年开始，国家对外开放力度进一步加大，各项相关政策进一步推出，国家鼓励进口，关税政策有选择地缩小保护商品范围，颁布了《国务院关于鼓励外商投资的规定》。河南也打开省门，积极探索发展外向型经济的途径和手段，河南省对外经济进入了稳步发展阶段。

1989 年 2 月召开的中共河南省委工作会议提出，要"加快对外开放步伐，广泛开展横向联合"，同年 3 月，中共河南省委办公厅、省政府办公厅联合发出关于《深入开展生产力标准和沿海地区经济发展战略大讨论》的通知，要求"努力实现'两个打出去'（把名优产品打入国际和沿海城市）、'两个引进来'（从国外和沿海引进先进技术、引进资金，发展国内外市场替代产品）、'两个一起上'（增加出口创汇、加速企业技术改造），加速经济发展"。

1991 年 3 月，中共河南省委、省人民政府在郑州首次召开全省对外开放工作会议。会议讨论了省委、省政府关于进一步加快对外开放工作的决定和相关政策措施，安排部署"八五"期间全省对外开放工作。这次会议形成了《中共河南省委、河南省人民政府加快全省对外开放工作的决定》以及 14 个配套性政策文件，并针对全省思想观念落后的现实，提出了"五破五树"，即：破除因循守旧、僵化保守思想，树立改革开放、开拓进取观念；破除小农经济、产品经济思想，树立有计划的商品经济观念；破除自我封闭、自成体系思想，树立互惠互利、全面对外开放观念；破除消极畏难、无所作为思想，树立勇于拼搏、敢打必胜观念；破除故步自封、盲目自满思想，树立学先进、找差距、努力改变落后面貌观念。这次全省对外开放工作会议还确立了河南省对外开放的指导思想，提出把"优化环境、外引内联、四面辐射、梯次发展"作为扩大对外开放的基本思路。

1991 年，全省对外贸易大幅增长，全年进出口总额 12.15 亿美元，比上年增长 21.1%。其中，出口总额 10.43 亿美元，同比增长 20.3%；进口总额 1.72 亿美元，同比增长 25.5%。利用外资增长势头良好。全年签订利用外资协议 167 份，比上年增长 2.15 倍，合同外资金额 234 亿美元，同比增长 9.7 倍；实际利用外商直接投资 144 亿美元，增长 11.7 倍。对外承包工程和劳务合作合同数 70 份，合同金额达 0.32 亿美元。

这一时期的河南对外开放，是从酝酿、起步到进入发展的第一个时期，特别是 1991 年 3 月召开的河南首届对外开放工作会议提出的"五破五树"，对全省解放思想、转变观念，推动对外开放工作的开展起到了巨大的促进作用，标志着河南的对外开放工作开始进入新阶段。

在这一阶段，全省进出口贸易有了较快的增长，允许境内外探亲，开通了赴国外留学的渠道，初步开展了一些文化、科技、友好城市以及对外经济技术贸易洽谈会等方面的国际交流活动。1979年河南开始尝试利用外资，1980年姚孟电厂成功利用比利时政府贷款，1983年全省第一家中外合资企业——洛艺彩印中心成立。但由于当时外商对我国的对外开放政策还存有疑虑，河南对利用外资兴办外资企业还缺乏经验，国家绝大部分涉外法规政策正在制定之中，中外双方还处于一个相互理解、相互探索的时期。河南省利用外资发展缓慢，外商投资还限于一般加工业，项目规模不大，水平不高。

二 1992～2000年开放发展分析

这一阶段，是我国建立和发展社会主义市场经济体制的阶段，也是河南开放型经济快速发展阶段。1992年初邓小平同志南方谈话及党的十四大召开，使我国对外开放的进程进一步推进，关税开始大幅度自主降低，对外商投资限制的服务贸易领域也有条件地放开。河南全省的对外开放也出现热潮，呈现全面蓬勃发展的大好局面。在这一阶段，全省把引进外资作为对外开放的重头戏，多渠道、多形式地引进外资，使全省外商投资企业的发展呈现前所未有的高速发展的局面。

1992年8月，党中央、国务院批准包括郑州在内的17个省会为内陆开放城市，至此，我国的对外开放城市已遍布全国所有省区，我国真正进入了改革开放新时代。河南的对外开放工作也进入了转型与快速发展的阶段。

这一时期，河南省高度重视对外开放工作，全面实施开放带动战略，着力完善地方性涉外经济法规和政策体系，加强涉外管理和服务，努力改善投资的软硬环境，不断提高对外开放水平。为了适应对外开放和对外经济贸易发展的需要，河南还建立和完善了海关、出入境检验、口岸办、金融、外汇管理、商品仓储、保险、运输、对外信息咨询、涉外法律和会计事务、商会、外商服务、外商投诉等多种对外经济贸易服务体系。1999年，河南省政府又决定在全省范围内实行外贸工作责任制，并建立和启动了省外贸出口发展基金。

这一时期，河南省委、省政府多次召开有关会议，采取多项政策措施改革外贸体制，推进对外开放步伐快速迈进。

1992 年 2 月，中共河南省委就进一步加快全省对外开放工作召开专题常委会议，会议要求：思想再解放一些，胆子再大一些，步子再快一些，效果再好一些。这是河南作为一个内陆省份，首次痛下决心，要克服内陆意识，增强大外贸、大外经、大旅游意识，实行全方位对外开放。

1992 年 11 月，中共河南省第五届委员会第五次全体会议通过了《中共河南省委关于贯彻落实党的十四大精神，加快改革开放和现代化建设的决定》，指出，要"抓住关键环节，扎扎实实地做好对外开放工作"，"调动一切积极因素，加快形成多层次、多渠道、全方位对外开放格局"。

1993 年 4 月，中共河南省第五届委员会第六次全体会议指出，要"抓住关键，主动出击，全面扩大对外开放。要努力提高利用外资的规模和水平，努力扩大出口创汇"。

1994 年，河南省政府为了配合我国贸易体制的重大改革，结合实际制定了 13 条配套措施，决定实行有利于外贸出口的信贷政策、鼓励出口的分配政策，不断拓宽外贸经营领域，有秩序地放开进出口商品的经营权，实行针对外贸企业的三项制度改革等。同年，为了进一步鼓励外商投资、引进先进技术，促进全省经济发展，河南对 1987 年发布的《外商投资条例》进行认真修改并重新颁布《河南省鼓励外商投资条例》。

1996 年，河南省全面实施开放带动战略，积极拓宽招商引资的新途径、新领域，成功举办了"中国中西部地区对外经济技术合作洽谈会"，对外开放取得了新的进展。

1998 年 5 月，河南省第二次对外开放工作会议召开，主要任务是贯彻《中共中央、国务院关于进一步扩大对外开放提高利用外资水平的若干意见》（中发〔1998〕6 号）文件精神，分析形势，统一思想，研究制定进一步扩大对外开放的政策措施。会议出台了《中共河南省委、河南省人民政府关于提高利用外资水平进一步扩大对外开放的意见》，明确了对外开放的指导思想和目标。讨论了《河南省鼓励外商投资优惠政策》《河南省关于鼓励扩大出口和对外经济技术合作的若干政策》《河南省关于加强豫港合作的实施意见》《河南省人民政府关于加快发展旅游业的决定》等配套文件。

在这一阶段，河南省把引进外资作为对外开放的重头戏，多渠道、多形式地引进外资，使全省外商投资企业的发展呈现前所未有的高速度发展的局面。1992～2000年，全省共批准外商投资企业6286家，其中已投产开业的企业2100家，合同利用外资86亿美元，并与世界160多个国家和地区建立了贸易往来，各类商品出口展销活动频繁。2000年，全省生产总值达到5137.66亿元，比上年增长12.3%。对外贸易大幅增长，全年进出口总额达22.75亿美元，比上年增长30.0%。其中，出口总额14.93亿美元，比上年增长32.3%；进口总额7.82亿美元，比上年增长25.7%。利用外资增长势头较好。全年签订利用外资协议382份，比上年增长28.2%；合同外资金额10.36亿美元，比上年增长17.5%；实际利用外商直接投资10.39亿美元，比上年增长1.7%。

三 2001年至今开放发展分析

进入21世纪，我国对外开放的广度和深度进一步扩展，特别是加入WTO，标志着之前我国主要依靠政策性开放逐步向在法律框架下的制度性开放转变，要求对外开放的一切工作都要与国际接轨。中国对外开放的大门进一步敞开，利用外资的重点也从引进国外资金向引进国外先进技术、现代化管理和专门人才转变。河南的对外开放工作直接面临世界经济发展的新环境，面临世界范围的发展机遇和挑战，开放逐步向全方位、多层次、宽领域转变。这一时期，河南正式提出实施"走出去"战略，这标志着河南在对外开放中开始实施经济国际化战略，也标志着河南进入了一切运作都要以WTO为依据，遵守制度、用好制度，创新开放新思维的全新时期。这一时期，全省全方位、多层次、宽领域对外开放格局初步形成，河南省对外开放进入了扩大规模、提高水平、快速发展的新阶段，开放型经济对全省经济持续快速发展的拉动作用明显增强，为推动和促进中原崛起提供了强大动力和重要保障。

2001年，面对世界经济全球化趋势的不断增强和我国加入世贸组织的新形势，河南省委、省政府召开了全省第三次对外开放工作会议。会议的主要任务是统一思想，研究制定进一步扩大对外开放的政策措施。会议讨论并修改了《中共河南省委河南省人民政府关于进一步扩大对外开放的决定》，这个决定无论从对外开放的深度和广度上及政策面上，还是从可操作性方面，都有创新和突破，对全省的对外开放工作乃至整个经济工作都产生了深远影响，是指导"十五"及今后一个时期河南省扩大对外开放的一个纲领性文件。同年 11 月，省政府批转了河南省经贸委制造《河南省实施东引西进工作方案》。

2002 年 2 月，河南省人民政府办公厅批转了省对外开放工作领导小组办公室《关于 2002 年对外开放工作要点》，12 月，河南省人民政府办公厅批转了省对外开放工作领导小组办公室制造《关于进一步扩大农业对外开放意见》。

为全面贯彻党的十六大精神，更好地抓住全球产业结构调整和我国东部沿海地区产业转移的有利时机，以开放促改革促发展，2003 年 7 月，河南省委、省政府把"强力实施开放带动，不断扩大东引西进"作为重大战略举措写入《河南省全面建设小康社会规划纲要》。2003 年 8 月，中共河南省委、河南省人民政府召开了高规格的全省第四次对外开放工作会议，出台了《中共河南省委、河南省人民政府关于加快发展开放型经济的若干意见》，共 40 条，内容分为总体要求、大力引进外资、扩大出口贸易、实施"走出去"战略、优化发展环境、加强组织领导 6 个部分，首次明确提出把开放带动作为加快河南经济社会发展的主战略，把对外开放提到了前所未有的突出位置和战略高度。河南省委办公厅、省政府办公厅也转发了《中共河南省委、河南省人民政府关于加快发展开放型经济的若干意见》。2003 年 12 月，为强力推动开放带动主战略各项政策措施和目标任务的落实，中共河南省委组织部和河南省对外开放工作领导小组办公室联合制定了《关于发展开放型经济的考核办法》，将发展开放型经济列入干部政绩的考核内容，作为干部考评和使用的依据之一；每年分两次对全省 18 个省辖市开放型经济目标完成情况进行考核督查，有力地促进了各项政策的落实。这些措施在全省掀起了强力实施开放带动主战略、努力扩大对外开放、大力发展开放型经济的高潮，对加快河南经济社会发展、实现全面建设小康社会目标产生了深远影响。

为进一步推动开放带动主战略的实施，2005 年 7 月，中共河南省委、河南省人民政府又专门召开了全省优化投资环境、打造诚信社会电视电话会议。会议提出了"开放度有多大，发展的空间就有多大""大开放、大发展，不开放、不发展"的新论断，提出了"换脑子、挖根子、变法子、装轮子、闯路子"的对外开放"五子登科"新思路，要求全省上下要进一步解放思想，更新观念，用观念政策上的突破来求得工作实绩上的突破，用工作思路上的创新来求得工作面貌上的创新，用思想认识上的飞跃来求得发展速度上的飞跃。

2006年5月，结合河南省开放型经济发展面临的新形势、新情况，为进一步推动全省的对外开放工作，中共河南省委、河南省人民政府出台了《河南省加快实施开放带动主战略指导意见》（以下简称《指导意见》），进一步明确了加快实施开放带动主战略的指导思想、总体要求、目标任务、工作重点以及保障措施。《指导意见》的出台对全省实施开放带动主战略，大力发展开放型经济，进一步提高河南省全方位对外开放水平具有重要指导意义。随后，又相继出台了外商投资项目代理制、外商投资便利化等一系列优惠措施，并实行重大外资项目跟踪制度。成功举办了第四届中国河南投洽会，并组团参加了深圳高交会、厦门洽谈会、第一届中部博览会等大型展会，签约一批高质量的利用外资项目，确保了全省利用外资的高速增长。

2007年5月，胡锦涛总书记在河南视察工作中，针对河南的对外开放问题提出，河南要"积极扩大对内对外开放，加强与国内其他地区的横向经济联系，不断提高对外贸易和利用外资的质量和水平"。这对河南的对外开放工作是一个有力的促进。

2008年6月，河南第五次全省对外开放工作会议在郑州举行。会议认为，对外开放实现大跨越，要坚持"四个必须"，即必须把解放思想作为先导工程，必须把重点工作作为主攻方向，必须把创新载体作为主要抓手，必须把优化环境作为重要保障。这次会议充分体现了河南省委、省政府对开放工作的高度重视，体现了河南实施开放带动主战略的坚定信心。通过这次会议，思想得到了进一步解放，观念得到了进一步更新，扩大开放的视野更加开阔，工作的方向和重点更加明确，对全省的对外开放工作产生积极深远影响。为深入贯彻党的十七大精神，全面落实科学发展观，进一步实施开放带动主战略，促进全省开放型经济发展实现新跨越，9 月中共河南省委、河南省人民政府出台了《关于进一步加强招商引资工作的意见》。

为积极应对国际金融危机对河南省经济发展带来的不利影响，2009年下半年以来，河南省把招商引资作为战危机、保增长、调结构、促转型、促发展的重大举措，果断在全省强力推动大招商活动，取得了显著成效，这在特殊年份为河南省经济发展做出了特殊的贡献。2010 年 10 月，郑州新郑综合保税区获国务院批准，成为中部地区唯一的综合保税区，河南经济从此拥有了接轨世界的大平台。

2010 年 12 月，河南省召开全省第六次对外开放工作会议，指出要以建设中原经济区、加快中原崛起河南振兴为总体战略，以富民强省为中心任务，坚持"四个重在"实践要领，围绕"一个载体、三个体系"建设，更加积极主动地实施开放带动主战略，坚持把扩大开放作为带动全局的综合性战略举措，着力承接产业转移，全方位拓宽开放领域，进一步加大对外开放力度，提高对外开放水平，努力把河南打造成为最具活力、最有吸引力、最富竞争力的内陆开放高地。

2011 年 10 月，河南省人民政府出台了《关于实施对外开放"走出去"的指导意见》，提出要更好地利用国际国内两个市场、两种资源，加快经济结构战略性调整，增强企业国际竞争力，促进经济全面协调可持续发展，积极推动具有比较优势的制造业企业"走出去"，促进产业结构调整。鼓励和引导水泥、电力、钢铁、纺织、有色金属、机械制造等行业有比较优势的企业，利用现有设备和成熟技术在境外建立生产基地，开拓境外市场。加快推进境外资源合作开发，努力缓解能源和资源紧张的矛盾。积极开展境外加工贸易，大力开拓国际市场。支持企业境外上市，拓宽境外融资渠道。大力开展境外承包工程业务，扩大国际市场份额。加快农业"走出去"步伐，充分发挥农业大省的比较优势。

2013 年 3 月 7 日，国务院正式批复了《郑州航空港经济综合实验区发展规划（2013～2025 年）》，这是全国首个上升为国家战略的航空港经济发展先行区。规划提出，郑州航空港经济综合实验区的战略定位为国际航空物流中心、以航空经济为引领的现代产业基地、内陆地区对外开放重要门户、现代航空都市、中原经济区核心增长极。10月21日，海关总署批准同意郑州新郑综合保税区分别与淮安综合保税区、郑州出口加工区开展保税货物结转试点。11月，郑州航空港经济综合实验区获得全国第二个综合经济实验区海关国内地区代码。随后，欧洲最大、世界第十大全货运航空公司卢森堡货运航空公司把新郑国际机场作为其全球第二个枢纽机场。继苹果公司之后，微软也将新郑国际机场作为其国际产品集散地。阿里巴巴、京东等知名企业纷纷落户郑州航空港。

2014年12月，中国共产党河南省第九届委员会第八次全体会议通过《河南省全面建成小康社会加快现代化建设战略纲要》，提出将对外开放作为河南省全面建成小康社会的重要举措之一，提出要坚持扩大开放，积极参与全球产业分工格局重构，推动更高水平、更宽领域、更大规模对外开放，构建适应经济全球化新趋势的开放型经济体系。全面融入国家"一带一路"战略，强化向东开放，加快向西开放，发挥郑州航空港、郑欧班列、国际陆港等开放平台作用，提升郑州、洛阳主要节点城市辐射带动能力，密切与丝绸之路经济带沿线中心城市和海上丝绸之路战略支点的联系，促进基础设施互联互通，深化能源资源、经贸产业和人文交流合作，形成全面开放合作新格局。

"十五"期间，河南省进出口累计完成250.6亿美元，是"九五"时期的2.6倍，年均递增21.1%；其中出口完成164亿美元，年均递增27.9%。全省累计批准外商投资企业1788家，合同利用外资、实际利用外资累计分别达到82.9亿美元和39亿美元，分别占改革开放以来河南省累计合同利用外资和实际利用外资的46.7%和45.2%。2005年河南省新批外商投资企业472家；合同利用外资23.5亿美元，同比增长14.5%；实际利用外资12.3亿美元，同比增长40.7%。合同利用外资和实际利用外资分别是2000年的3.4倍和2.2倍。"十五"期间，全省对外承包工程及劳务新签合同额20.6亿美元，完成营业额12.6亿美元，新设境外企业（非金融类）75家，分别比"九五"期间增长209%、223%和391%。2005年对外经济各项指标均取得了突破性进展，新签合同额6.3亿美元，完成营业额近4.99亿美元，外派劳务超10496人次，分别比上年同期增长24%、84%和73%，均位居中西部地区前列。

"十一五"时期，河南继续深化对外开放主战略，努力拓宽投资领域，加大招商引资，拓展进出口贸易，多项开放型经济指标实现重大突破。在对贸易方面，全省进出口总额累计达到713亿美元，其中出口总额436亿美元，进口总额277亿美元，分别比"十五"时期增加了462亿、275亿和187亿美元，分别为"十五"时期的2.8倍、2.7倍和3.1倍。在利用外资方面，累计利用省外和境外资金突破了1万亿元，其中合同利用外资249.49亿美元，实际利用外资199.85亿美元，分别比"十五"时期增长了2.2倍和4.8倍。对外承包工程完成营业额71.8亿美元，是"十五"时期的5.7倍；境外投资累计完成12.8亿美元，是"十五"时期16.4倍；累计外派劳务合同20.1万人次，是"十五"时期的6.2倍。

　　2011～2013年，河南省进出口累计完成1145.4亿美元，年均增长17.8%。其中，出口总额累计达到849.1亿美元，进口总额达到596.3亿美元，实际直接利用外资累计达到356.56亿美元。2013年，外商直接投资合同项目344个；外资企业年末实有企业数2045户，投资总额477.9亿美元；对外经济合同金额40.6亿美元，其中对外承包工程39.4亿美元，对外劳务合作1.2亿美元；对外经济合作完成营业42.1亿美元，其中对外承包工程34.7亿美元，对外劳务合作7.4亿美元。

　　从总体上看，河南的对外开放正在进入一个扩大规模、提高质量、加快步伐的新阶段。通过对外开放，加快发展开放型经济，全省引进一批新的产品和先进技术，推动企业的技术改造，促进产品的升级换代，提高了企业的管理水平，加快了企业与国际市场接轨的步伐。通过对外开放，吸引外资，建成了一大批基础设施和基础产业项目，明显改善了全省经济建设的硬件环境，加快了城市化进程。通过对外开放，加强投资的软环境建设，涉外部门的服务质量不断提高，全社会的开放意识进一步增强，外商在河南投资的政务环境、社会环境、市场环境和法治环境进一步优化。

第三章
河南开放发展的现状特征及存在问题

改革开放以来，河南省委、省政府高度重视对外开放工作，并把扩大对外开放、发展开放型经济作为深化改革、推进体制机制创新的必然要求，作为发挥优势、弥补不足、加快发展的必然选择，始终坚定不移地实施开放带动主战略，经济、社会、文化等对外开放都取得了显著成效，为全省经济社会发展提供了强大动力和活力。

一 经济开放发展分析

改革开放以来，河南对外开放快速发展。全省商品进出口额由小到大，引进外资从无到有，利用省外资金的规模由小到大，进出口结构从单一到相对多样化，"走出去"步伐不断加大，对外经济合作不断加强，全方位、多层次、宽领域、广覆盖的对外开放格局逐步形成。

(一) 招商引资实现新跨越，支撑经济发展作用不断增强

河南省坚持把引进境外、省外资金作为扩大对外开放的突破口，紧紧抓住国际国内产业转移的机遇，立足于抢、立足于快、立足于实，通过大招商增加新资源、新要素、新动力，把引进外来资金与调整结构、产业升级和企业改组改革结合起来，创新招商引资方式，拓宽招商引资领域，大力引进战略投资者，引进境内外资金、技术、人才等生产要素，引资规模大幅增长，质量和效益显著提高，为全省经济社会发展提供了强有力支

撑。全省招商引资主要呈现出以下几个特点。

1. 利用外资的规模迅速扩大

2013 年，全年实际利用外资 134.57 亿美元，居中部六省第 1 位。全年新增省外资金项目 5770 个，增长 3.7%；实际到位省外资金 6197.5 亿元，实际利用境内外资金合计超过 7000 亿元，有效地发挥了增加投资、扩大需求、调整结构、吸纳就业的作用，为全省经济发展提供了重要支撑。近年来，引资结构更加合理，符合河南省打造先进制造业大省、高成长性服务业大省、现代农业大省的发展方向。在利用外资方面，全省新批服务业领域外商投资企业占全省总数的 1/3，现代服务业实际利用外资 33.9 亿美元，占全省的 1/4，融资租赁、专利技术咨询、国际知识产权管理、环保等高端服务业领域均有外资进入。在利用省外资金方面，第三产业实际到位省外资金 2883.1 亿元，增长 169%，占全省总额的 46.5%，增速加快，比重提高；第二产业实际到位省外资金 2912.2 亿元，占全省的 47%，比重最高；第一产业实际到位省外资金 402.2 亿元，虽然总量不大，但增速最高，增长 223%，显示了河南省在农业和农业产业化等方面的潜力和空间。

2. 利用外来资金的质量和效益明显提高

近年来，河南省引进项目质量和水平不断提升，一大批龙头型、基地型重大项目落户。2013 年，单个利用外资项目平均合同外资达到 2600 万美元，实际到位资金在 1000 万美元以上的外资项目 293 个，到位总金额 70.1 亿美元。截至 2013 年底，在河南投资的境外世界 500 强企业达到 81 家。在引进省外资金方面，投资 50 亿元以上项目 43 个，合同利用省外资金近 3700 亿元。区域经济合作不断加强，资金来源地较为集中。开展了针对长三角、珠三角、京津冀地区产业转移对接活动，实际利用粤、京、浙、沪、苏、鲁 6 省市资金居于前列，2013 年合计近 4000 亿元，占全省的 63.5%。

现代服务业利用外资蓬勃发展。外资金融机构入驻河南拓宽了利用外资的领域。2006 年首家外资保险公司首创安泰人寿保险有限公司落户河南，2008 年首家外资银行汇丰银行郑州分行在郑东新区开业。恒安标准人寿保险有限公司获中国保监会批准在郑州筹建河南分公司。台湾丹尼斯在河南省成功扩张，成为外资零售业发展的典范。家乐福、沃尔玛、麦德龙、家世界、百思买等世界 500 强企业在服务业领域迅速发展，店铺不断增加。泰国正大集团已经投资 2 家易初莲花超市。香港新世界百货已正式入驻。大商集团、大连万达加速布局。日立物流株式会社成为首家进入河南省物流领域的世界 500 强企业。美国联邦快递、中国外运、中远集团等一批国内外知名物流企业进入河南。这些重大项目将进一步推动河南商贸流通业快速健康发展。

境外上市融资成为利用外资的亮点。至 2013 年，河南省已有栾川钼业、灵宝黄金、思念食品、众品食品、天海电子、心连心化肥、建业集团、中阀科技、四维机电等 38 家企业在境外成功上市。

3. 招商引资方式不断创新

招商引资活动亮点频出。办好大型招商活动，搭建经贸合作主平台。先后成功举办、承办了中国河南国际投资贸易洽谈会、中国中部投资贸易博览会、中原文化澳洲行、中原文化港澳行暨豫港澳投资贸易洽谈会、中原文化宝岛行、欧洲经贸活动、东南亚经贸招商活动，河南省与台湾、浙江、福建、上海、天津经济技术合作洽谈会，承接纺织服装玩具产业转移洽谈会，中国（河南）—日韩经贸合作交流洽谈会，港澳深闽籍企业家访豫活动，承接台资企业产业转移洽谈会以及美、加、日、韩等招商活动。利用黄帝故里拜祖大典平台举办了豫台电子信息产业对接推介会，每年组团参加中国中部投资贸易博览会、中国国际投资贸易洽谈会、中国国际高新技术成果交易会，赴日韩、中国港澳开展了有针对性、专业化、小分队招商对接，宣传推介了中原经济区、郑州航空港经济综合实验区和河南省重点发展的产业集群，扩大了影响，提升了形象，取得了良好成效。各地也都大胆探索，利用各种节会开展了各具特色的招商活动，呈现出竞相发展的良好态势。洛阳牡丹花会、中国（漯河）食品博览会、三门峡国际黄河旅游节、开封菊花会、全国农产品加工业博览暨东西合作投资贸易洽谈会（驻马店）、南阳玉雕节、中国信阳茶叶节、中原花木博览会（许昌）等已成为各地招商引资、扩大开放的重要平台。一系列招商引资大动作，铺垫了河南经济广阔的发展空间。

积极探索各种招商方式。在招商实践中，创造了一系列成功经验，

"五个三"招商引资工作法成为指导河南省招商引资工作的基本原则。在招商方式上坚持"三突出"，即"请进来"与"走出去"相结合，突出"请进来"招商；全方位开放与抓重点相结合，突出产业集聚区招商；会议招商与团组专业招商相结合，突出专业对口小分队招商。在招商主体上坚持"三为主"，即招商谈判以企业为主，联络渠道以民间和商（协）会为主，引导服务以市县为主。境外招商方面坚持"三为先"，即境外招商亚洲为先，亚洲招商中国的港台为先，各类客商华商为先。对内招商突出"三重点"，即加快承接产业转移、加强与央企合作、搞好技术和人才引进。在工作推进上实行省、市、县"三级抓"，注重上下联动、左右互动，打好招商引资整体战。此外，河南省还成功探索了联谊招商、以商招商、商协会招商、中介招商等行之有效的招商引资方式，极大地提高了招商引资的实效性。

4. 项目跟踪制度日趋健全

为确保招商引资重大项目加快签约落地，建立了全省招商引资重大项目推进工作机制，实行项目总协调人制度，明确责任单位、责任人，分级负责，跟踪推进。在全省筛选重大项目，每季度由省政府督查室在全省督查通报。还在全省精选了富士康 IT 投资项目、惠普 IT 服务产业投资项目、河南（郑州）新加坡国际物流产业园等带动能力强的重大项目，组成专门工作小组，明确由厅级干部牵头，相关处室负责，专门工作班子跟进，建立责任推进机制、联席协调机制、跟踪机制和综合考评机制，对招商引资重大项目从引进投资者、推进项目落地、协调项目建设、帮助项目经营各个环节提供全程服务，对全省投资促进工作实施动态跟踪管理，定期督查考核，及时掌握重大招商引资项目的最新动向，了解存在的问题，促进项目早落地、早建成。

（二）对外贸易迈上新台阶，企业国际竞争力不断提升

河南不断扩大商品进出口规模，对促进产业结构调整，推动经济较快增长发挥了重要作用，具体呈现出以下特点。

1. 进出口规模进一步扩大

河南省对外贸易实现了长足发展。2013 年，全省进出口总值599.5 亿

美元，同比增长 15.9%，增幅高于全国 8.3 个百分点。其中出口 359.92 亿美元，同比增长 21.3%；进口 239.59 亿美元，同比增长 8.6%。进出口、出口在全国排名均为第 12 位，在中部 6 省均为第 1 位，增幅分别居全国第 8 位和第 5 位。

2. 出口基地建设进一步加快

出口基地建设力度加大。河南省政府出台了《河南省出口基地管理暂行办法》，对出口基地的认定条件、认定程序、监督管理和支持措施进行了规范，积极培育和认定省级出口基地，为申建国家级科技兴贸基地、外贸转型升级基地打好基础，同时推动创建市（县）特色产业出口基地，形成国家级、省级、市县出口基地联动发展格局，省级以上出口基地出口占全省的近 30%。持续实施科技兴贸战略和机电产品出口推进计划，成立了机电产品出口销售战略联盟，各项外经贸促进资金重点向高新技术、机电产品出口倾斜。富士康在豫企业仍是拉动进出口的主要力量，2013 年进出口额为 354.5 亿美元，同比增长 20.6%，占全省的 59.1%。手机成为河南"新特产"，是河南省出口第一大商品。2013 年，河南省智能手机出口额为 196.9 亿美元，同比增长 26.4%。

3. 对外贸易结构进一步优化

加工贸易快速增长。2013 年，河南加工贸易进出口额为 384.4 亿美元，同比增长 26.7%，占全省的 64.1%。服务贸易加快发展。2013 年全省服务贸易进出口额为 36.6 亿美元，同比增长 17.3%。据不完全统计，目前河南省服务外包企业近 1500 家，其中离岸服务外包企业 292 家。外商投资企业、民营企业进出口业务快速增长，成为河南省外贸增长的主要动力。

4. 贸易市场结构日趋合理

在巩固美国、欧盟、东盟、日本、韩国和中国香港六大传统市场的同时，成功开辟了拉美、非洲、印度、俄罗斯和中东等新兴市场。2013 年，河南省对美国传统市场出口增长 45.8%，对俄罗斯、巴西、南非等"金砖国家"出口分别增长 50%、105%、63%。组织企业参加广交会、华交会等各类国内国际知名展会。举办了河南企业走进东盟政策专题宣讲会，引导企业有针对性地开拓东盟市场。

5. 出口型项目引进卓有成效

把引进出口型项目作为外贸跨越式发展的重要举措，积极开展承接产业转移推介活动，推动港、澳、台及沿海地区出口导向型产业向河南省转移。先后在上海、昆山、深圳、厦门、泉州、东莞、台湾等地举办了多场承接产业转移项目对接活动。建立了引进出口型项目重点联系机制，着力推进周口鞋业出口基地、郑州航空港区台湾工业园、郑州综合保税区项目等重大项目。先后有富士康 IT 项目、阿斯特光伏、美国玮伦鞋业集团、中扩玩具等一批出口型项目落户。

（三）外经工作取得新突破，对外交流合作全面加强

改革开放以来，河南省大力发展对外承包工程和劳务合作，不断扩大对外承包工程和劳务输出，营业额逐步扩大；同时积极实施"走出去"战略，对外投资不断增加。全省对外承包工程和劳务合作新签合同额40.6 亿美元，增长 16.9%；完成营业额 42.1 亿美元，增长 13.5%。

1. 推动优势产能"走出去"

积极推动优势企业和产能"走出去"，开展境外并购、资源开发、农业开发。河南企业通过对外工程承包，已在国外设计建设火电、钢铁及建材项目，带动了成套设备出口，有效缓解了抑制过剩产能和淘汰落后产能带来的压力。抓住全球经济复苏乏力的机遇，积极推动河南省企业实施海外并购。双汇集团以 71 亿美元成功收购全球最大生猪及猪肉供应商美国史密斯菲尔德公司，成为我国对美最大并购案例；河南美景集团以 11 亿美元收购美国穆尼航空公司，首开民营企业收购美国飞机制造企业先河；洛阳栾川钼业以 8.2 亿美元收购澳大利亚北帕克斯铜金矿 80% 的股权；河南航投出资 2.16 亿美元收购卢森堡货航 35% 的股权。

2. 对外承包工程规模不断扩大

2013 年，河南对外承包工程合同额 39.4 亿美元，对外承包工程完成营业收入 34.7 亿美元，对外劳务合作收入 7.4 亿美元。对外承包工程业务快速发展，大项目增多，2013 年新签 1000 万美元以上的合同项目 69个，中铁隧道与乌兹别克斯坦签订了 4.55 亿美元的电气化铁路隧道合同，河南中成机电与玻利维亚签订年产 15 万吨钢合同，许继集团与肯尼亚签

订 1. 16 亿美元的重油发电合同。加强与驻外使领馆、境外投资促进机构和河南已有境外企业的沟通，逐步建立河南省外经企业库、国际工程承包市场信息库、对外直接投资意向库，并依托"走出去"网站，加强项目信息的收集、整理和发布，为企业"走出去"提供及时准确的信息。

3. 境外投资发展势头迅猛

河南省境外投资步入快速发展阶段，2013 年核准境外投资企业 118 家，中方协议投资总额 12.5 亿美元，增长 15.5%。建立了河南省政府部门促进境外矿产资源开发联席会议制度和境外直接投资重点联系县制度，确定巩义、灵宝等 10 个县（市）为河南省第一批境外直接投资重点联系县（市）。境外投资由设备、资金投资转向在境外兼并、参股、设立贸易区等多种形式的经营方式。至 2013 年底，河南省到境外投资企业已有 650 多家，遍布 80 多个国家和地区。

4. 外派劳务发展态势良好

2013 年，外派劳务 6.89 万人次，加强经营公司、培训中心和基地建设，获得对外劳务合作经营权企业 55 家，设立国家级行业外派劳务基地 4 个，省级外派劳务基地县 31 个，专业劳务基地 11 个，外派劳务培训中心 39 个。出台了《河南省外派劳务培训资助资金管理办法》，提高资助标准，扩大资助覆盖面。积极探索外派劳务与职业技术教育相结合，改善外派劳务结构。实施了外派劳务全口径统计制度。开通了河南省对外劳务合作咨询热线。规范对外劳务经营秩序，打击非法中介行动，保证外派业务健康发展。

（四）不断加强载体建设，开放环境日趋优化

坚持"内抓环境、外树形象"，不断加强开放载体、基础支撑条件建设。产业集聚区招商引资平台作用凸显，成为引资主阵地。2013 年，河南省 180 个产业集聚区实际利用外资 76.3 亿美元，占全省的 56.7%；实际到位省外资金 3614 亿元，占全省的 58.3%，河南已经成为承接产业转移的重要平台。特别是河南省获准设立中部地区首个综合保税区，河南保税物流中心顺利通过验收，使河南在中部地区率先打开了一条发展外向型经济的重要通道；安阳、南阳、平顶山高新区升级为国家级高新区，漯

河、鹤壁和开封经开区升级为国家级经济技术开发区。全面推行外商投资项目无偿代理制，完善外来客商投诉处理机制，开展外来投资企业大回访活动，全省重商、亲商、富商、安商氛围更加浓厚。富士康、嘉里集团、美国联合包裹服务公司等跨国企业的成功引进，标志着河南省开放程度、承接能力、整体环境达到了新的水平。

二 社会开放发展分析

和谐社会不是在一个封闭体系中自我完善，而是要在开放的环境中去构建。当前，在经济全球化的背景下，要继续扩大开放，以开放促改革、以开放促发展，为构建社会主义和谐社会提供有利的外部条件。

（一）对外开放是构建和谐社会的重要驱动力量

统筹国内发展和对外开放，是构建社会主义和谐社会的重要途径。对外开放是促进改革发展的外在动力，也是中国构建和谐社会的基本驱动力量之一。

1. 对外开放具有构建和谐社会的间接功能

所谓对外开放促进构建和谐社会的间接功能与作用，是指对外开放能够促进国内经济快速发展，为构建社会主义和谐社会创造良好的物质条件与基础。闭关自守只能导致贫穷落后，而对外开放则是富国强民之路，这已经为世界历史和我国对外开放实践所取得的巨大成就所证实。自党的十一届三中全会以来，中国及河南都成功地走出了一条对外开放、对内搞活的道路，经济社会快速发展，取得了令世人刮目相看的辉煌成就。

对外开放对河南经济发展的促进作用与功能主要可以归纳为以下几个方面：有利于吸收国外先进的生产经验和科学技术；利用国外的资金以补充发展中国家普遍存在的资金缺口；促进竞争与创新，提高企业与国家的综合竞争力；有利于发挥发展中国家的比较优势与后发优势，在短期内实现超常规发展；出口在一定程度上能够增加就业岗位，扩大就业规模；通过国际市场交易引入国内需要的智力与自然资源；参与国际分工，顺应国际范围内的产业梯度转移趋势，不断促进我国的产业结构调整与优化；有利于引进新的管理体制提高企业、政府的管理水平，提高效率；有利于全社会形成市场公平竞争的观念，加快国有经济改革。

目前，我们所要构建的和谐社会，是生产力高度发展、人民生活富裕的和谐社会。对外开放既然有利于经济发展，理所当然是我们要长期坚持的方针。在构建社会主义和谐社会的过程中，我们要充分发挥对外开放的功能，以此不断巩固和谐社会发展的物质基础。

2. 对外开放具有构建和谐社会的直接功能

（1）对外开放本身为中国与世界的和谐提供了前提。和谐不是孤立的封闭保守，一个单一的个体、一个封闭循环根本谈不上和谐。和谐本身就是指不同的个体之间的和谐，是一种开放的、处于动态发展中的不同个体之间的和谐。对外开放将中国与世界联系起来，为中国与其他国家的和谐相处创造了前提。构建和谐社会要求中国与其他国家和睦相处，形成国家之间的和谐。国家之间的和谐基本特征是彼此相互交流，和谐有序地进行贸易往来。

（2）对外开放能通过满足不同群体的经济、文化等方面需要来促进社会和谐。社会上每一个正常的人，都有物质与文化方面的需求。在一国的范围内，物质文化产品受历史人文和自然条件的限制，不可能满足社会所有成员的个性化需要。通过对外开放，可以引进国内稀缺的物质文化产品以满足不同的需要，这体现了以人为本、各得其所的和谐本质。

（3）对外开放给社会成员流动提供了途径。和谐社会的一个鲜明特征是社会成员可以在政治、经济、文化、社会领域中不同的阶层间自由流动。社会成员可能处于不同阶层，他们的地位可能有高有低，如果这种等级序列和地位高低不是固化的，普通的社会成员也具有流动的权利和自由，那么这个社会的结构就是有弹性的，更具有活力、更具有和谐性。对外开放恰恰为社会成员提供了广阔的自由流动空间。对外开放首先带来的是公平竞争的理念，竞争是在规则约束下的有序竞争。在开放、公平竞争的条件下，竞争的结果既取决于每一个社会成员拥有禀赋的多少，也决定于其努力程度。而竞争的最终结果决定了社会成员在不同阶层间进行公平合理的流动。例如，对外开放给优秀的人才提供了更多的机会，使他们有可能在国内甚至在世界范围内确定个人的发展定位和发展空间。

（二）社会开放发展情况

近年来，河南省高度重视社会发展的对外开放，科技、教育、卫生、社会保障、文化体育等社会事业开始引入外资，尽管引进项目和引进外资金额都还有限，但已经取得了一定进展。2010 年，河南省科学研究、技术服务和地质勘查业，水利、环境和公共设施管理业，居民服务和其他服务业，卫生、社会保障和社会福利业，文化、体育和娱乐业等社会事业共引进项目 27 个，合同利用外资 39335 万美元，实际利用外资 35162 万美元；2013 年，上述社会事业共引进项目 18 个，合同利用外资 32757 万美元，实际利用外资 41772 万美元；项目落地率等都有所提高（见表 3 – 1）。此外，河南教育事业对外开放也取得了较大进展，在豫的外国留学生数量不断增加。

表 3 – 1　2010 年和 2013 年河南省社会发展利用外资情况

单位：个，万美元

行　业	项目数		合同外资		实际外资	
	2010 年	2013 年	2010 年	2013 年	2010 年	2013 年
科学研究、技术服务和地质勘查业	17	5	19153	12971	17005	29959
水利、环境和公共设施管理业	4	5	8943	18188	13030	10637
居民服务和其他服务业	4	—	5545	—	22	11
卫生、社会保障和社会福利业	1	—	485	—	485	1160
文化、体育和娱乐业	1	8	5209	1598	4620	5

三　文化开放发展分析

河南是中华文明的发祥地，历史文化悠久深厚，文化资源非常丰富。但是，长期以来人们并没有意识到这些丰富的历史文化资源的重要价值，即使是在改革开放之后相当长的一段时间里，河南丰富的文化资源仍然大多闲置，没有得到应有的开发和利用。进入新世纪以后，尤其是党的十六大提出大力发展社会主义文化、建设社会主义精神文明之后，河南省委、省政府把文化建设提上了重要议事日程，积极推进文化建设，适时推出了"中原文化行"系列活动，河南文化在崛起中走向世界。

（一）河南文化资源概况

河南地处中原，历史悠久，是中华民族的发祥地之一。从远古时期裴李岗文化、龙山文化、渑池仰韶文化等，到隋、唐及北宋时期，河南长期作为中国的经济政治文化中心，对中国历史的发展产生了重要而深远的影响。悠久的历史使河南拥有深厚的文化传统、丰富的文化资源和众多的文化遗产，是名副其实的文化资源大省。

河南是文物资源大省，被誉为"中国历史的自然博物馆"。河南现已查明的各类文物点 3 万余处，国有文物收藏单位收藏的各类可移动文物 140 多万件，占全国总数的 1/8。其中，安阳殷墟被列为 20 世纪中国 100 项重大考古发现之首，与洛阳龙门石窟共同名列世界文化遗产名录，全国重点文物保护单位 189 处（198 项），省级和市、县级文物保护单位总计 6000 余处。河南是中国历史上建都朝代最多、延续时间最长的省份，共有 22 个朝代在此建都，时间达 2200 多年。全国著名的八大古都河南占其四（安阳、洛阳、开封、郑州），数量居全国第 1 位。河南还拥有安阳、洛阳、开封、郑州、南阳、商丘、浚县、濮阳 8 座国家级历史名城和许昌、禹州、济源、淮阳等 21 座省级历史文化名城。

河南有"戏剧之乡"的美誉，流派众多，独具特色。全省有豫剧、曲剧、越调三大剧种和宛梆、蒲剧、坠剧等 20 多个小剧种。新中国成立后，以常香玉、张新芳、申凤梅等为代表的戏曲艺术大师，把河南深厚的戏剧传统发扬光大，唱响全国，《花木兰》《朝阳沟》《小二黑结婚》《穆桂英挂帅》等经典剧目家喻户晓，深受群众喜爱。近年来，新创豫剧《程婴救孤》《村官李天成》、舞剧《风中少林》等剧目获国家级奖励，并跻身国家舞台艺术精品剧目。河南戏剧界涌现出一大批知名戏剧表演艺术家，常香玉被国务院授予"人民艺术家"称号。河南民间曲艺、民间舞蹈、民间音乐和杂技表演历史悠久，具有浓厚的地域文化特色，如信阳的歌舞、开封的盘鼓、濮阳的杂技、南阳的曲艺、登封的少林武术、陈家沟的太极拳等，都有深厚的生存土壤和发展潜力，少林武术已被文化部列为申报"世界非物质文化遗产代表作"重点项目。全省有专业艺术表演团体 204 个，中等艺术学校 18 所，全省各级艺术表演团体年均演出 5 万多场，其中到农村演出 4 万多场。

河南是民族民间文化大省。全省有"全国文化先进县"18 个，"全国民间艺术之乡"16 个，"省级文化先进县"40 个，"河南省民间艺术之乡"69 个，国家级非物质文化遗产 22 个（26 项），省级非物质文化遗产148 个；河南城乡文化日趋繁荣，全省 119 个县级广场文化活动长年不断，河南有 5 个"全国特色文化广场"，13 个"全国文化先进社区"；5个县（市）被列入全国 100 个文化信息资源共享试点县（市），4.8 万个基层网点通过与农村党员干部远程教育网络实现共建共享，覆盖了超过6000 万人口的广大农村地区。

河南是炎黄族系根之所在，历史名人荟萃，灿若繁星。百家姓中有73 个姓氏源于河南；中原人文精神积淀深厚，河南自古以来就是各种思想观念、学术流派的交汇地，孕育了难以尽数、名垂史册的英雄伟人、能工巧匠。古代哲学家和思想家老子、庄子，政治家和军事家李斯、刘秀、岳飞，科学家和医学家张衡、张仲景，文学家、艺术家杜甫、韩愈等，近现代的李季、冯友兰、姚雪垠、彭雪枫、杨靖宇等，社会主义建设新时代的"文学豫军"及焦裕禄、史来贺、常香玉、任长霞等英雄模范，表现出不同时期中原文化的特色，他们身上体现出的勤劳淳厚、自强不息、坚忍不拔、昂扬向上、开拓进取、不甘人后的品格，成为中原人文精神的代表人物。

（二）开放发展促使河南文化走向世界

中原文化曾经是中国先进文化的代表，无论是先秦、汉唐还是北宋，中原文化都当之无愧地称之为时代文化的代表，许多文化创造在当时都具有领先地位，许多文化名人都是当时政治、社会、文化界的领军人物。北宋以后，中原文化渐趋沉寂。近代以来，文化发展基本上处于停滞半停滞状态。新中国成立后，河南人民集中精力发展经济，全力甩脱贫穷落后的帽子，经济建设在"一五"和"三五"期间有了明显起色。但是，接踵而至的政治运动和十年"文革"，不仅对河南的经济建设造成了重创，而且迟滞了河南的文化建设。改革开放之后，尤其是 21 世纪以来，河南在聚精会神搞建设、一心一意谋发展的同时，把文化建设提上了重要的议事日程，推出了一系列具有重要影响的文化活动，中原文化再次展示出非凡的魅力。由河南省委宣传部领衔推出的"中原文化行"系列活动，向沿海省份、中国港澳台地区以及发达国家强力推介中原文化，展示河南新形象，收到了很好的效果，取得了圆满的成功。河南文化借助"中原文化行"系列活动，在实现由文化资源大省向文化强省的跨越中走出中原，走向世界。

1. 中原文化沿海行

进入 21 世纪以来，河南省委、省政府为了加强与沿海省市的经济文化交流，向沿海省市宣传推介中原文化，引进沿海省市先进的思想理念、管理经验和技术、资金、项目等，促进河南经济、社会、文化的发展，决定于 2001 年推出"中原文化行"大型系列活动。"中原文化福建行"既是"中原文化沿海行"的处子秀，也是"中原文化行"大型系列活动的重要组成部分。2001 年 9 月，"中原文化沿海行"活动走进了东南沿海的福建省。"中原文化福建行"先后举办了"河南风"旅游推介会、"走进河南"图片展、"豫闽文化渊源及发展研讨会"等 10 项大型文化经贸活动，引起了强烈反响，收到了很好的效果。

继"中原文化福建行"之后，河南于 2003 年 11 月隆重推出了"中原文化广东行"活动，在广东掀起了一股中原文化热潮。河南省情说明会、旅游推介会、图片展、书画展、豫粤历史文化渊源座谈会、文化精品生产座谈会以及具有浓郁中原特色的大型文艺晚会等一系列文化活动，把一个具有厚重历史文化底蕴、秀丽自然风光，奋力实现崛起的河南新形象展现在广东人民面前。这次"中原文化广东行"活动，加强了豫、粤两省的经济文化交流，增进了广东人民对河南的了解，为河南和处于改革开放前沿的广东开展经贸文化合作开辟了广阔的空间。

2004 年 10 月，"中原文化沿海行"活动走进首都北京。这次"中原文化北京行"活动以"情系首都·感知河南"为主题，由河南当代书画名家作品展、豫京书法家座谈会、豫京美术家座谈会、大型广场旅游文化活动、"魅力河南"图片展、中原崛起话河南座谈会、在京豫籍优秀务工创业人员表彰座谈会、大型豫剧演出等活动共同组成。整个活动丰富多彩，影响广泛，反响热烈，取得了丰硕成果。

2005 年 9 月，河南省成功举办了"中原文化上海行"。这是"中原文化沿海行"活动推出以来，规模最大、规格最高、项目最多的又一次跨省区文化宣传推介活动。这次活动以"情系浦江·感知河南"为主题，举办了河南中国画名家作品展、河南民间工艺美术珍品展、河南古代文明展、大型广场文化活动、"崛起中的河南"大型户外图片展、河南名企名品形象宣传展、豫沪文化产业合作与发展座谈会、河南文化产业项目发布会暨文化产业合作项目签约仪式以及在沪豫籍优秀务工、创业人员表彰大会等 15 项活动，全方位向上海人民展示了河南省经济社会发展取得的新成就。文化交流与合作是"中原文化上海行"的重要内容，文化产业合作项目在"中原文化上海行"中首次被列入对外合作目录，100 多个文化产业项目在活动中发布，向上海乃至整个长三角地区寻求合作伙伴，以此进一步加强与上海在文化产业方面的合作，借鉴上海在技术、人才、资金、管理等方面的经验和优势，不断推动河南省文化产业的发展。活动期间，共有 8 个文化产业项目签订投资合作合同，合同金额 4.45 亿元；合作协议 37 个，协议金额 34.05 亿元。"中原文化上海行"在宣传河南形象、推介河南文化的同时，其经贸、文化交流与合作也取得了显著成效。

2007 年 11 月，"中原文化天津行"在天津隆重举行，这次活动以"情系海河·感知河南"为主题，"魅力河南"图片展、河南古代文明展、《翰墨写中原》书画展、河南民间工艺美术大师珍品展、"河南风"旅游推介会、杂技专场晚会等 10 余道文化大餐，展示了中原文化的独特魅力。经贸交流合作与文化产业项目推介，是此次"中原文化天津行"的重头戏。活动期间，共签订文化产业项目 23 个，投资总额 71.88 亿元，合同金额 47.06 亿元，其中河南省与京津唐地区合作的项目合同金额 21 亿元，超过签订合同总金额的 40%。签约合作项目中，既有高新技术产业，又有文化产业项目和旅游开发项目，表明河南与天津两地产业合作具有良好的基础和广阔的空间。

"中原文化沿海行"活动是河南省对外宣传的大型综合性活动，是改善和树立河南形象的重要举措，也是河南文化"走出去"的重要品牌。该项活动精选最具中原特色的文化资源、旅游资源和具有竞争优势与发展前景的文化产业项目，集中向沿海发达地区宣传、推介和展示，以期加强与沿海发达地区的经贸、文化交流与合作，借鉴他们在文化产业方面的技术、人才、资金、管理等方面的优势和经验，促进河南文化产业的发展，推动河南实现由文化资源大省向文化强省的跨越。自 2001 年起，"中原文化沿海行"活动先后在福建、广州、北京、上海、天津等沿海省份举办，反响十分热烈，效果非常显著。

2. 中原文化台湾行

由于历史的原因，台湾和大陆自 1949 年以后就处于分治状态，台湾人民与大陆人民长期处于隔膜之中。改革开放之后，大陆与台湾的交流逐渐多了起来，但大多是台商投资大陆办厂办企业或民间交往，文化交流则不是很多。为了宣传推介改革开放之后的新河南，加强与台湾同胞的文化交流，推动两岸经济文化交流与合作，2002 年开始了首次"中原文化台湾行"活动。

2002 年 8 月初，河南省"中原文化台湾行"文化交流代表团一行 80 余人，赴台湾进行文化交流。这是迄今为止河南省组织的规模最大、内容最丰富的赴台文化交流团。在台期间，河南电视台《梨园春》栏目组织了戏曲专场演出，受到了台湾同胞的热烈欢迎。在文化交流活动期间，还举办了河南当代书画名家作品展和河洛文化研讨会等系列活动，全面介绍了河南的戏剧、影视、书法、绘画、人文历史等博大精深的中原文化，探讨了豫台两地血缘相通的历史渊源，展示了当代河南的新风貌，增进了台湾同胞对河南的认识和了解，推动了豫台两地的文化交流与经贸合作。

时隔 6 年，河南省文化交流代表团于 2008 年 11 月再赴宝岛台湾，举行了"中原文化宝岛行"文化交流活动。与 2002 年的"中原文化台湾行"不同的是，这次"中原文化宝岛行"活动增加了经贸合作交流的内容。此次"中原文化宝岛行"历时 7 天，开展了一系列形式多样的经贸合作和文化交流活动，全面展示了中原文化的博大精深，加深了河南与台湾之间的相互了解，加强了豫台两地在经贸、文化等方面的合作与交流。

除"中原文化台湾行"和"中原文化宝岛行"两次大型文化交流活动之外，河南省还分别于 2005 年和 2006 年举办了"海峡两岸豫剧交流活动"和"情系中原·两岸文化联谊行"文化交流活动，受到了文化部、国台办和中华文化联谊会的充分肯定，被誉为两岸文化交流的

"典范之作"。

"情系中原·两岸文化联谊活动"是中华文化联谊会与河南省政府联合举办的系列文化活动之一。为进一步增进台湾文化界对祖国中原地区自然、历史、文化的了解,扩大两岸文化交流与合作,中华文化联谊会与河南省政府于2006年7月共同举办了"情系中原·两岸文化联谊行"活动。这次活动以河南悠久的历史传承和丰富的文化资源为依托,重点突出两岸同根同源的主题,通过形式多样的文化参访、联谊和研讨活动,让海峡两岸文化界人士切身感受中华民族"根"文化——中原文化的深厚底蕴和深远影响,增进两岸文化界的联系与感情,增强台湾同胞对中华文化同根同源的共识,多方位展示改革开放以来河南各项建设的新成就,宣传河南新形象,促进河南与台湾在文化、经贸等领域的交流与合作,构筑海峡两岸交流合作的新平台。

"中原文化台湾行""海峡两岸豫剧发展论坛""情系中原·两岸文化联谊活动"等使河南与台湾的文化交流活动从无到有,交流次数从少到多,交流内容从表层到深层,双方之间的认识、了解和情感随着交流活动的增多而日益加深,合作日益加强,初步形成了文化交流合作共赢的良好局面。通过文化交流与合作,河南不仅展示了悠久深厚的历史文化和风光旖旎的自然景观,而且展示了河南乘改革开放东风所呈现出的日新月异的崭新面貌和经济、社会、文化建设取得的伟大成就,展示了河南作为全国第一粮食大省、新兴工业大省、经济大省和有影响力的文化大省的新形象。同时,也展示了河南在文化强省建设中取得的系列成就,展示了河南迅速提升的文化软实力。

3. 中原文化港澳行

香港和澳门是中国改革开放的门户,尤其是香港、澳门相继回归祖国之后,内地与港澳的经贸文化联系更为密切,港澳成为沟通内地与海外联系的重要桥梁,也是内陆省份走向世界的桥头堡。为了加强与港澳的经贸文化联系,发挥港澳作为改革开放桥头堡的作用,借鉴港澳的资金、管理、人才和科技优势,河南省先后于2007年和2009年举行了"中原文化港澳行"活动。

2007年1月,河南省政府在香港和澳门隆重举行了"中原文化港澳行暨 2007 豫港投资贸易洽谈会"。河南省由省委书记和省长带队，组成了 23 个代表团，参会人员 780 多人，带去了精心筛选的 2262 个项目和重大活动 40 余项，使"中原文化港澳行"成为继"中原文化沿海行"活动开展以来规格最高、规模最大的一次重要经贸文化活动。这次"中原文化港澳行"共有 93 个利用外资的重大项目签约，项目总投资 80.69 亿美元，合同外资 32.03 亿美元。签订的项目数额大，层次高，质量好，涉及煤化工、能源开发、农产品深加工、先进制造业、基础设施、文化旅游及现代服务业等多个领域，有发展循环经济、延伸产业链条、改善交通运输条件的，有开发文化产业、提升文化娱乐服务水平的。这些合作项目对全省产业升级、结构调整及文化发展不仅具有积极促进作用，而且产生了深远影响。

博大精深的中原文化是"中原文化港澳行"活动的主要媒介和内容。在"中原文化港澳行"活动中，文化产业招商大显身手，有 15 项重大文化项目在现场签约，合同外资 4.2 亿美元，加上此前已经签订的文化产业项目，豫港澳将在 31 个文化产业项目上开展合作，引进资金达 5.336 亿美元，涉及河南省文化产业的内容产业、文化旅游业、文化基础设施建设等多个领域。这将为河南省丰厚的文化资源尽快转化成产业优势奠定坚实的基础，为实现文化资源大省向文化强省的跨越提供可资借鉴的现实路径。

2009 年 2 月，"中原文化港澳行暨 2009 豫港澳投资贸易洽谈会"相继在澳门、香港举行。这次活动共组成了政府、经贸、文化、旅游 4 个代表团，共有 1020 个项目。活动举行期间，河南民俗艺术展、《木兰诗篇》文艺演出、功夫卫星频道开播、中原文化与中原崛起的主题演讲等文化活动，向港澳各界奉献了一道道文化大餐，让港澳各界感受到中原文化的无穷魅力，看到了一个新河南。这次"中原文化港澳行"活动，共签约 75 个项目，投资总额 60.4 亿美元，合同利用外资 46.8 亿美元。项目涵盖了高新技术、新能源开发、先进制造业、基础设施、现代农业、现代服务业等多个行业和投资领域，对全面提升河南企业的技术装备和管理水平，加快产业升级改造和技术创新有着十分重要的意义。此次"中原文化港澳行"基本实现了"文化大交流、经贸大合作、人员大往来、发展大推进"

的既定目标。文化合作是此次活动的亮点之一，河南省广电局、河南日报报业集团等与香港英皇集团、香港煜丰投资集团等港澳地区著名文化巨头进行了深入洽谈，达成了多项重大合作意向，其中英皇集团决定投资3000万元重拍电影《少林寺》，再次在海内外掀起少林武术热潮。

"中原文化港澳行"是"中原文化行"系列活动的重要组成部分，也是重头戏。在河南省委、省政府的高度重视和有关方面的积极组织参与下，"中原文化港澳行"活动取得了圆满成功，主要表现在以下四个方面。一是港澳各界人士对作为活动媒介的中原文化有了更为全面深刻的认识和了解；二是加深了豫港澳三地人民之间的感情，促进了经贸、文化、旅游交流与合作；三是"中原文化港澳行"取得了丰硕成果，签订了涉及工业、农业、科技、文化、旅游等多方面的项目合作合同，引进了巨额投资资金和先进的思想理念与管理经验，促进了河南经济、社会、文化、旅游的发展；四是提升了河南的文化软实力，改善了河南的文化形象，增强了河南的竞争力与知名度。

4. 中原文化澳洲行

为了进一步发挥"中原文化行"品牌的影响力，河南省委、省政府又推出了"中原文化澳洲行"活动，把"中原文化行"向海外发达国家拓展，通过中原文化的宣传推介，加强与澳洲的经贸文化交流。2009年1月，由河南省人民政府首次在国外举办的综合性大型文化经贸交流活动"中原文化澳洲行"在澳大利亚美丽的城市悉尼拉开帷幕。

"中原文化澳洲行"活动包括文化展示、经贸招商、旅游推介三大板块，共有10项重要活动。一是在悉尼举行"中原文化澳洲行"活动启动仪式暨投资贸易合作项目签约仪式；二是参加在悉尼举办的中国农历新年花车盛装巡游活动；三是参加在悉尼港和海德公园举行的演出活动；四是参加在悉尼海德公园举行的澳大利亚国庆日焰火晚会演出活动；五是在澳大利亚首都堪培拉举办舞剧《风中少林》演出活动；六是在悉尼达令港举行河南旅游广场促销活动；七是在悉尼举行"中国河南旅游之夜"推介会；八是参加中国驻澳大使馆开放日演出活动；九是省政府领导会见并宴请澳大利亚政界、商界要员；十是签订河南省与澳大利亚新南威尔士州建立友好合作关系的协定。文化展示活动主要有开封盘鼓、少林武术、原创功夫舞剧等，展示了中原文化的丰富厚重和多样性特征。

2009年2月2日上午，在"中原文化澳洲行"活动经贸合作活动中，共签订合作项目22个，签约合同总金额27亿美元。其中包括贸易项目4个，合同金额8.6亿美元；外资项目12个，合同金额17.2亿美元；外经贸项目1个，合同金额1.2亿美元；服务外包项目和研发中心合作项目4个；等等。

"中原文化澳洲行"是河南省举行的综合性经贸文化活动第一次走出国门。就是这可喜的第一次，把一个真实、客观、正在崛起的河南展现给了澳洲人民，把中原文化的厚重与精彩展现给了澳洲人民。借助中原文化这一重要媒介，加深了河南人民与澳洲人民之间的相互了解，增进了彼此之间的友谊，拓宽了双方经贸文化合作的领域，提升了经贸文化合作的层次，增强了双方的合作实效，开创了双方交流合作的新局面，实现了互利双赢、携手发展的预期目标。

"中原文化行"系列活动既是中原文化的集中展示，也是中原文化与域外文化进行新的交流和碰撞的过程。在新的交流与碰撞中，中原文化不仅得到了广泛传播，获得了普遍认同，而且也融入了新的文化元素，得以丰富和完善。仔细研究一下大型实景演出《禅宗少林·音乐大典》、歌剧《木兰诗篇》和舞剧《风中少林》等具有鲜明时代特征的河南文化品牌，可以发现，中原文化在走出去的同时，也在不断地引进来，并在走出去与引进来的交流融通过程中内化为新的特质，从而获得了与时俱进的新的文化品格。

四　开放发展中存在的问题

扩大对外开放、实现开放发展是实现河南经济腾飞、社会和谐发展的必由之路。改革开放以来，河南省开放发展取得了令人瞩目的成绩，但与先进地区相比，河南开放发展还存在对外经济总量小，发展速度缓慢，开放度不高，对全省经济社会发展的推动作用不够等问题。主要表现在以下几个方面。

（一）经济开放度不高

经济开放度是指一国或地区的对外开放度及本地区经济发展与境外经

济的联系程度，它是衡量区域经济对外开放程度的综合性指标，也表示了区域经济融入国际经济的程度以及对国际经济的依存程度。在测度一国或地区的开放程度时，常常使用外贸依存度指标来表示。外贸依存度主要选取的是对外贸易占 GDP 的比重来表示对外依存或开放的程度，即对外依存度＝对外贸易总额/国内生产总值。比重的变化意味着对外贸易在国民经济中所处地位的变化。大力发展对外贸易，提高外贸依存度是以外源性经济拉动地区经济实现跨越式增长的有效途径。考察河南省的外贸依存度指标有利于我们清醒地认识河南省国民经济的发展现状，为制定正确的经济结构调整目标和对外战略提供依据。

经测算发现，河南的外贸依存度与全国相比，一直存在着较大的差距。河南省外贸依存度的变动趋势与全国基本一致，但比重明显偏低。2008 年，河南对外贸易依存度为 6.79%，而同期全国对外贸易依存度为 57.29%。2013 年，河南对外贸易依存度上升为 11%，但是全国对外贸易依存度仍然高达 46%，虽然差距在减少，但与全国差距依然较大。

（二）对外经济总量较小

从进出口总额来看，近年来，河南省进出口总额数量和占全国进出口总额的比重都不断提高。2000 年，河南省的进出口总额为 22.83 亿美元，2013 年增长到 559.5 亿美元，但是与发达地区及全国平均水平相比，河南的对外贸易水平仍是相当低的，仅占全国进出口总额的 1.44%（见图 3 - 1）。

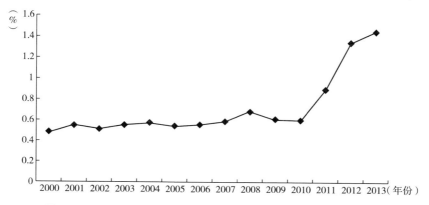

图 3 - 1　2000～1013 年河南省进出口总额占全国进出口总额比重

从实际利用外资来看，近年来，河南省实际利用外资的数量和占全国实际利用外资的比重均呈上升趋势。2000 年，河南省实际利用外资 5.40 亿美元，占全国实际利用外资的比重为 1.33%。到 2013 年，河南省实际利用外资 134.57 亿美元，占全国实际利用外资的比重为 11.5%。对外经济发展水平低，对促进河南经济快速发展的推动力不足，因此河南省的开放带动能力亟待提升。

（三）对外经济存在结构性问题

1. 利用外资流向结构不合理

按国民经济行业分，河南省利用外商投资的行业主要集中在制造业、房地产业和电力、燃气及水的生产和供应业，2013 年这些行业利用外资分别占全省利用外资比重的 61.40%、11.81% 和 6.97%。作为农业大省的河南，建设社会主义新农村、建设农产品出口生产基地都需要大量的资金投入和先进的管理和技术，但农、林、牧、渔业利用外资的比重仅占全省利用外资的 3.29%（见表 3-2）。外商直接投资过多流向制造业，不利于河南省第一、三产业的发展，难以有效促进产业结构升级。

表 3-2　2013 年河南省各行业利用外资额及占全省的比重

单位：万美元，%

按国民经济行业分	利用外资额	占全省利用外资总额的比重
农、林、牧、渔业	44277	3.29
采矿业	32257	2.40
制造业	826200	61.40
电力、燃气及水的生产和供应业	93833	6.97
建筑业	9959	0.74
交通运输、仓储及邮政业	39792	2.96
信息传输、计算机服务和软件业	7040	0.52
批发和零售业	39187	2.91
住宿和餐饮业	666	0.049
金融业	7122	0.53
房地产业	158944	11.81

按国民经济行业分	利用外资额	占全省利用外资总额的比重
租赁和商务服务业	42473	3.16
科学研究、技术服务和地质勘查业	29959	2.23
水利、环境和公共设施管理业	10637	0.79
居民服务和其他服务业	11	0.0008
教育	2137	0.16
卫生、社会保障和社会福利也	1160	0.09
文化、体育和娱乐业	5	0.0004

2. 外商投资的来源结构不合理

利用外资来源地高度集中。2013 年，河南省利用外资涉及 30 多个国家和地区，主要集中在中国香港、中国台湾以及美国、新加坡、日本、韩国等地区和国家。其中新批港资项目 208 个，占全省总数的 72.7%；合同资金 96.0 亿美元，占全省总额的 71.3%；实际到位资金 79.7 亿美元，占全省总数的 69%。引进港资企业数、合同资金及实际到位均位居首位。新批台湾地区投资项目 35 个，合同资金 8.3 亿美元，实际到位资金 8.8 亿美元。新批美国项目 19 个，合同资金 5.5 亿美元，实际到位资金 36.5 亿美元。

3. 进出口贸易存在结构性问题

河南正处于工业化中期阶段，工业化和农业生产的工业化水平不高，能够为市场提供的主要是低附加值的粗放产品，外贸出口没有强有力的工业做支撑，产品缺乏国际竞争力。出口的产品中低附加值产品比重过大，工业制成品特别是高新技术产品出口比例过低，缺乏高技术含量、高附加值、高价格的商品。2013 年，在河南 21 类出口产品中，机器、机械、电气设备机器零件、录音机及电视图像及附件出口额为 225.6 亿美元，占河南当年出口额的 62.7%；出口额前 20 位的商品中，手持（包括车载）式无线电话机出口额 196.9 亿元，占出口总额的 26.9%，其余多数为原材料或初加工产品。长期以来，在出口业务中，印牌、贴牌经营成为普遍现象。河南主要出口市场集中在北美、日本、中国香港、欧盟和东南亚等国家和地区，尤其是对中国香港、日本、美国和欧盟的出口在一半以上，主要出口人发制品、非合金铝、精炼铅、橡胶轮胎等商品，很大部分是初级产品和资源类产品，附加值低，出口效益不高，不利于出口贸易快速发展的长远性和持续性。此外，对美国、日本的市场依赖程度很高，出口市场过于集中，使经营风险也相对集中，很可能在复杂多变的市场竞争中受制于人。

（四）开放发展环境亟须进一步优化

经济发展软环境是区域经济发展的基础，河南经过 30 多年的改革开放，经济发展软环境得到了很大改善，在文化环境、政策环境和劳动力成本等方面都有较大优势，但在法律法规、政府行政服务、市场发育程度、劳动力素质等方面与发达地区还有较大差距。

1. 法律法规体系不完善

社会主义市场经济是法治经济，完备的法治环境，依法行政、依法办事的良好氛围，公平竞争的市场秩序是加快地方经济发展的基本条件和重要保障。投资者最为关心的就是法治环境是否有利于资本的安全运作和企业的成长壮大。在河南的很多地区，由于存在较多的制约因素，与经济发展相关的法律法规还存在很多不完善、不合理的地方，严重地制约着河南开放发展。

2. 政府行政服务滞后

政府机构为地区市场及其活动主体提供服务，包括服务的职能、服务的质量、服务的效率、服务的成本及服务的态度等方面。就企业决策而言，这种环境可能是最具风险性的，因为它难以在事前加以论证，而又容易在事后产生决策上的延误和失败。因此，它是软环境建设的重要内容之一。只有政府具有为企业和投资者服务的意识，才能将其各种管理和服务推向更高层次，才能给本地区企业带来更大的利益，同时吸引更多的投资，形成有利于促进开放发展的良好软环境。河南经过多年的努力，政府行政管理已经取得了很大改善，但与发达地区相比还有很大差距。

3. 市场发育程度低

市场环境包括经济运行的状况、市场结构、非生产性设施与服务及信用环境等。河南经过 30 多年的改革开放，市场化进程不断加快；但由于自然条件先天性不足和历史原因，市场化程度与发达地区相比仍然较低，政府对经济的干预仍然较强，市场诚信状况不佳、金融结构单一、银行贷款担保条件太高、金融服务信息滞后、各级要素市场还不成熟、市场发育程度低、非公有制经济发展不充分，所有这些因素的存在都会对投资者产生很大的影响。

4. 用人环境有待进一步优化

河南劳动力资源丰富，而且成本低，这是河南经济发展的优势所在。但也应看到，"量"上的优势有时会被"质"上的劣势所抵消。河南"每万人口中高中毕业及其以上人口数""人均教育经费""专利批准数"等反映人力资源素质和科技教育水平的指标在全国排位都很靠后，虽然劳动力资源丰富，但高科技人才严重缺乏。而且，由于没有一个宽松的用人环境，缺乏公开、平等、竞争、择优的激励机制，不能及时制定能广泛吸引各种人才特别是高层次科技创新人才和高级管理人才的优惠政策，不仅难以吸引外来人才在河南发展，而且原有的技术人才、管理人才也会不断流失。

第四章
河南开放发展面临的环境分析

新时期，河南要实现开放发展，就必须在明确挑战与机遇的基础上，以科学发展观为指导，充分利用有利条件，努力克服制约因素，理清发展思路，扬长避短，更加积极主动地实施开放带动主战略，坚持把扩大开放作为带动全局的综合性战略举措，进一步加大对外开放力度，提高对外开放水平，努力把河南打造成为最具活力、最有吸引力、最富竞争力的内陆开放高地。

一 面临的机遇

世界经济已步入"后危机时代"，世界金融危机影响将在很大程度上改变世界经济发展的走向和格局，引发一些重大趋势性变化，其中蕴藏着前所未有的机遇。在新时期，河南要紧抓时代机遇，大力发展开放型经济。

（一）国际经济格局呈现新趋势，面临巩固扩大国际市场份额的新机遇

后危机时期，世界经济将在调整中逐步走向复苏，世界经济发展孕育着许多新变化。国际经济环境变化给河南带来了新机遇，主要表现为国际需求虽有萎缩但有增长空间，全球产业结构调整孕育新的贸易增长点，新兴市场份额将逐步扩大。

1. 世界经济格局变化将进一步提升我国的国际影响力

自国际经济危机冲击以来，世界经济的推动力也由发达国家逐步向中

国、印度、俄罗斯、巴西等新兴国家和发展中国家转移，新兴国家、发展中国家在全球经济中的地位与实力逐步提高。国际货币基金组织（IMF）2010年10月6日发布的《世界经济展望》报告指出，新兴经济体和发展中国家将成为世界经济复苏的"亮点"，在全球贸易中的份额将呈扩大之势，中国、印度、巴西等新兴市场国家回升势头强劲，成为带动世界经济整体复苏的主要力量。2010年全球GDP增长了5%，发展中国家新兴经济体有7%的增长速度，发达国家只有2%的增长速度。这是人类经济史上首次由新兴经济主导全球的增长，新兴经济对全球经济增长的贡献超过了发达国家，整个全球经济增长的格局发生了变化。

2. 经济全球化继续深入发展是河南开放发展的重大机遇

经济全球化将由美国主导转变为发达经济体与新兴经济体共同主导，形成多元主导的趋势。经济全球化是河南发挥劳动力资源比较优势，参与国际竞争和国际分工，充分利用国外市场、资源、技术、人才和管理经验，加快经济发展的重大机遇。经济全球化还将在曲折中继续深入发展，仍将为河南加快发展提供诸多机遇。一是有利于河南利用国际市场规模扩大和进一步开放稳定出口，带动经济增长和就业增加；二是有利于河南继续引进国外先进技术、设备、人才和管理经验，推动国内技术进步和产业转型升级；三是有利于河南企业"走出去"开展国际能源资源合作开发，拓宽能源资源供应渠道，为小康社会建设提供能源资源供应保障。

3. 新能源和节能环保等绿色产业有望引领全球产业转型升级

为应对经济衰退和培育新的经济增长点，发达国家大力推动发展新能源和节能环保等新兴绿色产业，抢占未来技术进步和产业发展的战略制高点。新能源开发和产业化将带动相关产业的发展，形成规模庞大的产业集群，而节能环保和低碳技术的推广应用也会带动传统产业的转型升级，引发全球产业结构新的调整重组，推动形成新一轮经济增长，这为新时期推进河南产业转型升级提供了新契机。新能源和节能环保等新兴绿色产业正处于发展的起步阶段，这为河南赶上新一轮全球产业调整发展步伐，抢占未来产业发展的战略制高点，缩小与发达国家的差距，改变河南在全球分工格局中处于低端的不利地位提供了重要契机。

（二）新一轮产业转移出现新变化，为河南开放发展提供新契机

经济全球化仍将继续深入发展，全球产业转型升级和产业转移也将出现许多新变化。随着经济全球化趋势在曲折中继续深入发展，贸易投资壁垒会进一步降低，有利于产品、服务和要素自由流动的便利化措施还将增多，国际产业转移将在更广范围、更大规模、更深层次上进行。无论是发达国家还是发展中国家，都将充分利用经济全球化带来的有利条件，根据资源禀赋、基础设施、产业技术、市场需求等发展条件，通过拆分产品价值链进行产业转移或接受产业转移，国际产业转移将呈现出多层次、多梯度和多向性，垂直转移与水平转移相互交织，从而形成更加错综复杂的国际分工和产业发展格局，各国经济间的相互联系和相互依存更加紧密。

历史经验表明，经济危机往往催生新的技术和新的产业。新时期，国际分工合作体系将不断深化，贸易和投资仍将成为拉动世界经济增长的重要因素。发达国家为应对经济衰退和培育新的经济增长点，将大力发展新能源、生物医药、节能环保等战略性新兴产业，抢占未来技术进步和产业发展的战略制高点；同时，发达国家仍将重点发展金融、保险、信息、技术、会计和法律服务等现代服务业，以扩大市场为目的的跨境投资将出现恢复性增长。为应对全球气候变化，完成减排目标，推动产业升级，发达国家将继续向有成本和市场优势的新兴市场和发展中国家转移一般制造业和高新技术产业的生产制造环节，以及非核心研发环节和相关的生产性服务业。新兴市场和发展中国家在继续承接发达国家制造业转移和服务业外包的同时，产业结构也将不断调整升级，努力缩小与发达国家的差距。这将为河南进一步承接国际高端制造业和现代服务业转移，推进产业优化升级提供良机。

国际金融危机对我国区域经济格局是一次重新洗牌，我国的区域发展格局也在悄然发生变化。目前，我国正处于重要的战略机遇期，工业化、城镇化、信息化加速推进，经济进入新一轮增长，同时也是中国经济社会发展的转型期，以代工和加工贸易制造业为主的沿海地区，企业发展环境恶化，受土地、融资、劳动力成本以及能源原材料价格逐年增加和环境容

量指标逐年削减等因素的制约，正在加快产业调整和转型升级。产业转移和资本流动向中西部地区加速，这给河南带来了难得的机遇，河南便利的交通和充沛的人力资源，日趋完善的基础设施为承接加速的产业转移提供了有利条件。伴随着国内外产业梯次转移进程的继续，河南承接新一轮产业转移仍有较大优势。

（三）促进中部崛起战略深入实施，中原经济区建设全面展开

我国的对外开放政策与我国的区域发展政策密切相关，改革开放后，在我国区域经济发展战略的演变过程中，中部地区的位置有过变化，但从总体上看是处于边缘化位置，成为国家政策的边缘地带，这极大地制约了河南开放型经济的发展。自中央确立"促进中部崛起"的战略以来，相继出台了一系列关于促进中部崛起的政策和措施，明确了中部地区在全国经济发展格局中的目标定位，加大了政策和资金的扶持力度。目前，国家促进中部地区崛起战略已进入实质性推动阶段，中部地区也已步入了互动合作、加速发展的新时期。2011 年 8 月 25 日，出台了《促进中部地区崛起规划》实施意见，提出中部地区要全面落实 8 项重大任务，其中之一是推进"体制改革和对外开放"，"落实中西部地区承接产业转移的指导意见。继续利用外经贸促进政策支持中部地区外经贸事业发展。适时补充修订《中西部地区外商投资优势产业目录》。……加快中部地区中国服务外包示范城市发展。……推动泛长三角、泛珠三角产业分工与合作，提升中部地区与港澳台地区合作层次，深化中部地区省际合作，支持中部地区与西部毗邻地区开展合作"[①]。这既有利于河南发挥比较优势，在中部地区抢占制高点，也有利于借助中部崛起的整体优势，利用更广的交流领域和空间，利用更大的交流平台，在更大范围内实现生产要素的重组和资源的优化配置，在参与区域经济发展的进程中实现新的跨越，为河南加强对内对外开放，加快形成全方位、多层次、宽领域对外开放新格局提供了难得的机遇。

---

① 国家发改委：《〈促进中部地区崛起规划〉实施意见》，2010。

2011 年，中原经济区建设上升为国家战略，提高了河南在全国经济发展大局中的地位。中原经济区要"构建内外互动的开放型经济支撑体系"，抓住产业加快转移的机遇，坚持对内对外开放并举，扩大总量与提高质量并重，引进来与走出去结合，不断拓展新的开放领域和空间，以开放促改革、促发展、促创新，加快形成全方位、多层次、宽领域的开放格局，打造内陆开放高地。达到"对外合作领域和空间不断拓展，与沿海和中西部地区的区域协作全面加强，外贸进出口和利用外资水平走在中西部地区前列"① 的目标。伴随着一系列先试先行政策的实施，河南将争取更多的外部资金和政策支持，人才、技术等生产要素集聚效应将更加明显，河南扩大对外开放有了更加坚实的载体和平台。

2013 年 3 月 7 日，国务院正式批复了《郑州航空港经济综合实验区发展规划（2013 ~ 2025 年)》，这是全国首个上升为国家战略的航空港经济发展先行区。以河南省郑州市新郑国际机场附近的新郑综合保税区（即郑州航空港区）为核心的航空经济体和航空都市区，是郑州市朝着国际航空物流中心、国际化陆港城市、国际性的综合物流区、高端制造业基地和服务业基地方向发展的主要载体，为河南省对外开放提供了新的平台。

（四）工业化、城镇化加速推进，为河南开放提供广阔发展空间

21 世纪以来，河南的城乡发展取得了显著成绩，总体上，河南经济进入了以工促农、以城带乡的发展阶段，工业化、城镇化进程加速推进。2013 年，全省城镇化率达到 43.8%，比"十五"末提高了 20.6 个百分点，郑汴一体化取得新进展，实现金融同城、电信同城。城乡一体化示范区建设和城乡一体化试点顺利推进，中心城市组团式发展步伐加快。中心城市辐射带动作用和中小城市发展活力继续增强。进一步淘汰落后产能，高成长性产业、高新技术产业占规模以上工业增加值的比重继续提高，智能终端、智能装备、家电、家具等终高端产品及传统支柱产业中的高附加值产品增长加快；一批重大技术装备和关键技术取得重大突破，特高压输

---

① 《中原经济区建设纲要（试行)》，2011。

变电装备、矿山装备、超硬材料、多晶硅、盾构、生物疫苗、锂离子电池等多项产品达到国内外先进水平。现代物流、信息服务、电子商务、金融保险、文化旅游等现代服务业发展提速。

在不断强化农业基础地位的同时，河南坚持科学发展，不断加快工业化、城镇化进程，实现了由传统农业大省向新兴工业大省的历史性转变，并开始进入向工业强省和经济强省跨越的新阶段。围绕农副产品、能源资源增值上项目，河南各类加工工业纷纷崛起。河南利用资源优势，挖掘内在潜力，按照分类指导、强力推进的原则，先后制定了食品、有色、化工、装备制造、汽车及零部件、纺织服装六大优势产业和高新技术产业发展规划，不断加大资金投入和政策扶持的力度，着力培育和壮大一批具有比较优势和竞争力的优势产业。河南每年基本能达到转移农村人口150万人以上的目标，并初步探索出一条"人口转移型"与"结构转换型"相结合的城乡一体化发展道路。

工业化和城镇化加速推进将成为河南新一轮经济增长的重要推动力。河南省服务业比重和城镇化率均低于全国平均水平10个百分点左右，加速工业化和城镇化，追赶全国平均水平，增强内生动力将释放巨大的能量。同时，工业化、城镇化的加速推进使河南拥有更为广阔的内需市场，丰富的劳动力资源，完善的基础设施，为河南吸引外资、承接产业转移、拓展对外开放空间提供了机遇。

二 面临的挑战

对外开放为河南经济增长注入了巨大活力和动力，加快了融入全球经济的步伐。但随着融入经济全球化程度的加深、国际分工地位的提高，我国经济发展的外部环境也发生了一系列变化，同时，内在发展也面临一些突出矛盾和问题，为在新的历史时期河南扩大开放带来了新的挑战。

（一）世界经济全面复苏的基础并不稳固

虽然世界经济正在逐步复苏，但国际金融危机的深层次影响并未消除，世界经济仍存在一些系统性和结构性风险。

1. 世界经济缺乏足够的复苏动力

由于受大规模刺激政策到期或效应逐步减弱的影响，美国、日本经济复苏明显放缓；欧洲主权债务危机仍未得到有效解决，制约着欧元区经济复苏。被发达国家寄予厚望的新兴产业，虽然掀起了新一轮增长，但在短期内难以取得技术上的重大突破，新兴产业成为拉动世界新一轮经济增长的动力源还有一个过程，世界范围内新的产业增长点尚未完全形成。在未来一段时间内，经济危机的影响在全球范围内仍然存在，加之全球复杂的经济环境和经济发展的不确定因素，世界经济缺乏足够的复苏动力，世界经济全面复苏将呈现缓慢、波动的态势。所有这些都不利于河南对外开放的平稳较快发展。

2. 世界经济增长模式面临调整

金融危机的发生表明，以全球经济失衡为代价的世界经济增长模式是不可持续的。要实现世界经济平稳可持续增长，必须对以往世界经济增长模式进行调整。美国等发达国家必须转变负债消费和超前消费模式，适当提高储蓄率；新兴市场和发展中国家需要调整出口导向的经济增长模式，适当降低储蓄率，提高内需特别是消费需求对经济增长的拉动作用。但由于造成全球经济失衡的原因错综复杂，加之发达国家不愿承担调整责任，世界经济增长模式的调整将是一个长期而复杂的过程。

3. 外需恢复增长仍需时日

全球经济在各国增加政府投入及政策刺激的双重作用下，初步显现出了好转的迹象，但不论是在金融领域还是实体经济部门，导致危机爆发的主要矛盾及制度性障碍并未彻底解决，产能闲置、消费增长乏力、就业形势严峻等仍在阻碍全球经济复苏，外需低迷局面短期内很难根本扭转。

（二）贸易保护主义使对外开放面临新的考验

近期频繁出现的"汇率战""贸易战""价格战"，足以证明国际贸易保护主义日益抬头、贸易摩擦不断加剧。一方面，加入世界贸易组织以来，我国对外贸易持续快速增长，贸易规模迅速扩大，贸易顺差大幅增加，许多产品在国际市场占有很高份额，加之主要发达国家仍不承认我国的完全市场经济地位，针对我国的贸易保护主义措施也与日俱增；另一方面，国际金融危机使一些国家特别是发达国家强化了贸易保护主义措施，一些国家为刺激本国经济复苏和增加就业，加强对国内市场的保护，针对我国出口产品的贸易保护主义限制措施势必增多，不断采取反倾销、反补贴等措施保护本国市场和就业，对能源资源领域和重要产业的跨国并购设置更多的障碍。中国作为世界第一出口大国，已成为国际贸易保护主义的第一目标国和最大受害国。贸易投资保护主义倾向增强，使河南更难参与世界分工，抢占国际市场，对外经济面临更加严峻的挑战。

此外，各种形式的保护主义不断增多。除了传统的贸易保护主义措施外，新的贸易保护主义措施还会层出不穷，发达国家出于政治、经济、安全等方面因素的考虑，对来自新兴发展中大国的投资和收购兼并活动也会设置更多的障碍。一是一些国家特别是发达国家频繁使用贸易救济措施，将气候环境作为新型贸易壁垒工具。除了反倾销、反补贴等传统的贸易保护主义措施外，诸如碳关税之类的新型保护主义措施还会层出不穷，加之我国与世界经济的联系日趋紧密，针对我国出口产品的各种贸易保护主义措施还会增多，并由此引发更加频繁的贸易摩擦。二是我国正在成为对外投资大国，会有更多的企业"走出去"开展跨国经营，但也不可避免地与东道国发生利益纠葛，一些国家出于种种考虑，有可能采取各种形式的投资保护主义措施，防范和限制我国企业在海外的发展。这使得河南企业拓展国际市场"走出去"的难度增加。

（三）国内外区域开放竞争日趋激烈

从国际情况看，发达国家明确提出"再平衡"要求，希望向"再工业化"模式转型，重新重视生产、制造和出口，不仅造成发达国家市场空间缩小，还与发展中国家争夺市场，这将使河南在中高端市场领域面临竞争。各国纷纷出台各种招商引资的优惠政策，引资力度明显加大，竞争空前激烈，甚至许多发达国家也纷纷采取措施，鼓励企业在本国投资并吸引海外企业的投资利润回流。一些国家加快扩大对外投资规模，且对我国正常投资设置障碍，这对河南对外开放提出了新挑战。

其他发展中国家的相似的开放式发展战略带来竞争压力。最近 20 年来，许多先后走上开放式发展道路的发展中国家普遍采用的也是鼓励外资流入和扩大劳动密集型产品出口的开放型发展战略。当我国的劳动密集型产品已经对世界造成压力的时候，更低成本的生产开始在其他国家出现。当我国力图提升外资结构与效益的时候，更多国家加大了引进外资的力度，尤其是东南亚、南亚等周边国家大力改善投资环境，积极吸收外资和扩大产品出口。发展中国家这些挑战以及河南内在发展的需要挤压着现行的开放模式，迫使它在吸引外资和扩大出口上寻求新途径。

从国内情况看，外部需求的减弱使区域竞争压力日益加大。全国区域经济发展特别是区域对外开放的规模不断扩大、领域不断拓宽、层次不断提高，使新一轮的区域开放竞争日趋激烈，对河南对外开放形成较大竞争压力。为争取发展的主动权，提升区域竞争力，各地都在利用国际金融危机形成的"倒逼"机制，全力以赴抓结构调整，抓转型升级，积极调整生产力布局，打造发展新平台，培育下一轮经济增长的新动力，抢占发展制高点。随着中西部地区发展速度的加快，地方政府在项目的招商与资金的引进、原材料与资源能源的供应、产品生产组织和市场开拓等方面，形成了激烈的市场竞争。特别是随着外需的减弱，沿海企业更多的转向国内市场，区域竞争将更加激烈。

（四）后入世时代给河南开放发展带来挑战

在后入世时期中国逐步兑现入世时的承诺，2004 年 12 月 11 日零售业三年市场过渡期届满、2006 年 12 月 11 日金融业市场保护期届满、2010 年 12 月 11 日棉花的配额全部取消，等等，对于河南省发展开放型经济的挑战显而易见。

产业发展在一定时期内将受到不利影响。由于河南省经济科技发展水平还较低，产业的国际（国内）竞争力还比较差，市场经济体制和运行机制不健全，要在短时间内引入新的政策框架体系，一些发展还不成熟的产业将面对激烈的国际竞争，的确会使河南面临一些严峻的挑战甚至冲击。加入 WTO，受冲击大的主要是那些国家长期保护、垄断经营的行业，如农业、汽车行业、石化行业、通信业、金融业、流通业、音像业和旅游业等，其中有部分企业将会倒闭或被收购。

河南省利用外资的规模和结构有可能出现新的变化，利用外资规模的增长有可能放慢。由于河南省对市场保护的措施削弱，国外产品直接向河南出口的障碍减少，外商有可能由到河南投资生产，转为直接输入商品。一些对外资的超国民待遇逐步取消后，一些看中这些优惠的中小企业，包括中国港澳台企业到内地投资的积极性也会受到影响。由于放宽了外资企业在国内融资的限制，外商会将原来在境外融资改为在境内融资，外资的流入会相应减少。根据世界贸易组织《与贸易有关的投资措施协议》的有关规定，以往要求外商转让技术的手段和方式也不能再简单沿用，通过吸收外商投资获得所需技术的难度加大。另外，国内现行管理体制要做出较大调整。由于政府制定的各类公共政策多是为保护国内产业，而现在这些传统的政府手段和实施方式将不再适用，需要进行系统的检查和分析，并要求以新的政策手段和实施办法来替代。这些方面的政策对国内经济的影响是非常广泛的，如果短期内集中调整，有可能引起各方面的不稳定。

（五）全球资源环境瓶颈对河南开放发展提出了更高要求

近年来，资源环境约束与经济可持续发展问题的矛盾突出，引起全球关注。这一变化使我国目前发展所处的国际环境比 30 年前要困难得多。

全球资源环境瓶颈对可持续发展是巨大挑战。我国因经济总量大、以制造业为主的发展模式和发展阶段初级性等特点，成为全球性问题的焦点。同时，由于全球普遍的增长与发展及资源紧缺，使我国发展的外部成本已经大大提高，国际贸易中的相对利益在缩小，财富积累速度在降低。所以，全球资源环境压力的不断增大，为下一步河南开放型经济发展战略提出新挑战。

应对气候变化对河南开放发展提出了更高要求。河南正处于工业化中期阶段，工业占经济比重超过 50%，高耗能、高排放行业在工业中占有相当比重，很多工业生产制造环节还在使用落后设备和技术，造成能源资源利用效率不高，环境污染严重，二氧化碳和二氧化硫排放量居世界前列。由于河南产业结构不合理，经济发展方式转变缓慢，节能减排将是一项长期而艰巨的任务。应对气候变化和实现可持续发展已成为全球共识。

随着后《京都议定书》时代的到来，河南将面临更大的减排压力，不仅自身经济发展面临的资源环境硬约束增大，而且国际社会将制定更加严格、涵盖更广泛的环境保护规则和碳排放标准，这对河南经济转型发展和开放带动发展提出了更高要求。河南迫切需要改变劳动力、资金、技术等生产要素配置比例，使资源依赖型、初加工型产业向资源节约型、深加工型产业转型升级，高耗能、高污染产业向低消耗、低排污产业升级。如何以开放促转型、以开放促发展将是未来河南面临的巨大挑战。

三　新时期加快河南开放的有利条件

河南地处中原大地，文化底蕴深厚，自然资源丰富，经济总量居中西部地区之首，区域比较优势明显，是我国重要的人口大省、农业大省、工业大省和文化大省，这为河南开放发展提供了有利条件。

（一）发展基础良好

经过改革开放 30 多年的发展，河南的基础设施、产业发展、人口素质、社会事业发展等都有了显著提升，经济总量稳居全国第 5 位、中西部首位，已成为全国重要的经济大省、新兴工业大省和有影响的文化大省，这为河南开发发展提供了良好的物质基础和硬条件。

1. 总量优势明显

自 2000 年以来，河南一直稳居全国第五大经济体，经济总量居中西部第 1 位。"十一五"期间，河南经济呈现出平稳健康的发展态势，发展规模不断迈上新台阶，国内生产总值增速五年内都保持两位数增长，并于 2013 年突破 3 万亿元大关，达到了 32155.9 亿元，占全国国内生产总值的 5.7%，遥遥领先于中西部其他省份。固定资产投资持续增加，2013 年全省固定资产投资达到了 26087.5 亿元，创历史新高。社会消费品零售总额稳居中部第 1 位，达到了 12426.6 亿元。伴随着河南经济总量迈上新台阶，财政收入增长较快，公共预算财政收入继 2008 年突破 1000 亿元后，2012 年突破 2000 亿元，2013 年达到了 2415.5 亿元。居民收入不断提高，城镇居民及农村居民可支配收入分别达到了 22398.0 元和 8475.3 元。

2. 粮食优势突出

河南是全国第二粮食大省，在确保国家粮食安全中发挥着至关重要的作用。一是总产量大。2010 年河南粮食产量再创新高，达到 1142.7 亿斤，连续 10 年增产、连续 8 年超千亿斤。特别是从全国 13 个粮食主产区 30 年粮食产量的变化看，河南粮食在全国所占的地位更加重要（见表 4 - 1）。二是增产潜力大。目前，全省还有 5000 多万亩的中低产田，玉米、水稻等秋季高产粮食作物种植面积和单产还有望进一步扩大和提高，随着国家粮食战略工程河南核心区建设的稳步推进，粮食增产潜能将进一步释放。按照国家规划，2020 年河南粮食生产能力要新增 260 亿斤（占全国新增加 1000 亿斤的 1/4 以上）年产量达在 1300 亿斤，占全国粮食生产能力 11000 亿斤的 1/9 以上，调出原粮和粮食加工制成品 550 亿斤以上。三是转化能力强。作为全国第一粮食大省，河南粮食加工能力居全国首位，粮食加工能力、肉类总产量均居全国第 1 位，成为全国畜牧养殖大省和食品工业大省。全省各类粮食加工企业众多，所生产的面粉、挂面、速冻食品、方便面、味精等市场占有率均为全国第 1 位，河南已成为全国最大的肉类生产加工基地、全国最大的速冻食品加工基地、全国最大的方便面生产基地、全国最大的饼干生产基地、全国最大的调味品生产加工基地。

表 4 - 1　全国 13 个粮食主产区粮食生产地位的变化情况

单位：万吨,%

省　份	1978 年			2009 年			2013 年		
	总产量	全国位次	占全国比重	总产量	全国位次	占全国比重	总产量	全国位次	占全国比重
四　川	3000.0	1	9.84	3215.0	5	6.06	3387.1	6	5.63
江　苏	2290.0	2	7.51	3230.0	4	6.08	3423.0	5	5.69
山　东	2250.0	3	7.38	4316.3	3	8.13	4528.2	3	7.52
河　南	1900.0	4	6.23	5389.0	1	10.15	5713.7	2	9.49
湖　南	1900.0	5	6.23	3000.0	7	5.65	2925.8	9	4.86
湖　北	1725.5	6	5.66	2310.0	10	4.35	2501.3	11	4.16
河　北	1615.0	7	5.30	2910.0	8	5.48	3365.0	7	5.59
黑龙江	1500.0	8	4.92	4350.0	2	8.19	6004.1	1	9.97

续表

省 份	1978 年			2009 年			2013 年		
	总产量	全国位次	占全国比重	总产量	全国位次	占全国比重	总产量	全国位次	占全国比重
安 徽	1482.0	9	4.86	3070.0	6	5.78	3279.6	8	5.45
辽 宁	1175.0	10	3.86	1591.0	13	3.00	2195.6	12	3.65
吉 林	1056.0	11	3.46	2460.0	9	4.63	3551.0	4	5.90
江 西	1050.0	12	3.45	2000.0	11	3.77	2116.1	13	3.52
内蒙古	180.0	13	0.59	1980.0	12	3.73	2773.0	10	4.61

数据来源：《国家统计局关于 2013 年粮食产量的公告》《国家统计局关于 2009 年粮食产量的公告》。

3. 自然资源丰富

河南矿业产值连续多年处于全国前 5 位，是我国中西部地区重要的能源、原材料基地。在已探明储量的矿产资源中，居全国首位的有钛矿（金红石矿物）、镁矿、钼矿、蓝晶石、红柱石、天然碱、化肥用橄榄岩、玻璃用灰岩、水泥配料用黏土、水泥混合材用玄武岩、伊利石黏土、建筑用灰岩、建筑用页岩、饰面用安山岩、珍珠岩 15 种，居全国前 5 位的有 47 种，居前全国 10 位的有 85 种。优势矿产可归纳为煤、石油、天然气"三大能源矿产"，钼、金、铝、银"四大金属矿产"，天然碱、盐矿、耐火黏土、蓝石棉、珍珠岩、水泥灰岩、石英砂岩"七大非金属矿产"。此外，已探明河南省铁矿石储藏量逾 37 亿吨，而铝土矿资源储量则超过 56 亿吨，石油保有储量居全国第 8 位，煤炭居第 10 位，天然气居第 11 位。煤炭产量也呈稳步增长趋势，2007 年煤炭产量 18917 万吨，占全国总产量的 7.46%；2008 年煤炭产量 20888 万吨，占全国总产量的 7.48%；2009 年煤炭产量 23018 万吨，占全国总产量的 7.55%。河南省已经形成以铝为主，铜、铅、钼等为辅的有色金属工业制造基地。

（二）区位优势进一步突出

河南位于我国腹地，处于全国东西南北的枢纽地带，是长三角、环渤海地区向内陆延伸的要冲，交通优势突出。全国主要的铁路、公路干线和第二亚欧大陆桥都通贯其中，具有承东启西、通南达北的区位优势。在国家促进中部崛起规划布局的"两横两纵"经济带中，就有"一纵两横"（即陇海经济带、京广经济带和京九经济带）涉及这一区域。河南对全国经济活动承东启西、通南达北的重要作用是其他省份不可比拟的，在全国区域格局中具有难以替代的枢纽地位。

1. 重要的综合交通枢纽

河南是我国多方向跨区域运输的交通要冲和多种交通运输网络交会的枢纽地区，承担着全国跨区域客货运输的重要任务，在全国现代综合运输体系中具有重要地位。2013 年底，河南省公路通车总里程达到 25.0 万公里，其中高速公路 5859 公里，居全国第 1 位；农村公路 22.5 万公里，远高于全国平均水平，特别是高等级公路密度在中西部处于明显优势。2014年，郑州机场旅客吞吐量突破 1580 万人次，同比增长 20%，增速居全国20 个大型机场首位；在货运方面，郑州机场完成货邮吞吐量 37.04 万吨，同比增长 44.86%，货运行业排名由 2013 年的第 12 位跃居第 8 位。2013年底，河南铁路通车总里程达到 4822 公里，运输周转量在全国的比重也远高于其经济总量在全国的比重，2013 年实现客运量 11.2 亿人，货运量30.5 亿吨。便利的交通网络将促进河南承接更大规模、更高层次的东部地区产业转移，为河南省开放发展提供有利条件。

2. 货物集散和物流中心

河南地处中原腹地，承东启西、通南达北，区位优势得天独厚，陆路交通条件得天独厚。大规模的人流、物流、信息流、资金流形成了巨大的消费和投资需求，为河南发展物流业提供了有利条件，国家铁路货运中心、国家公路物流中心、中南邮政物流中心、国际航空货运中心以及河南公路港、铁路港、航空港"三位一体"的物流体系逐步形成。作为综合交通枢纽，与武汉、西安、重庆等城市相比，郑州到全国各地的平均运输成本具有明显优势。独特的区位优势和发达的立体交通体系大大降低了河南对外交流的成本，使河南成为全国重要的物资和产品集散交换中心。以郑州商品交易所、郑州粮食批发市场、华中棉花交易市场为代表的期货和现货市场功能不断增强，一批大型专业批发市场不断壮大，大市场、大流通格局正在形成，郑州已成为全国重要的货物集散地。

3. 产业转移的平台和通道

河南的区位、交通、经济发展水平等决定了其在东中西互动中的战略平台作用。一方面可以利用紧邻东部沿海的良好区位，承接更大规模、更高层次的东部地区产业和资本的梯度转移，延伸和放大东部的辐射效应，支持西部大开发的推进；另一方面，河南可以为西部地区原材料、产品以及资源、劳动力等向东部乃至海外输出发挥通道作用。同时，通过积极参与西部大开发，可以将中西部地区发展成为河南的潜在市场，予以大力开拓，为河南经济发展赢得更大的市场空间和发展余地。

（三）文化资源丰厚

河南是中华民族和华夏文明的重要发祥地，历史古老悠久，文化底蕴深厚，文脉深广悠长，资源丰富多样，是名副其实的文化资源大省。广纳百川、世代传承的中庸思想，培育了海纳百川的包容沃土；丰富绚丽的历史文化资源，为河南开放发展积蓄了人文之势。

1. 文化资源总量大，分布广

河南被史学界誉为"中国历史自然博物馆"，具有异常丰富的文化资源，种类繁多，且分布广泛。漫漫的历史长河留下了数以百万计的文物，河南地下文物居全国第 1 位，地上文物居全国第 2 位，馆藏文物、历史文化名城、全国重点文物保护单位数量均居全国前列，现有世界文化遗产 3 处——洛阳龙门石窟、安阳殷墟和登封"天地之中"历史建筑群；国家级历史文化名城 8 座，历史文化名镇（村）22 个；全国重点文物保护单位 189 处 198 项，省级文物保护单位 761 处，市县级文物保护单位 5091 处。中国 20 世纪 100 项考古大发现中河南有 17 项，全国八大古都河南占四个。

2. 文化传统源远流长，文化底蕴十分厚重

河南作为中华民族主要发祥地之一，中原文明的发展轨迹是华夏文明的完美体现和浓缩，远在 4000 年前的新石器时代，中原人民就创造了著名的"裴李岗文化""仰韶文化""龙山文化"等史前文化。河南人民与全球华人血脉相连，伏羲、炎帝、黄帝、颛顼、帝喾等 12 个人文始祖或出自河南或主要活动于河南。《中华姓氏大典》记载的 4820 个汉族姓氏

中，起源于河南的有 1834 个；当今 300 个大姓中，根在河南的有 171 个；在按人口数量多少排列的 100 大姓中，有 78 个姓氏直接起源于河南。在漫长的历史长河中，河南历史构成了中国历史的血脉筋骨，承载了中华民族的辉煌与荣耀。从中国第一个世袭王朝夏朝建都于河南偃师，至清王朝覆灭的 4000 余年历史中，河南处于全国政治、经济、文化的中心地域长达 3000 年，经济社会文化发展曾几度达到鼎盛，先后有 20 多个朝代的 200 多位帝王建都或迁都于此。

3. 文化类型齐全

河南文化类型齐全，分为故都文化、遗址文化、红色文化、花卉文化、名人文化、宗教文化、武术文化、姓氏文化、特产文化、民俗文化 10 个大类，几乎涵盖了中国旅游文化资源的全部类型。不同历史时期的古人类遗址、宗教寺庙、居民建筑、陵寝建筑、石窟石刻、革命遗址、风土民情、节日庆典、城市风貌等，几乎应有尽有。

（四）人力资源优势明显

作为一个人口大省，河南省的人力资源十分丰富。截至 2013 年底，人口为 10601 万人，占全国的 7.8%。

劳动力供给充裕，成本优势明显。2013 年全省城镇单位就业职工年平均工资为 38301 元，相当于全国平均水平的 74.4%，在当前经济面临调整的压力下，河南丰富且廉价的劳动力资源形成经济发展的成本优势，有利于降低企业的经营成本，增强河南企业的竞争力，也是承接发达地区资本和技术转移的重要条件。随着职业教育的大力发展和"农民工培训倍增计划"的实施，劳动力质量和素质取得明显提高，能够满足产业结构升级所需高素质劳动力要求。

伴随河南经济的发展，前些年单向对外劳务输出的状态有所改变，曾作为劳务输出第一大省的河南，已显现出"劳动力回流"的发展趋势。河南省人社厅的统计显示，继 2011 年省内农村劳动力转移就业人数首次超过省外输出后，2013 年河南省农村劳动力继续高速回流，在 2660 万人的转移就业总规模中，省内累计实现转移就业 1523 万人，省外输出 1137 万人，省内外就业差额达到 386 万人，河南省已经连续三年实现农村劳动力转移就业省内人数超过省外。

河南有着丰富的高素质人才资源，2013 年共有各类高校 127 所，从 2008 年以来，每年的高校毕业生都在 30 万人以上。2013 年，全省高等教育在校人数达 161.83 万人，毕业人数 45.02 万人，拥有强大的后备人才队伍支撑。

在全球生产链中，相对于技术、管理、品牌和营销等生产要素而言，劳动力资源在全球流动中还存在一定的障碍。正是由于河南丰富的劳动力市场，成为吸引国外及沿海地区产业转移的最大优势。河南省巨大的人力资源优势必定成为开放发展的后续动力。

（五）发展潜力巨大

河南经济正处于市场经济的转型时期和快速发展阶段，有着巨大的发展潜力和增长空间。

1. 市场潜力大

河南人口众多，随着城乡居民消费结构的不断升级，将为经济增长创造庞大的消费需求。人口多一直是中原地区的劣势，然而在扩大内需战略背景下，人口多就意味着消费市场潜力大，人口劣势就可能转化为市场优势。以人口规模来讲，河南 1 亿人口是一个天生庞大的内需市场。如果能把这个内需市场激活，就会对经济有惊人的拉动作用。另外，河南正处于市场经济的转型时期和工业化、城镇化加快推进阶段，有着巨大的发展潜力和增长空间。城乡二元结构和区域经济发展水平的差距，使中原经济区的消费需求呈现出明显的多层次性，而产业结构和消费结构加速升级，又为中原经济区经济增长提供了巨大的内需市场。

2. 产业结构调整潜力大

河南产业结构偏重工业，优化调整潜力大，加上优越的区位优势和交通条件，有利于在危机背景下，大规模承接国际及沿海的产业转移，拉长产业链条，促进产业升级，外延扩大经济总量，内涵提升经济运行质量。

3. 外贸增长潜力大

多年来，河南的出口额在全国所占的比重较低，出口依存度远落后于全国水平，与沿海省份差距十分明显，因此，将出口培育成为拉动经济增长的可持续动力，潜力巨大。

四　制约因素

河南开放型经济发展有其自身的优势条件，但是影响"走出去"和"引进来"的制约因素还很多，这将加大河南吸引外资、发展开放型经济的难度。

（一）出口对经济的拉动作用较弱

1. 河南对外经济严重凹陷

2013 年，河南对外贸易依存度上升为 11%，全国对外贸易依存度高达 46%，与全国差距依然较大，这与河南经济总量在全国的地位比例极不相符。较低的对外经济依存度使得河南难以有效利用外部资源和市场，在利用外资方面，存在着外资企业规模小、实力弱等问题，外资利用效果不明显，国际知名的大企业很少进入河南市场。对外经济发展的滞后不仅影响河南经济发展，还直接影响管理、文化理念等与国际接轨，不利于形成兼容并蓄、竞争开放的社会人文环境，这又制约了经济社会的发展。河南正处于工业化中期阶段，工业和农业生产的工业化水平不高，能够为市场提供的主要是低附加值的粗放产品，外贸出口没有强有力的工业做支撑，使河南经济难与国际经济融合，造成各产业缺乏对外开放的驱动力，产品缺乏国际竞争力。

2. 对外开放存在结构性矛盾

这个矛盾突出表现为外贸发展方式总体上仍比较粗放，具有自主知识产权、自主品牌、自主营销、高技术含量、高附加值、高效益的出口产品比重较小。服务贸易规模不大、层次不高，比重偏低。2013 年，河南省加工贸易进出口值 384.4 亿美元，占全省进出口总值的比重为 64.1%；服务贸易进出口值 36.6 亿美元，占全省进出口总值的比重为 6.1%

3. 吸引外资手段单一，结构不合理

在吸引外资的方式上，仅仅以增加优惠政策作为吸引外资的主要手段。利用外资的结构不合理，牵动全局的高新技术产业，先进制造业、服务业以及现代农业龙头大项目缺乏；跨国公司的战略性投资较少，特别是

地区总部、研发中心缺乏。一是引资数量仍然严重不足，实际直接利用外资量占河南省当年全社会固定资产投资的比重不高。二是引进外资的领域和项目对河南产业结构的调整和升级作用不大，由于外资引进项目总量难上规模，投资项目档次不高；又因为所引进的低层次加工装配项目多集中于劳动密集型行业，这对解决劳动就业问题有帮助，但其产品的国内市场饱和度一般较高，如果不能利用劳动成本的低廉优势将其产品打入国际市场，前景极其有限。三是以外销为主的外商投资比例依然偏小，对外贸出口的促进作用较弱。

（二）后发地位带来的发展障碍

河南在全国经济发展中处于后发地位，面临一些发展的难题和障碍，主要有以下表现。

第一，河南是资源富饶、农业发达的地区，但技术创新和可持续发展两大趋势，使技术和资本在发展中的权重提高了，这对河南通过开发资源形成产业优势的工业化模式无疑是一个障碍。

第二，东部沿海地区具有制度创新的"先行者优势"，而地区间的经济竞争，经常会演变为地区间制度改革和创新的竞赛，这就让河南走进了一个怪圈：吸引外资需要良好的投资环境和市场环境，良好的投资环境、市场环境又需要改革开放的步伐迈得更大。如何走出这个怪圈，是中原崛起需要突破的另一个障碍。

第三，经济发展特别是在起飞阶段，资本和人才是不可或缺的重要因素，由于市场化差异所导致的要素收益水平差异，一方面在中西部经济发展中资金、技术、人才等要素特别缺乏，另一方面这些中西部缺乏的要素不但不能从内部得到更多的积累，反而大量流向外部。这样的局面如果不能迅速得到扭转，河南腾飞就会欠缺最基本的生产要素。

第四，长期以来，广大经济欠发达区域与经济相对发达区域之间形成了前者提供资源性产品、初加工产品，后者生产最终加工制成品的垂直分工体系。在这样的分工格局中，不论中西部地区怎样调整其产业结构，仍然是国内的资源生产地区、粗加工工业地区、东部沿海地区的原材料供应地；而东部沿海地区则是深加工工业地区。在一个较短的时期内，国内东、中、西部之间，外围与中心的区位分工格局很难改变。

（三）投资环境不优

吸引投资的不仅仅是硬环境，更重要的是当地的软实力。目前，河南投资的环境不优，有关政策制度透明度不高，修订不及时；对外商投资服务不到位，重引资、轻服务；行政收费多等都严重制约了河南的对外开放。

1. 服务意识不足

与沿海发达城市相比，河南在开放意识和服务意识方面存在很大差距，公仆意识较淡薄，"官本位"意识残留，没有真正树立"重商，亲商，安商，富商"理念，没有把投资者当朋友，主动地为投资者服务好，做他们的贴心保姆，往往只是停留在纸上和嘴上，表现出来的现象就是门难进、人难见、脸难看、话难听、事难办，直接影响了河南的投资环境。当前，广州、杭州等城市已经开始对企业普遍开展"贴身服务""代办服务"等"主动服务"，而河南仍停留在提高办事效率、缩短审批时限等"被动服务"的初级阶段。

2. 政府行政效率欠缺，缺乏管理经验

河南省政府机构庞大，管理体制落后，办事程序烦琐，管理职能分散，政出多门，人浮于事，管理服务部门对投资的审批手续、咨询服务、接待条件等方面还有明显不足，不能把投资者的利益作为工作的出发点和归宿，也不能真正帮助企业解决生产经营活动中出现的各种问题。一些地方和部门受利益驱动，重收费轻管理，下面送审的一个报告等若干图章盖齐，会在政府部门历时几个月，其结果是权力部门化，部门个人化，个人腐败化，导致部门间互相推诿，办事效率低下，直接影响了投资者的投资积极性。不少外企反映政府在规范行政行为、规划和管理经济方面仍存在一些问题，如个别部门对政策执行不力，一些地方性收费项目太多，企业负担重；由于缺乏宏观的规划和指导，行业之间存在无序的竞争；个别地方办事效率低、服务差；有些地方的地方保护主义严重，当地政府对外资企业的支持力度不够等，反映了河南投资环境还有待进一步改善。

3. 政策透明度不高，优惠政策落实难

政府一些工作部门制定的规范性文件、行政措施、政策信息、收费规

定和标准以及与企业生产经营活动密切相关的制度、规定，由于不能及时向社会公开，宣传力度不够，企业不知情、不了解，常处于被动地位。市场分割的现象仍然存在，由于行政区划原因造成的市场分割，以及缺乏统筹协调，使得企业在投资过程中面临着种种矛盾和选择，不利于投资决策的形成。

4. 法治环境不公平

河南省吸引外资的法律法规和制度不完善，有法不依、执法不严现象多有发生，一些政府部门政策、法律法规和办事程序不公开或交代不清，执法标准不统一。社会综合治理工作发展不平衡，强装强卸、强揽工程，吃拿卡要以及"三乱"现象还不同程度地存在，社会秩序不尽如人意，还不能非常有效地保护投资者的合法权益。

（四） 市场发育程度缓慢

市场发育程度是对某一时期资源配置状态的一个客观描述量，即某一时期资本、劳动力、技术等资源的投入在多大程度上是通过市场而不是国家计划手段实现配置的。市场发育水平越高，意味着政府干预越少，国内外企业将获得更大的自由空间，这有利于节约交易费用，提高制度运行的效率，促进河南开放型经济的发展。

1. 各级政府依然掌握着一些重要资源的配置权力

1992 年，党的十四大在确定市场经济的改革目标时就已经明确，所谓市场经济，就是在资源配置中由市场起基础性作用的经济，就是由市场供求决定的价格起作用，因为这种价格是能够反映资源稀缺程度的。但是现在一些重要资源却不是由市场，而是由党政领导机关按自己的意图配置的。比如信贷资源，因为银行体系、金融体系改革没有到位，所以各级政府依然对于信贷的发放有着很大的影响力；再如土地资源，因为土地的产权不明确，依然是由各级政府自由裁量运用。①

2. 价格体系发展不完善

目前，在产品和服务市场中，价格体系可以发挥较大作用，但土地、

---

① 吴敬琏：《中国经济转型的困难与出路》，《中国改革》2008 年第 2 期，第 8~13 页。

劳动力、资本等生产要素的价格没有市场化，而是由行政机关定价或者受行政机关的影响，而行政定价是按照计划经济的惯例压低价格，因为要素价格压低有利于国有企业降低成本并增加盈利，而价格的扭曲促使了以浪费资源的方式进行生产。从土地市场来看，地方政府为了招商引资，不惜人为压低土地出让价格，结果就是鼓励企业扩张规模，大量土地被低效利用，浪费严重。由于要素市场价格形成机制过多地受到行政干预，价格体系未能充分反映资源的稀缺程度，价格杠杆很难有效地发挥作用。

3. 财力与事权不匹配

目前，我国的财税体制实行的是分税制，对经济收入方面的考核迫使各级政府追求产值的增长，去发展那些产值大、税收多的重化工业，或者是低水平的加工工业，而不是按照经济效益的标准去规划、发展产业。政府对于提供公共产品的支出责任过度下移，社会保障和义务教育的支出责任大约有 70% 落在县级及以下财政的肩上。这不但使提供公共服务的情况很差，而且使各级地方政府不得不提高物质生产部门的增长速度以便取得更多的收入。事权、财力的演变轨迹，取决于各级政府间博弈的程度、方式和手段。对工业基础薄弱的农业地区，即使财权与事权相匹配，由于税源单薄，政府也无法组织与事权相匹配的财力。

4. 市场经济主体地位尚未完全确立

近年来，河南在建立现代企业制度方面取得了很大成就，但是主导经济发展的仍然是国有企业，由于产权的限制，国有企业的经营管理还没有完全市场化。企业的生产经营活动受到许多行政性干预，致使企业无法真正成为独立经营的市场主体。

第五章
河南开放发展的基本思路和
模式选择

新时期，河南要抓住产业加快转移的机遇，坚持对内和对外开放并举，扩大总量与提高质量并重，引进来与走出去相结合，不断拓展新的开放领域和空间，加快形成全方位、多层次、宽领域的开放格局，打造内陆开放高地。

一 基本思路

全面贯彻党的十八大和十八届三中、四中全会精神，贯彻落实《河南省全面建成小康社会加快现代化建设战略纲要》，按照"开放提升、创新驱动、转型发展"的要求，把扩大开放作为带动全局的综合性战略举措，统筹利用国际国内两个市场、两种资源，坚持对内开放与对外开放并举，坚持内外资、内外贸一体化运作，坚持引进来与走出去融合发展，坚持引资、引技、引智有机结合，着力拓宽开放领域，着力强化项目带动，着力承接产业转移，着力优化投资环境，着力增强承载能力，以开放促改革、促转型、促发展，加快构建开放型经济新体制，提升开放型经济竞争力，努力把河南打造成为最具活力、最有吸引力、最富竞争力的内陆开放高地。

二 主要任务

（一）扩大外资规模，提高利用外资的水平和质量

紧紧围绕产业转型升级，坚持以项目为中心，在引资的同时更加突出

技术、管理和人才的引进，更好地发挥外资在调整产业结构中的积极作用，积极引进投资规模大、科技含量高、带动作用强的项目，鼓励外资企业开展技术创新，增强配套能力，延伸产业链。

1. 强化产业政策导向，把利用外资与调整优化产业结构紧密结合起来

围绕河南省十大产业调整振兴规划，鼓励引导外资投向高新技术产业、装备制造业、现代农业、现代服务业、基础设施等领域。重视和扩大服务业利用外资，积极发展培育国际服务外包，吸引更多的境内外资本进入商业、物流、金融、保险、证券等领域，打造区域性金融中心。谋划落实一批技术含量高、产业关联度强、聚集效应明显，对全省经济和社会发展具有战略带动意义的利用外资重大项目。严格控制高消耗、高污染、低附加值的外资项目进入。

2. 创新招商引资方式，积极引入战略投资者

坚持政府引导与企业主导相结合，更加突出企业在招商引资中的主体地位，构建市场化、专业化、社会化的招商体系。充分发挥中介机构、行业协会、民间商会的作用，开展委托招商、代理招商、以商招商、节会招商、专题招商等模式；依托产业集群优势，积极引进上下游配套生产经营企业，拉长产业链条，开展产业链招商；采取产（股）权转让、增资扩股、合资合作、技术引进等方式，引进战略投资者，参与企业重组改造。

3. 优化利用外资结构，提高外资利用效率

围绕构建现代产业体系，在战略支撑产业、战略新兴产业、现代农业、现代服务业、公用基础设施等重点领域，加强与世界 500 强、行业前 50 强企业的战略合作，谋划重大合作项目，调整优化利用外资结构，推动产业转型升级。重点支持外资投向装备制造、汽车及零部件、有色金属、化工、食品、纺织服装等优势产业和信息、生物、新材料、新能源、节能环保等新兴产业；引导外资进入农、林、牧、渔等领域，开展优质畜产品生产加工、特色高效农产品生产、农业高新技术产业开发、中低产田改造和农业基础设施建设；鼓励外资进入现代物流、金融、文化、旅游、科技、信息等服务业领域，吸引国内外知名公司在豫建立地区总部、研发中心、结算中心、营销中心等。打破行业垄断和市场准入限制，支持外资参与基础设施建设和公用事业发展。

4. 加强招商引资载体建设

依托郑汴新区和中原城市群发展，大力吸引国内外资金、技术、人才等生产要素聚集，打造中原地区利用外资的核心区域。把产业集聚区作为承接产业转移的主平台，明确产业定位，完善基础设施，着力引进产业关联度高、辐射带动能力强的龙头项目，带动相关产业链式或集群式转移，培育形成一批产值超千亿元的产业集聚区。加快城市复合型新区建设，按照产业、生态、宜居等功能定位，搭建招商引资平台，吸引国内外先进制造业、生态农业、现代服务业等高质量、高层次项目进驻。

（二）切实转变外贸增长方式，实现对外贸易可持续发展

稳定传统市场、开拓新兴市场，实施以质取胜和品牌带动战略，加快调整进出口结构，转变外贸经营方式，扩大对外贸易规模，促进对外贸易快速发展。

1. 创新外贸发展思路，大力引进出口型项目

积极推动招商引资与扩大外贸出口的相互融合和良性互动，大力吸引外资和沿海发达地区的外向型企业"落地生根"，推动对外贸易扩规模、上水平。加强外经与外贸企业对接，鼓励外经企业优先采购本省产品，支持省内企业通过境外投资、承包工程带动原材料、设备、技术出口。大力开拓境外承包工程市场，提高境外承包工程带动出口份额比例。

2. 扩大进出口规模，优化外贸出口结构

加快外贸发展方式转变，坚持"质"与"量"并重，不断优化外贸出口结构，努力提升河南外贸核心竞争力、抗风险能力和可持续发展能力。继续实施科技兴贸战略、机电产品出口推进计划，努力提高机电、高新技术产品出口规模和比重。扩大食品、农产品和劳动密集型产品出口，推行标准化生产，提升出口产品的质量和档次。优化加工贸易产品结构，大力发展服务贸易，研究制定促进加工贸易和服务贸易发展的政策措施，支持出口企业开展服务外包业务和国际认证。进一步完善出口品牌培育计划，努力培育一批具有较强国际竞争力的出口名牌，提高出口产品市场竞争力。

3. 依托产业优势，积极培育一批出口基地

各地要依托优势产业，采取有力措施建设出口产业基地和出口产业

集群，变产业优势为出口优势，增强出口后劲。重点培育郑州、开封、焦作、南阳等地汽车及零部件出口基地，洛阳、焦作、郑州等地先进制造业出口基地，洛阳太阳能光伏产业出口基地，郑州、洛阳、焦作、商丘、三门峡等地铝产品深加工基地，郑州、新乡、安阳等地轻纺服装出口基地，许昌发制品出口基地，商丘工量具出口基地，漯河、周口特色农产品出口基地，周口鞋类出口基地，南阳食用菌出口基地，驻马店箱包出口基地等，打造一批外向度高、布局合理、具有较强竞争力的出口产业集群。

4. 实施对外贸易可持续发展战略，以应对国际技术壁垒特别是绿色壁垒的挑战

加快结构调整，大力加强和完善标准化体系建设，按照国际标准组织生产经营活动，尽快提高产品的质量和技术水平。建立健全与国际及有关国家权威认证机构相互认可的机制，积极开展企业和产品的国际认证，广泛收集国外尤其是贸易对象国和地区的行业标准、产品质量标准、检验检疫标准和环保要求，研究对策，尽快提高应对技术壁垒的能力。

5. 继续实施市场多元化战略，大力开拓国际市场

加大国际市场开拓的支持力度，依托河南传统产业优势，积极引导企业深度开发欧洲和美、日、韩以及中国港澳台等传统市场；依托优势机电和高科技产品，努力开拓俄罗斯、印度以及拉美、非洲和中东等新兴市场。支持企业开展网上交易，鼓励企业参与跨国采购，在境外建立商品展示中心和营销网络，探索新的贸易方式，拓展新的贸易渠道。

6. 加快外贸基础设施建设

把口岸建设作为发展开放型经济的重要抓手，大力发展集装箱"无水港"和国际"航空港"，构建连接世界、辐射中西部的现代口岸体系。依托郑州铁路集装箱中心站，加快建设区域性国际货物集散中心。依托以新郑机场为龙头，洛阳、南阳、信阳等机场为节点的航空网络，建设全国重要的航空枢纽口岸。加强河南省一类口岸、各口岸作业区与沿海港口的战略合作，实现优势互补、协调联动，推动公、铁、空、海等多式联运发展。支持保税加工区、保税物流园区建设，加快建设电子口岸，建立"大通关"协调机制，推动河南省对外进出口贸易发展。

（三）实施"走出去"战略，扩大对外经济技术合作

抓住后国际金融危机时期给企业"走出去"发展提供的良好机遇，充分利用国际市场和资源，以优势产业、产能过剩产业为重点，以大型企业集团为主体，积极开展境外投资和跨国经营，培育发展具有国际品牌的跨国公司。

1. 推动优势企业对外投资

鼓励企业采取直接投资、合资、并购等方式开展跨国经营。鼓励地质勘查、钢铁、有色等行业参与境外合作开发，建立资源供应基地。支持金龙铜管、宇通集团等龙头企业在境外建立生产基地和营销网络。引导电力、煤炭、钢铁、建材、纺织等产能过剩行业扩大对外投资。

2. 扩大对外承包工程

按照"壮大优化主体，扶优扶强促小，规模效益并重"的工作思路，支持鼓励所有具有一定资质和实力的设计单位和建筑施工企业申报对外承包劳务经营权，鼓励申办对外承包劳务经营企业。支持石油、建筑、电力、地质勘探等领域有实力的企业，采用BOT、租赁、承包等方式，开展对外工程承包。鼓励企业承揽技术含量高、能够带动设备和技术出口的大型工程项目。支持企业争取国家援外资金、出口买方（卖方）信贷、商业贷款以及国际金融机构资金承揽总承包项目。鼓励生产制造、设计咨询、施工安装、经贸等企业强强联合，以项目为载体参与国际竞标。争取在深度开发发展中国家市场的同时，实现对发达国家工程承包市场的突破。

3. 大力发展对外劳务合作

加强外派劳务输出基地建设，探索职业技术教育与外派劳务相结合的途径，推动河南省外派劳务扩大规模、提升层次、打造品牌。在巩固日、韩等传统劳务市场的基础上，积极开拓欧洲、美洲和澳洲等地区的发达国家和新兴劳务市场。加强外派劳务市场监管，保护劳务人员合法权益。

（四）全面推进区域经济合作，提高区域竞争力

以承接产业转移、加强与央企合作、引进技术和人才等为重点，拓宽合

作渠道，优化投资环境，加强国内区域经济合作，推动河南外向型经济发展。

1. 积极承接东部沿海地区产业转移

加大对沿海地区招商引资力度，探索产业转移联盟和"飞地招商"模式，吸引纺织服装、电子、食品、轻工等劳动密集型产业转移。通过举办各类经贸洽谈会、经济技术合作洽谈会，以及大型食品、花卉、玉雕、文化、旅游等节庆会展，组织开展招商引资活动，有重点、有选择地开展项目推介，引进特色产业和优质资本。依托以农产品、矿产、能源和劳动力资源为特色的产业园区建设，积极参与垂直分工，形成与沿海地区优势互补、互动发展的良好格局。

2. 深化与中西部地区合作

发挥区位交通优势，加强与中西部地区交通设施、市场体系的对接，加强旅游、物流、劳动力、绿色农产品通道和口岸大通关等方面合作，建设一体化区域市场。充分利用中博会、西洽会等经贸合作平台，促进要素流动和信息共享。加强电力、煤炭、天然气、油品供应和运输等领域的合作。合理利用水资源，推进生态环保共建，共同推动黄河、淮河流域协调快速发展。

3. 加强与中央企业的合作

进一步巩固和扩大与央企合作成果，拓展合作发展空间。重点在铁路、城际交通、核电、电网、石化、煤化工、电动汽车、装备机械、粮食加工、现代物流、金融、文化、旅游等领域加强与中央企业的战略合作，充分发挥央企资金实力雄厚、技术管理先进、产业层次较高、海内外市场广阔的优势，加快河南省产业结构升级和经济发展方式转变步伐，为经济社会发展注入强劲动力。

（五）加强国际科技合作交流，提高自主创新和发展能力

1. 强化政府对国际科技合作交流的引导机制

根据河南经济结构调整和产业结构升级以及科技创新的需求，加大政府对国际科技合作交流工作的资金引导力度，对于能够解决制约河南经济结构调整、产业结构升级的技术瓶颈的高新技术项目，在项目资金上重点给予连续扶持，并引导、带动和吸引社会各界的资金投入，起到引导、整

合、集成资金和资源的作用，形成以政府投入为引导、企事业投入为主体，多层次、多元化、多渠道的全社会科技投入体系。

2. 搭建平台，开辟多种国际科技合作交流渠道

发掘和整合国内外科技资源，建立科技对外合作项目需求库，充分利用科技信息网络平台和科技资源数据库，通过"走出去、请进来"等多种形式促进科技对外合作信息交流，扩大科技对外交流与合作的广度、深度、效率和水平。按照"大国是关键、周边是首要、发展中国家是基础、多边是重要舞台"的对外总体布局，鼓励和引导科研院所、大专院校、各类企业开展双边及多边技术合作，充分利用外方的优秀人才和先进科研装备，进行合作研究开发、联合研制生产、联合建立实验室或研发机构，并注重技术引进后的消化吸收和自主创新，努力提高河南的科技自主创新及高新技术产业化能力，形成具有自主知识产权的高新技术及有竞争力的产品和产业。

3. 整合资源，建立基地，突出国际科技合作交流典型示范效应

提高河南的科技自主创新及高新技术产业化能力。通过资源集成，重点引导扶持，建立国际科技合作示范基地，突出国际科技合作交流典型示范效应，以点带面，起到辐射带动作用，促进科技进步和经济社会发展。

三　模式选择

经济的发展是一个连续的动态过程，在不同的阶段为实施不同的经济发展目标，也会采取不同的发展措施。河南经济发展缓慢有其历史原因，在当前开放的大环境下，要加快经济的发展，应当根据河南的实际情况做出不同的选择。在发展初期，一般采取极点开放模式；当经济发展到一定程度时，通常采用点轴开放模式；当经济发展程度较高时，采用网状开放模式。这些就是通常所说的由点到线到面的开放思维。

（一）极点对外开放

这种开放模式要求抓住重点地方、重点行业或企业优先发展，形成经济的增长极，形成示范效应，发挥辐射作用带动一方经济的发展。在交通便利，发展潜力大的地方，重点投资，发展外向型经济；在交通不便利的地方，要发挥地方经济的特色，形成特色，发挥网络的信息传播渠道，加快经济的开放。例如，可以围绕郑汴路加快郑汴新区建设，加快大郑州建设，加快以洛阳为中心的经济增长极的建设，加快以安阳、濮阳为中心的经济增长极建设，等等。

（二）点轴对外开放

当经济取得一定发展时，可以适当延伸经济发展带动作用的范围，沿着经济增长极点逐步开放，形成经济开放带（即产业带）形成轴开放。目前河南省基本形成四大产业带，即陇海产业带、京广产业带、南太行产业带和洛平漯产业带。加快它们的发展对中原城市群乃至全省的经济、区域产业布局都起到了积极的促进和协调作用。

陇海产业带，即郑、汴、洛城市工业走廊。这是河南省产业密集度最高的区域。

京广产业带，即新乡、许昌、漯河产业带。在产业带范围内，电子电器、生物制药、新材料、化纤纺织、电力装备、超硬材料、食品、汽车零部件等产业渐成"气候"。随着这个产业带的延伸壮大，还将承载辐射鹤壁、安阳、濮阳、驻马店、信阳等市的功能。从长远看，它将与京津冀城市群、珠三角城市群、武汉都市圈南北呼应，发挥其"连南贯北"的作用。

南太行产业带，即新乡、焦作、济源产业带。该区域内水、煤炭资源丰富，具有发展能源、原材料、重化工等产业得天独厚的优势。其拥有的粮食机械、汽车配件、铸造加工、皮毛加工、怀药加工等产业集群各具特色，成为外来资本投资兴业的一片热土。

洛平漯产业带，指以洛阳—南京高速公路、焦枝铁路、孟宝铁路为依托，依次穿越洛阳、平顶山、漯河3个市所辖的汝州、宝丰、叶县、舞钢等县（市），向西南连接辐射南阳等豫西南经济区，向东连接辐射周口等豫东地区，大型煤电、钢铁、盐化工、建材等产业"成熟"度较高。

（三）网状对外开放

当经济取得良好发展基础之后，如何巩固已经取得的成绩并取得新的发展就会显现，一方面面临如何共同发展的问题，另一方面要求对已经发展的产业结构调整的问题。河南的对外开放应以中原城市群的开放为中心。中原城市群的"增长极"应是以郑州为核心,加快"大郑州都市区"建设,形成洛阳、焦作、许昌、济源四足"拱起"的隆起区;豫北加快以安阳—濮阳工业带的"增长极"发展;豫西、豫西南打造以南阳为核心的"增长极";黄淮经济区的"增长极"是信阳和商丘。加快各级"增长极"的发展,尤其是加快中原城市群的发展,是符合河南发展实际的现实选择,对于构筑河南乃至中部地区具有强劲集聚效应和辐射带动作用的核心增长极,带动中原崛起具有十分重要的意义。抓住中原经济区上升到国家战略层次的机遇,发挥河南独特的地理位置,加快开放的层次和领域。

四 政策取向

河南要实现经济的快速发展需要多种力量共同作用。在宏观上,要有中央政府的政策倾斜和资金支持;河南本身要加快改革步伐,积极探索发展新途径;在市场上,河南要充分意识到市场机制,抓住时机引进所需的生产要素和行业,促进经济的交流和合作,加大经济开放的力度。

(一) 全力推进开放带动主战略的实施

开放带动主战略是河南发展开放型经济的重要保障,制定开放带动主战略是河南省的重要战略决策,各级部门应高度重视,切勿走形式,做好推进战略实施的各项准备和服务工作。要把实施开放带动主战略放在首要位置,实施领导负责制,认真研究实际情况,制定相应政策措施,解决实际问题;狠抓战略实施的成效,完善各种成效的评价体系,加大奖励力度;加强各部门协调合作能力,为实施开放带动主战略提供保障。

(二) 打造载体,构建对外开放重要平台

发挥城市新区和产业集聚区的载体作用,不断提升基础设施、公共服务、产业支撑和集聚发展等能力,大力引进战略投资者,积极开展多层次、全方位区域合作,承接高水平产业转移,打造对外开放的示范区和主平台。支持符合条件的省级产业集聚区升级为国家级开发区。建设一批承

接产业转移示范区，完善综合保税区、出口加工区、保税物流中心功能。

（三）加强基础设施建设，完善硬环境

加快基础设施建设是抓住机遇和加快发展的基础，必须从战略眼光出发，先行建设，适当超前。广开资金来源渠道，争取国家更多的项目投入，力争上一批生态、水利、能源、交通、通信、信息等基础设施的建设项目。当前，应以高速公路、高速铁路建设为重点，加强天然气管道干线建设，依托城市加快高新技术开发区建设；与此同时，要加快网络建设，通过电子商务、网上信息和网上贸易，为外商提供更便捷的服务。

加强环境保护和治理，实施可持续发展战略。政府要加强宏观管理，调控和规划新的工业布局和经济发展格局，目前应抓紧调整城市和重点经济区的经济结构、产业结构和工业布局。对污染型工业企业实行技术改造，对严重污染又无力治理的混杂在城市居民区、风景区、水源区的污染型工业，坚决实行关、停、并、转、迁。对新城镇的兴建要实行区域环境评价制度，积极学习国内外先进的经验和技术，大力发展节水型工业和节水型农业。要加大力度开发水能、电能、太阳能等清洁能源，发展能源综合利用技术，上一批环境保护工程，切实解决环境问题。继续开展园林城市创建和城市环境综合整治工作，高标准做好城市的绿化、亮化、美化工作，并抓住当前粮食等农产品充裕的有利时机，采取退耕还林还草、封山育林、以粮代赈、个体承包等综合性措施，增加植被，绿化山丘，并进行小流域治理，防止水土流失。努力营造适合中外人士及其子女居住、受教育、医疗、休闲、娱乐的生活环境。

（四）转变政府职能，创造良好的服务环境

明确政府职能，将以管理为主代之以服务为主。政府官员必须增强服务意识。正确看待和运用人民赋予的权力，主动为投资者排忧解难，千方百计为投资者保驾护航，为企业生产、经营创造良好的氛围。改革行政审批制度，当务之急是要对现有的各种审批进行一次系统清理，分清哪些审批可以保留，哪些应进一步改进，哪些应尽快取消。对保留的审批事项，应当明确程序，规范行为，建立相应的责任制。同时，要建立项目全程式

跟踪服务制度，制定并完善"项目跟踪责任制""企业定期走访制""重大事项协调制""政策信息反馈制""服务承诺制"等制度。

尽快建立起相对集中、统一协调、灵活高效的投资管理体制，并及时出台相关的政策措施。量化责任、简化程序，提高办事效率。"一门、一窗式"办理手续，"一条龙"跟踪服务，"一站式"管理到位，为投资者提供便利快捷的服务。要清理和制定招商引资政策，对不利于投资者的政策和有碍经济发展的政策要坚决废除和调整，着重解决政策规定不明确、解释不清晰、条文不统一、落实不到位等问题。对新情况、新问题要及时制定新政策，及时给予解决。

（五）完善引资政策，优化内陆开放政策环境

建立健全发展内陆开放型经济的政策体系，营造与国内外市场接轨的制度环境。制定完善引资政策，优化土地、环境、电力等重要资源配置，改善物流配送、生产研发、人才培训、企业融资、污染治理、质量标准等涉外公共服务体系，规范发展土地市场、产权市场、资本市场和各类中介服务机构，着力完善投资软环境，切实保障投资者合法权益，为产业发展创造条件。在出入境、户籍、居住、医疗、子女教育等方面制定优惠政策，吸引外来高层次人才集聚。

（六）加快改革开放步伐，不断完善市场环境

1. 深化各项改革，打好市场经济基础

优化投资环境，必须和财税体制改革、金融体制改革、外贸体制改革、国有企业改革、社会保障体制改革、分配制度改革以及产业结构的调整紧密结合起来，加快经济建设的步伐，进一步壮大经济实力，为完善市场环境奠定良好的经济基础。

2. 加强市场自身建设

（1）我国已加入世贸组织，在享受最惠国待遇的同时，也必须允许更多的外国商品进入，所以要加大开放省内市场的力度，加强市场调查，掌握市场动态和信息，建立反应灵敏的情报信息网络。一方面可由规模较大的外向型企业独自在国内外开设贸易办事处，另一方面可由政府在国内

外开设贸易促进机构，以便广泛收集市场信息。

（2）应逐步健全生产资料市场和消费品市场，完善资金市场、劳动力市场、外汇市场等各种要素市场，健全市场体系，促进市场机制的发育，为投资者创造充分利用市场机制和按国际惯例办事的良好环境。

3. 要努力改善商品流通环境

（1）要切实办好诸如洛阳"牡丹花会"、信阳"茶叶节"、南阳"玉雕节"等活动，借此机会宣传河南、展示河南，加大招商引资力度。

（2）公安、交通、工商等部门要以建立绿色通道为重点，凡是来河南经商的车辆，只要不肇事、不违章、不乱停乱放，就不能无故处罚，要通过市场外部"绿色通道"的建立和市场内部宽松交易的形成，营造良好的商品流通环境，实现货畅其流。

（七）加大立法执法力度，营造公正的法治环境

进一步健全省、市、县有关外商投资的法律和规章制度，使投资者在审批、开办、管理等各方面均有法可依、有章可循。

1. 加强执法队伍的教育管理，不断提高文明执法水平

坚持以正面教育为主，对执法人员进行岗位培训，竞争上岗，解决好部分执法人员不懂法律法规、不懂执法程序、言行举止粗暴、执法随意性大的问题，不断提高执法人员的素质和能力，并且要把对投资者的优惠政策以法律形式固定，从而有利于增强国内外投资者的信心，有利于国内外投资者心理预期稳定。

2. 严格管理，强化社会治安综合治理工作，努力创造一个安定和谐、健康向上的良好社会环境

坚决杜绝执法人员吃、拿、卡、要和不文明的执法现象，统一规定收费标准，对应收费项目，必须坚持应收尽收，做到执法到位，对不该收的项目，坚决清出去、减下来，不准在政策上打埋伏、搞截留，彻底解决乱收费、乱罚款、乱摊派的问题。要加大辖区刑事和治安案件的查处力度，最大限度地防范和控制各类案件的发生，同时对强揽工程、强装强卸、断水断电等阻拦项目建设的人和事采取坚决措施，予以严厉打击。要加大执法检查力度，形成巡视制度，加强督导，发现问题，限期整改，并适时组

织专项整治，把经常性工作与阶段性任务有机地结合起来，对执法犯法、利用手中权力谋求个人私利的执法人员和执法行为严肃查处，确保依法行政，切实保护企业和投资者的合法权益。

（八）实施科教兴省战略，创造良好的人才环境

1. 大力发展高等教育，搞好宣传培训工作

（1）要大力发展教育事业，尤其是发展高等教育，不断提高人口素质和劳动力水平。一方面现有高等院校要进一步扩大招生规模，充分利用现有的教育资源；另一方面要广开资金来源，鼓励社会力量办高等教育，坚持走郑州黄河科技学院和郑州大学升达经贸管理学院的办学路子，使高等教育满足河南经济发展的需要。与此同时，要注重对学生竞争意识、投资意识、风险意识、创新意识和能力的培养，突出培养企业战略策划管理型人才和高科技人才，突出培养能适应外向型经济发展的各类人才。

（2）要大力培训招商引资人员，进一步提高招商引资人员的素质。

（3）在全省广泛开展"人人都是河南形象，人人都是投资环境"的再教育，增强人们"省荣我荣、省衰我耻"的意识。

2. 制定富有吸引力的人才政策

（1）加快提高专业技术人员的社会地位和待遇，对有突出贡献的专业技术人才要给予更优厚的待遇，遏制专业技术人员大量外流。

（2）按照社会主义市场经济的规律办事，进一步完善技术产权政策，允许技术要素、知识要素、管理要素以多种方式参与收益分配，并制定相应明确的细则，确定收益分配比例，使科技研究成果转化为经济效益，使管理人员、专业技术人员的贡献同企业效益挂钩，摆脱现行工资制度的束缚，做到贡献与收入按比例增长。

（3）针对河南人才外流、海外学子回豫创业者少的现状，制定专门优惠的引进人才政策，鼓励留学生学成归国回省工作，鼓励在外省工作的河南籍学生投身家乡建设，吸引外省人才来河南投资、工作、定居，从而形成开发人才、发现人才、培养人才、使用人才、保护人才的有效机制，营造宽松、良好的人才环境。

第六章
河南产业开放发展

河南是农业大省，农业对外开放相对滞后。要提升农业生产力水平，利用国内外市场更好地配置资源，提高资源配置效率，就必须顺应国际经济一体化发展趋势，进一步提高农业开放水平，特别是在推进区域经济合作、实施自由贸易区战略背景下，农业领域的开放合作也已成为大势所趋。

一 农业开放发展

随着我国对外开放的不断深入，河南凭借其资源和区域优势，日益成为外商投资的重点区域。河南是农业大省，要抓住机遇扩大开放，高效利用外来生产要素，积极整合资源优势，促进对外交流，推动农业"走出去"，努力开创农业对外开放的新局面。

（一）河南农业对外开放现状

河南农业对外开放取得了一定成效，多元化、宽领域、深层次、全方位的农业对外开放格局正在初步形成。主要表现在以下几个方面。

1. 农产品出口贸易实现新突破

全省出口农产品结构不断优化，市场开拓能力日益增强，农产品出口工作取得了显著成绩。

（1）农产品出口持续增长。食品农产品出口金额已从 2002 年的 2.26 亿美元增加到 2014 年的 20.93 亿美元，年均增长 20.4%，继续保持了良好的增长势头。其中，出口动物及其产品3834批为3.47亿美元，植物及其产品10319批为4.7亿美元，深加工食品9413批为11.13亿美元，食品添加剂2625批为1.63亿美元。按具体产品统计，出口货值排名前列的产品依次为蔬菜水果制品（5.84亿美元）、罐头（2.14亿美元）、木材类（2.01亿美元）、食品添加剂（1.63亿美元）、肉类产品（1.42亿美元）、动物鬃毛类（0.89亿美元）、保鲜蔬菜类（0.87亿美元）、熟肉制品（非罐头包装，0.84亿美元）、粮食制品（0.83亿美元）。

（2）出口结构逐步改善。随着全省农业产业结构的不断调整，河南省逐渐形成了以干鲜蔬菜、活猪及鲜冻猪肉、果汁、调味品等具有比较优势的出口品牌，全省出口大宗农产品由原材料、半成品逐步向深加工产品转变。2014年，西峡县出口香菇及其制品4.6万吨，货值6.5亿美元，分别比上年同期增长36.6%和32.7%，日本市场七成香菇来自西峡，西峡香菇已成为河南在全球的知名农产品。

（3）出口市场呈现多元化。在巩固日韩、中国港澳、东南亚原有传统出口市场的基础上，河南省又进一步开拓了欧盟、非洲、拉美等国家和地区的市场，出口市场已经扩大到包括欧盟、美国在内的121个国家和地区。

（4）出口经营主体有较大变化。外资、私营企业已成为农产品出口主力军，占全省农产品出口总值的80%。同时，出口企业集中度进一步提高，全省有10家企业出口总值超过1000万美元，6家企业出口总值超过500万美元。

（5）优势产品出口基地稳步发展。深入挖掘三门峡果品、汤阴禽肉等一批传统优势产品出口潜力，重点培育内乡猪肉、固始柳编、洛阳牡丹等一批出口种养殖基地，大力扶持"世界肉王"双汇、"世界鸭王"华英等一大批以"农"字打头的产、工、贸企业集团扩大出口，有效提升了河南食品和农产品的国际形象，已形成了以蔬菜、油料、花卉、干鲜果、食用菌、蜂产品、调味品、中药材、速冻食品、畜禽水产品等为代表的特色优势出口农产品生产基地。

2. 农业利用外资得到优化

改革开放以来，河南省农业利用外资从无到有、由小到大、由点及面地逐步发展起来，已经成为河南省筹措农业发展资金的一个重要来源。

（1）农业利用外资规模不断扩大，农业利用外资结构日趋优化。从河南省农业利用外资的渠道来看，既有来自联合国粮农组织和世界粮食计划署等国际农业组织以及世界银行和亚洲开发银行等国际金融组织的贷款，也有来自双边及多边政府组织、民间组织以及其他渠道的贷款。从外资的利用方式来看，既有国际组织的援助和对外借款，也有外商直接投资。从外资的使用方向来看，涉及农业、林业、水利、畜牧和渔业等各个方面，主要包括农业综合开发、林产品加工、速生丰产林、森林可持续经营、病虫害防治、水利灌溉、基础设施建设、农产品深加工、新农村建设、农业教育科研和农业支持服务体系等多个方面。

（2）农业利用外资质量逐步提高。近年来河南农业利用外资改变了过去片面追求引进国外资金的做法，实现了向引进资金、技术、人才、信息和管理经验并举的转变；改变了过去引资主要用于基础设施建设和农产品深加工的做法，实现了向注重优势产业开发和提高农产品生产科技水平的转变；改变了过去片面追求国际发展援助的做法，开始逐步向外商直接投资农业的转移。

（3）农业利用外资取得积极成效。河南省农业通过利用外资不仅大大地提高了农业的生产能力，增加了农民的收入和提高了农民素质，而且在一定程度上改善了生态环境和农村的生活环境。

3. 农业国际经济合作全面展开

河南省在农业对外交流工作中，一方面积极扩展多边和双边关系，与多个国家和地区及主要涉农国际组织和机构建立了长期稳定的合作关系，使得合作渠道日趋多样，合作领域不断扩展，合作内容日益丰富，引进了一大批先进的实用技术、优良品种，培育了大批专业人才；另一方面顺应形势变化，鼓励农业企业积极"走出去"，扩展海外发展空间。

（二）河南农业对外开放存在的问题

近年来，河南农业对外开放取得了一定成绩，但同河南农业大省的地位相比，同先进省份相比，还存在很大差距，主要表现在农业对外开放水平与全省对外开放的整体水平不相称，农业利用外资与全省利用外资的规模不相称，农产品出口与全省出口总额不相称，农村劳务输出与劳动力资源大省的地位不相称。总体上看，河南农业对外开放还处在低速发展的初级阶段。

1. 农业对外开放度低

河南省农产品出口总值总量偏小，与河南农业大省的地位很不相称。农产品出口依然相对落后，表现在优势农产品出口不突出，部分传统优势产品，比如肉类、小麦、大蒜、花生、芝麻、罐头等产品出口量逐年萎缩。

2. 农产品出口基地发展滞后

目前，河南省出口农产品原料仍以农户生产经营为主，呈现"小规模、小生产、大群体"的格局，未能形成大规模的标准化种养殖、加工体系，难以保持农产品出口质量的稳定性。同时，种植、养殖、生产和深加工方式不适应国际市场要求，甚至部分传统产品出口逐年萎缩。农产品生产企业的出口意识不强，国际贸易配套服务体系不完善。多数企业缺乏对进口国农产品技术标准的了解，难以有效突破技术、绿色等贸易壁垒；遇到涉外贸易纠纷往往回避，行业商（协）会还不能有效帮助企业开展应诉。

3. 农业利用外资难度加大

尽管近年来河南省农业利用外资额度有所增长，但总体上发展缓慢，引进外资量少，与先进省份的差距较大。河南省农业利用外资主要是采用援助、捐赠和长期无息贷款等形式，而采用农业直接利用外资的方式起步较晚、规模不大。

（1）河南省利用外资的载体企业实力较弱、竞争力不强、吸引力不够。

（2）河南省利用外资在区域结构和资金结构上发展不平衡，各市县间发展也不平衡，直接投资比重不大，政府间的贷款和商业贷款少。

（3）部分地区特别是农业比重高的地区开放意识不强，对农业利用外资缺少必要的认识，尤其对使用贷款顾虑重重。

（4）缺少专业型人才。尽管农业专业技术人才相对充足，但缺乏金融、外贸等外向型人才，制约了外资工作的进一步发展。

4. 农业"走出去"乏力

（1）河南省出口备案企业数量少、出口量小，辐射带动力弱。

（2）农产品生产企业规模偏小，技术落后。生产企业的产品保鲜、运输手段和技术相对滞后，储藏、冷冻冷藏设施陈旧，平堆冷库约占90%，立体货架冷库不到10%，大部分生鲜农产品仍在常温下流通，标准化、系统化的冷链物流体系尚未形成，出口产品很难实现季产年销或反季节销售，无法保证产品质量和提高附加值。

（3）河南省农产品开拓国际市场能力不足，渠道单一，出口产品附加值低。出口的国家主要集中在低端市场，主要品种以初级产品、半成品为主，高附加值、高技术含量的深加工产品少，初级产品出口占70%以上，深加工农产品不足30%。

5. 农业国际合作资金保障和能力建设滞后

（1）河南省对技术引进、推动农业"走出去"和促进农产品贸易的扶持力度不大，在出口市场开拓、生产基地建设等方面的投入不足，资金保障没有形成长效投入机制。

（2）农业国际合作的组织协调与服务体系不健全，工作职责不明确，工作机构和工作机制不完善，参与农业国际合作交流的科技和管理人员数量少，而且政策水平、应变能力和开拓意识都有待提高。

6. 质量标准检测体系落后

部分企业在基地建设、产品生产等环节没有标准或标准落后，一些出口原料基地不能满足出口需求，大部分企业自控检测能力低，特别是初级农产品加工企业不能开展有效检测。不规范使用农药、兽药情况时有发生，直接影响了农产品的出口。

（三）开阔河南农业对外开放的思路

随着全球经济一体化、贸易自由化、农业国际化进程不断加快，农业国际合作将面临新的形势、新的机遇和新的挑战。河南省在今后一个时期内应坚持"引进来"与"走出去"相结合的原则，充分利用国际国内两个市场，进一步加大农产品国际贸易促进力度，提高农业利用外资的规模和管理水平。

1. 整合政策资源，打造出口强势产业

对于创汇农业的发展，河南省委、省政府高度重视，省发改委、省商务厅、省农业厅、省出入境检验检疫局、海关等单位都针对促进农产品出口制定了具体的扶持措施。关键是要整合政策资源，形成合力，实现农产品出口创汇工作的跨越式发展。

（1）整体规划重点扶持。要对农产品出口创汇工作进行总体规划，制定出阶段性重点扶持的产业和企业，从出口基地建设、产品研发、技术升级、国际市场开拓、应对国际反倾销诉讼、产品报检和通关等各个环节给予全面支持，提高企业的抗风险能力和国际竞争力。

（2）建立农业对外开放优势产业带。优势农产品出口地区的产业基础较好、资源丰富、劳动力成本和土地成本相对低廉、市场规模大、经济辐射面广，已经具备了更大规模吸收国外跨国公司投资和我国沿海地区产业转移、形成若干各具特色的开放型经济带的能力，应该通过建立农业对外开放试点的方式在政策上给予更多的倾斜和支持。

（3）强强联合，打造农产品出口强势品牌。推进品牌战略的实施，采取强强联合的方式，提高河南省优势产品的知名度和市场占有率，重点抓好企业的重组、并构，实行集团化运作。

（4）加强重点农产品出口市场开发。重点开拓东盟市场，利用丝绸之路经济带加速与俄罗斯等欧洲国家的经贸往来，有针对性地开拓中美和南美市场。要加强对重点农产品出口市场的调研，鼓励在重点出口国家和地区建立出口代办处和服务中心。

2. 参与区域经济合作，提高对外合作水平

当前，区域经济合作正在蓬勃发展，深入参与区域经济合作，不仅是加强与周边省份和国家的互利合作、增强国际竞争力和影响力的重要平台，也是加快促进经济带的形成、带动经济增长、实现区域协调发展的有效手段。河南农业要积极参与多双边和区域合作，以更加紧密的经贸关系为纽带，以优势互补、共同发展为目标，积极参与国内和全球经济合作，提高参与国际分工程度。在合作方式上要实现由单一的农业生产技术合作向生态、循环农业建设、标准化生产、农产品精深加工及产品检验等多层次合作转变；由单一的技术合作向物流、管理等全方位的合作转变。要加强与东盟国家在种植业、畜牧业、渔业、农产品加工和农村能源等方面的合作。

3. 优化外资结构，促进产业升级

（1）进一步优化外资投向与布局。当前，应利用河南的资源优势，合理对现有资源加以开发利用。充分发挥河南农业资源丰富、劳动力成本和土地价格相对低廉的比较优势，重点鼓励外商在河南兴办农业综合开发项目、农产品精深加工项目、商品基地建设项目、相关产业的科技项目、农业生态环境保护项目、农业社会化服务项目以及新品种、新技术的引进项目等，有针对性地引进国外先进的农业科技，提高农业利用外资的科技含量。同时，还要注意外资项目的区域布局，对农业利用外资项目进行统筹安排。

（2）拓宽引资渠道与方式。在尽可能多地争取和利用无偿援助、优惠贷款的同时，要努力开拓外援渠道，利用新的外资，主要是开拓民间资本和国际商业资本的渠道。建立农业利用外资项目库，定期对外公布重点招商项目名单，广泛采用上门招商、中介招商、委托招商、网络招商及以商招商等方式，扩大农业利用外资规模。

（3）加大政策优惠力度。考虑到农业在河南的特殊地位和农业利用外商投资的特殊性，必须在税收、用地等方面采取必要的优惠措施，来鼓励、吸引外商投资。

4. 积极稳妥地推进农业"走出去"

河南在农业走出去方面有一些成功的经验，要加快实施农业"走出去"战略，一方面要做好现有境外合作项目的管理和运营，另一方面要积极稳妥地开辟新的国际农业合作。

（1）选好对象，着眼长效。选择政治稳定、社会秩序好、投资环境佳、农业资源丰富、合作愿望强的国家，这样才能确保项目正常运营和人员财产安全，以达到提高效益和可持续发展的目的。

（2）注重实效，形式多样。根据不同情况，采取多种合作形式和管理方式。可通过承包、股份制、合伙经营等方式，建立有效的经营管理激励机制，建立政府监管约束与企业营利约束双重机制，充分调动企业的生产经营积极性。

（3）建立体系，完善机制。农业"走出去"涉及许多方面，要建立政策支持和服务体系，完善境外投资协调机制和风险控制机制。

（4）搞好规划，分步实施。要把农业"走出去"纳入对外经贸合作框架通盘考虑。通过深入调研，了解发展中国家的需求，掌握其农业开发环境、市场和资源，研究制定农业开发规划，明确合作的阶段性目标，稳步有序地加以推进。

（5）加大投入，重点扶持。国家财政可以设立农业"走出去"专项资金，鼓励和支持有条件的企业到境外开展农业合作，重点解决因农业投资周期长、风险高、回报慢而影响国内企业投资积极性的问题，同时把有效扩大投入规模作为支持重点。

（6）抓好试点，以点带面。在具体合作过程中，应注意抓好农业开发区试点，取得经验后再进行推广，坚持项目成熟一个推广一个。

5. 发展产业集群，优化农业对外开放的环境

中部地区与东部地区对外开放的差距同政府效率、投资环境、商业文化氛围以及产业配套条件等方面的差异是分不开的。河南农业的对外开放要着重加强农业产业集群和优化农业投资环境。

（1）制定农业产业集群经济发展政策。政府要把发展产业集群作为农村经济发展的重点内容进行统筹规划，结合本地实际科学制定出发展农业产业集群的战略目标和发展重点。

（2）创造集群经济发展的产业环境，构建集群经济的支持系统。在现有农业产业布局的基础上，保持区域特色，把有限的资源整合好、利用好、保护好。

（3）以工业化的理念经营农业，用工业化的思路发展农业。像工业产业那样进行企业化管理、规模化生产、集约化经营，跳出农业发展农业。

（4）优化投资环境。要加大在交通、能源、通信等基础设施建设上的投入；要着力改善口岸的硬软件建设，优化通关环境和条件；要发展专业农产品物流，加强农产品流通信息化建设。

（5）要继续完善对外开放的法律政策体系，在符合国际规则和国际惯例的基础上，规范市场运行秩序，健全市场信用体系，形成稳定、透明

的涉外经济管理体制。

二 工业开放发展

（一）河南工业对外开放的现状

近年来，河南进一步解放思想、开阔视野，深入贯彻落实科学发展观，大力实施开放带动主战略，积极承接产业转移，工业对外贸易快速发展，招商引资成效显著，开放水平不断提升，进一步推动了全省经济又好又快发展。

1. 工业利用外资稳步增长

河南省利用外资仍以第二产业为主，2014年1～10月，在实际利用外资中第二产业占比为77.8%，在实际到位省外资金中第二产业占比为50.2%。从发展情况来看，第二产业仍是外商投资的主要领域。近年来，河南大力引进战略投资者，积极推动全省大企业与中外500强企业的交流与合作。分行业来看，制造业是利用外资最多的行业。2013年制造业新签的项目数量、合同利用外资和实际利用外资占全省的比重均超过了全省总量的半数。

利用省外资金规模不断增长。早在2003年，河南省商务厅就针对大规模引进省外资金问题，在全省建立了规范的统计系统和网络，对引资成果及时进行汇总和评价。近年来，引进省外资金的面迅速拓宽，已扩展到浙江、广东、上海、山东、江苏和福建等沿海发达地区和中央企业，全省已基本形成以沿海地区和中央企业为主的内资引进格局。从项目带动来源看，富士康、格力空调、中国电力、中国国电、大唐发电、辽宁希瑞、中石化、中国铝业、浙江锦江、中信、海马等一批大企业纷纷投资河南，极大地带动了实际到位的省外资金的较快发展。

2. 进出口结构不断优化

随着河南省工业化进程的不断推进，出口商品结构不断优化。1991年，全省出口产品中工矿产品出口占60.1%；2003年出口商品中工业制品占87.1%，到2007年工业制品的出口比重上升到91.4%，比2003年提高了4.3个百分点。高附加值产品出口比重日渐增大，2007年机电产品出口达18.22亿美元，占全省出口总值的21.7%；高新技术产品出口从无到有，2007年出口总值已达1.80亿美元，占全省出口总值的2.1%。2009年，河南省出口商品结构进一步优化。河南省积极实施机电产品推进计划和科技兴贸战略，着力支持机电产品、高新技术产品研发和技术创新以及公共服务平台建设。机电产品、高新技术产品占全省出口总额的比重较2008年分别提高1.6个和4.1个百分点。随着富士康企业规模的不断扩大，河南省机电产品进出口所占比重迅速提高，到2013年与手机产业链相关的机电产品进出口值占全省进出口值的五成以上。

在进口商品中，资源性商品进口比重加大。2003年，占进口比重最大的商品是机械、电器设备等，比重为23.0%；2007年，该类商品在进口商品中的地位有所下降，比重为16.6%；进口商品价值最大的是矿产品，比重为31.7%，较2003年提高了18.2个百分点，贱金属及其制品2007年比重为13.1%，比2003年提高了3.4个百分点。2008年，进口值居前20位的商品多是矿产品，比重为38.85%。2013年，随着富士康效应的显现，主要进口商品是机电产品、铁矿砂、农产品、铅精矿和纸浆。

3. "走出去"初现成效

近年来，立足于破解资源约束、市场约束和环境压力难题，河南省有针对性地重点推动钢铁、水泥、纺织、火电和轻工建材等产业加大对外投资，盘活现有生产能力和资产，释放经济发展空间，促进经济结构调整。根据我国政府对非合作的八项新举措，鼓励企业到非洲投资创业。利用河南省农业技术优势，争取援外农业科技示范中心项目获得国家批准，推动优势农业企业"走出去"。利用勘探开发优势，扩大资源类项目投资，为经济持续发展提供资源保障。搞好跟踪服务，推动永通特钢印尼钢厂项目、金龙铜管墨西哥项目、林德公司收购德国帕希姆机场等境外大项目顺利实施。

4. 承接产业转移成效明显

近年来，河南更加注重引进科技含量高、规模大、带动能力强的重大招商项目，开始由最初的招商引资向选商引资发展。富士康等重量级企业布局河南，投资150亿元的中石化煤化一体化项目落户中原。2011年以来，河南省加快了承接产业转移和招商引资的速度和力度。河南省先后举办了豫京（津）经济合作交流会、豫沪经济合作交流会、河南—港澳经贸交流活动、中国（河南）—东盟合作交流洽谈会、中原经济区合作之旅—走进台湾活动等重大招商活动，签约了一大批科技含量高、规模大、带动能力强的重大项目。

（二）河南工业开放发展中值得注意的问题

河南工业对外贸易和利用外资均实现了快速发展，为全省经济的又好又快发展做出了积极贡献，但与全国及其他省份相比，仍存在不小差距，对全省经济发展的促进作用仍有待提高。

1. 工业出口结构有待调整

随着富士康企业规模的不断扩大，河南省机电产品进出口所占比重迅速提高。2013 年，河南省机电产品进出口值为 416 亿美元，同比增长18.8%。同期，全省钢铁业、农产品、石化产业和纺织服装业等传统产业进出口值，合计仅占全省外贸进出口值的 16%。河南省外贸越来越倚重机电产品，商品结构明显失衡。原有外贸结构不够优化，和全国、沿海及中部发达省份差距较大，转变发展方式任务艰巨。由于国内外经济形势复杂多变，剔除富士康因素，河南月度出口同比增速下滑，在面临外部市场需求萎缩的情况下，原有外贸结构缺乏弹性，增长动力不足。

2. 工业出口产品结构层次低

河南正处于工业化中期阶段，能够为市场提供的主要是低附加值的粗放产品，外贸出口没有强有力的工业做支撑，产品缺乏国际竞争力。出口产品中低附加值产品比重过大，工业制成品特别是高新技术产品出口比例过低，缺乏高技术含量、高附加值、高价格的商品。2010 年，河南高新技术产品出口 6.14 亿美元，占出口总值的 5.8%；2013 年河南高新技术产品出口 25.37 亿美元，占出口总值的 7.0%。长期以来，在出口业务中，印牌、贴牌经营成为普遍现象。

3. 工业出口市场较为集中

河南的主要出口市场集中在北美、日本、中国香港、欧盟和东南亚等国家和地区，尤其是对中国香港、日本、美国以及欧盟的出口在一半以上，主要出口手机、人发制品、非合金铝、精炼铅、橡胶轮胎等商品，对美国、日本的市场依赖程度很高，出口市场过于集中，使经营风险也相对集中，很可能在复杂多变的市场竞争中受制于人。

（三）河南工业开放发展的思路

河南省要继续坚持对外开放带动主战略，继续优化投资环境，坚持"引进来"与"走出去"相结合的策略，进一步提高全省工业对外开放水平，努力加大工业对外开放在河南经济发展中的带动作用。

1. 以大招商推动产业大转移

依托全省 180 个产业集聚区，引导同类企业集中发展，发挥集群协同效应，着力引进一批关联度高、辐射力大、成长性好、带动力强的龙头型、基地型大项目；在大力承接传统的劳动密集型的产业同时，积极创造机会，引进一些高新技术企业和有技术、有品牌、有市场的国际知名企业，做强做大先进制造业、现代服务业、服务外包业等知识技术密集型产业。境外重点承接中国香港、中国台湾、日本、韩国、新加坡、美国以及欧盟等国家和地区，境内重点承接珠三角、长三角、闽东南和环渤海地区的产业转移项目。还可以考虑发展与共建共享"飞地经济"，实行税收分成，加快推进产业集聚发展。

2. 使承接产业转移和促进产业升级相结合

河南要实现新一轮的开放型经济发展，必须善于利用金融危机形成的新机遇，加快推动和催生以制造业为主体的产业结构优化与升级。对于严重污染环境、消耗大量资源的产业应该坚决拒绝接受，要注重长远利益，树立可持续承接产业转移的理念。在产业发展上，围绕十大产业振兴规划的装备制造、食品、纺织、化工、有色金属、轻工、汽车、电子信息、生物和钢铁产业，推进与世界 500 强、行业前 50 强企业的战略合作。鼓励外商投资新能源、节能环保、电动汽车、新材料、新医药、信息产业等新兴产业和高新技术产业。注重吸引跨国公司在河南建立地区总部、研发中心、营销中心等。

3. 将产业集聚区建设作为河南工业开放发展的重要载体

遵循"特色主导"战略，加快产业集聚区建设，发挥产业集聚效应。

突出各区特色主导产业，逐步形成能够体现和发挥自己优势的产业集群，形成特色园区和后发优势。坚持"大基地、大项目、大品牌"建设，以集聚区重点项目建设为抓手，以大企业集团为龙头，以产业链的构建为核心，围绕把规模做大，把水平做高，把成本、消耗、污染做低，提升产业的国际竞争力，促进产业聚集。发挥产业集聚区的集聚效应和规模效应，依托现有的产业基础和比较优势，强力推动集聚区装备制造、有色、化工、食品、纺织服装等战略支撑产业技术改造升级，积极发展电子信息、新能源、生物医药、新材料等战略先导产业，强化相同产业的空间整合，加快集中度高、关联度大、竞争力强的支柱产业群。

4. 发挥外资在调整产业结构中的积极作用

近年来，更多的外商投资企业开始把投资的着力点放到高新技术产业等领域，有力地促进了河南的产业升级和技术进步。要进一步做好利用外资工作，就必须把利用外资同提升国内产业结构、技术水平结合起来，在引资的同时把技术、管理和市场引进来，更好地发挥外资在调整产业结构中的积极作用。要紧紧围绕加快转变经济发展方式和推动产业结构优化升级的迫切需要，继续引导外资更多地投向高端制造、高新技术产业、新能源、节能环保和现代服务业等领域，参与重点产业调整和振兴；鼓励外资企业开展技术创新，增强配套能力，延伸产业链。吸引外资能力较强的地区和开发区，更要注重提高生产制造层次，并积极向研究开发、现代流通等领域拓展，充分发挥集聚和带动效应。

5. 增创外贸竞争新优势

优化公共服务，完善各方贸易合作机制。大力营造稳定透明的政策环境、统一开放的市场环境和规范高效的行政环境，进一步加大改革创新力度，提高便利化程度，创造更加开放、更加优化的投资环境，促进利用外资工作水平的全面提高。要深化外商投资管理体制改革，调整审批内容，简化审批手段，增强审批透明度；规范和促进开发区发展，充分发挥开发区在体制创新、科技引领、产业聚集、土地集约方面的载体和平台作用；加强投资促进，针对重点国家和地区、重点行业加大引资推介力度，广泛宣传利用外资政策，推动投资政策环境不断改善。打造和完善各类公共服务平台，进一步完善纵向与横向的协调机制和联系制度，重点巩固部省合作机制、省外经贸联席会议机制、重点企业联系机制，提高外经贸抓落实的合力和执行力。大力拓展新兴市场，依托产业集聚区和开发区、保税区等，建设一批优势产品出口基地；通过拉长产业链条、提高产品科技含量等方式，提升原材料产品的出口附加价值。

三 服务业开放发展

近年来，河南省服务业增幅加快，并取得了一定的发展，现代服务业的综合竞争力显著提升，但与其他省份相比，服务业发展水平还不高，服务企业的整体实力还不强。因此，有序扩大河南服务业对外开放，有效利用优质的服务业外资，将是推进河南服务业又好又快发展的重要途径。

（一）河南服务业发展现状及对外开放情况

河南服务业整体发展水平滞后，与经济大省地位极不相称，无论在总量上还是在结构上，都与经济社会发展的要求以及人民生活水平的提高不相适应。

1. 河南服务业发展现状

（1）服务业整体发展水平偏低，在全国处于落后地位。从国际看，目前第三产业占生产总值的比重世界平均水平为60%左右，近年来河南服务业增加值占生产总值的比重一直徘徊在30%左右。1990年，河南服务业占生产总值的比重为29.6%，低于全国2个百分点，随后差距不断拉大。2008年，河南服务业占生产总值的比重仅为28.6%，比1990年还低1个百分点，对GDP的贡献率也由1990年的42.7%下降到2008年的25.5%，对GDP增长的拉动仅有3个百分点，对经济发展拉动力不强。2013年，河南服务业占生产总值的比重为32.0%，对GDP的贡献率为28.5%，拉动GDP2.6个百分点。由此可以看出，河南服务业的比重并没有随着经济的发展出现上升趋势，发展速度低于第二产业的发展速度，严重滞后于经济发展，影响了河南省经济发展的后劲和可持续性。2013年，河南省服务业增加值占生产总值的比重比全国平均水平（46.1%）低14.1个百分点，居全国倒数第1位，与全国的差距有越来越大的趋势。

（2）服务业就业容量不断扩大，比重仍然偏低。河南省服务业的就业容量不断扩大，已成为吸纳就业的主渠道。1990 年，全省服务业就业人员仅有 582 万人，2008 年底达到 1789 万人，就业比重由 1990 年的 14.2% 提高到 2008 年的 28.0% 。交通运输、仓储和邮政业，住宿和餐饮业，批发和零售业，教育，居民服务和其他服务业等领域成为吸纳就业的重要渠道。服务业从业人数比重低，严重制约了服务业整体的发展，发展服务业，促使农村剩余劳动力转移的任务依然沉重。

（3）服务业投资比重逐步下降，行业间投资差距较大。经济的持续发展需要投资的强力支撑，只有通过加强固定资产投资，不断改善基础设施条件，提升服务业的科学技术含量，才能促进服务业的稳定快速发展。河南省服务业投资整体呈下降趋势，2010～2013 年，服务业投资占全省固定资产投资的比重分别为 47.0%、44.6%、44.7%、45.9%。2013 年，全省服务业固定资产投资完成 1.197 万亿元，其中房地产业投资占全社会固定资产投资比重的 25.8%，水利、环境和公共设施管理业占 6.4%，交通运输、仓储和邮政业占 4.6%，批发和零售业占 2.8%，教育占 1.1%，住宿和餐饮业占 1.1%，居民服务、修理和其他服务业占 1.5%，公共管理和社会组织占 1.0%，其他行业投资比重均不足 1%。

（4）城镇化进程缓慢，服务业难以向更高层次发展。河南省城镇化进程和总体水平不仅低于全国平均水平，还低于中西部大部分省份。2013 年，河南城镇化率为 43.8%，比全国平均水平低 9.3 个百分点。根据钱纳里模型，在人均 GDP 达 1000 美元时，城镇化水平应为 63.64%。2004 年，河南省人均 GDP 突破 1000 美元，城镇化水平仅为 28.9%；2007 年人均 GDP 突破 2000 美元时，城镇化水平也只有 34.3%，位于中部六省之末。由此可见，河南省城镇化总体水平较低，明显低于经济发展速度，城市带动辐射能力不强，中等城市数量偏少，小城市和小城镇发展水平不高，服务业发展缺乏载体支撑和需求基础。

（5）制造业发展低于整体工业发展，影响现代服务业的启动。现代服务业是在工业，尤其是制造业高度发展的基础上蓬勃兴起的。制造业高度发展会呈现"服务化"的新趋向，其附加值中有越来越大的比重来源于服务，而不是加工制造。目前，河南省的工业化处于中期，根据库兹涅茨产业结构理论，一个国家和地区进入工业化中后期后，将是服务业发展的"黄金时期"，这是河南现代服务业发展的契机。但是河南制造业竞争力不强，低于其工业竞争力，客观上影响了现代服务业的启动。

2. 河南服务业对外开放情况

（1）河南服务业外资规模。整体来看，河南服务业利用外资的总体规模持续扩大，2013 年，河南服务业在实际利用外资中所占比重为18.6%，在实际到位的省外资金中服务业占了44.9%。

（2）河南服务业开放领域。河南省服务业对外资开放最早的行业是餐饮、旅馆、房地产，其次是租赁业、旅游业、商业、咨询业、医疗卫生、印刷出版、建筑、公共设施服务业、交通运输、仓储、广告等，这些是在 20 世纪 90 年代陆续对外资开放的。还有些行业，如保险、金融、法律、资产评估服务等尚未对外资开放。

（3）河南服务业利用外资结构。统计显示，截至 2013 年底，河南省服务业利用外资结构，房地产占比最大，利用外资项目 16 个，合同外资9.5165 亿美元，实际利用外资 1.58944 亿美元。整体上看，河南服务业利用外资的行业结构尚不够合理，外资主要集中在开放较早、利润较高的房地产、商贸零售等行业，而当前发展亟须的一些服务领域如研发、物流、工业设计、金融服务、信息服务、文化和教育、中介服务、风险投资、专业咨询等的利用外资比较缺乏，对河南建设先进制造业基地、完善城市功能、改善投资环境的促进作用尚不明显。

（4）河南服务业开放度不够，包括服务业的对外贸易开放度和对外资的开放度都非常薄弱。由于我国在对外开放进程中，服务业属于较敏感、难度较大且较滞后的部门，对大部分服务行业的外资引进是非常谨慎的，基本上只允许采取合资或合作方式，某些部门对外资的比例、经营范围和经营地域做了很大限制，有的部门不允许外商投资。河南省地处中原，不论是在思想观念还是在行为方式上，都比较保守和闭塞，国家在政策上也没有给予特殊的优惠与倾斜。河南省服务业对外开放的步伐一直落后于沿海发达省份，与周边省份也有一定的差距。

（二）河南服务业对外开放进程滞后的主要原因

虽然河南服务业利用外资呈逐年增长态势，但无论是总量上还是结构与质量上，与国内一些经济发达地区相比，河南已经明显落后。特别是在生产性服务业、文化教育服务业和公共服务业等领域，外资所占的比重仍然偏低，外资进入的深度和广度相当不足；在河南服务业外商投资中，先进的投资项目和投资方式偏少，服务外包发展滞后。主要原因是市场化、产业化、国际化和城市化滞后。

1. 服务业的产业化不足，影响了服务业的快速发展

河南服务业长期以来处于政企不分、政事不分、营利性机构与非营利性机构不分的状态。许多服务领域至今仍被当作非生产性的活动，本可以产业化经营、商业化运作的服务领域，却被当作公益性、福利性的社会事业来办。观念上的落后，直接导致税收政策、信贷政策、能源供给政策以及更多方面的政策措施方面，存在许多不利于服务业发展的因素，服务业内许多行业过于依赖政府的投入，缺乏自我发展机制。

2. 服务业市场化程度严重不足，垄断经营限制了其竞争力的提升

在河南服务业的资源配置中，市场还没有发挥基础性作用。

（1）政府垄断经营严重，市场准入限制多。银行、保险、电信、民航、铁路、教育卫生、新闻出版、广播电视等领域，至今仍保持十分严格的市场准入限制，其他一些行业对非国有经济和外资也没有完全开放。

（2）服务业投资基本上还是以国有投资为主。目前，国有经济在服务业固定资产投资的比重，仍大大高于国有经济在工业的投资比重。

（3）经济成分单一。绝大多数行业的国有企业仍占据主体地位，甚至绝对地位，其比例高于工业。以公有制为主体，多种经济成分共同发展的格局在服务领域远未形成。

（4）多数服务产品的价格还是由政府制定和管理，市场决定价格的机制在服务领域尚未建立。另外，服务业市场化程度低还表现在政府承担了本该由市场承担的服务，市场中介机构多依附于政府部门，使中介机构不能做到独立、客观、公正地执业，影响中介机构的商誉及其市场的开拓。

3. 管制多，开放程度相对较低

服务业开放是河南对外开放的一部分，目前已经有步骤地实行了对外开放，但在整体上晚于制造业，开放的程度也低于制造业。与全国的情况类似，河南的服务业也存在垄断经营项目较多、市场准入限制严格、以国有资本投资为主的问题，尤其金融保险、邮电通信、交通运输、文教卫生、科研技术、新闻出版、广播影视等行业，至今仍然保持着十分严格的市场准入条件，壁垒多，门槛高，其他一些服务行业对非国有资本和外资也没有开放。

4. 城镇化滞后，城乡结构不合理

服务业的发展状况和城镇化水平具有高度正相关性，城镇化水平的高低是决定服务业发展程度的一个重要基础条件。2000 年以来，河南省城镇化进程明显加速，但是从国内、国际对比看，2013 年河南省城镇化水平依然偏低，比全国平均水平低了个百分点 9.3，阻碍了河南服务业的快速发展。此外，河南城镇化水平低于河南工业化的发展水平，这一滞后现象不仅直接约束了河南服务业的发展，还进一步放大了因为工业结构问题而对服务业发展所带来的不利影响，使工业化过程中必然产生的对现代服务业的需求不能完全实现。只有城镇化水平不断提高，生产要素和人口集聚达到相当规模，城市辐射带动能力明显提升，才足以支撑服务业的持续发展。

5. 人力资本储备不足

现代服务业持续发展能力的强弱，更多地体现为以人力资源为载体的知识和技能的积累情况，也就是说，人才的储备状况是培育现代服务业核心能力的关键所在。尤其是现代服务业中的信息技术、科技研发、金融保险、咨询中介、电脑软件、市场服务等知识密集型现代服务业，更是离不开高端人才的支撑，无论是服务质量、服务技术、服务创新的提升与实现，都必然建立在相应的人才储备基础上。而河南省人才状况调查结果显示，极具市场活力和发展潜力的非公有制服务行业中，大学本科以上学历占从业人员的比重除科研技术及地质勘查业达到三成以外，其他非公有制现代服务行业中大学本科及以上学历从业人员占的比重普遍较低，多数现代服务行业严重缺乏高层次专业人员和劳动熟练工人，人才匮乏已经成为制约河南现代服务业快速发展的主要原因之一。

（三）河南服务业对外开放的思路

有效地吸引外商投资河南服务业，扩大服务业外资的规模和质量，优化服务业外资结构，提升河南服务业的国际竞争力，将此作为河南服务开放的主要方向。根据河南服务业对外开放的现状和河南经济的实际，河南服务业对外开放可选择的战略思路是：以生产性服务业和文化创意产业为重点领域，以服务业集聚区和服务外包基地建设为主要抓手，以创新发展服务外包和有序引进跨国公司的地区总部、研发中心、采购（配送）中心为重要手段，以政策优化实施为保障，实现推进河南服务业提质增效、有序扩张、错位竞争的战略目标。

1. 以生产性服务业和文化创意产业为重点领域

生产性服务业和文化创意产业既是河南服务业（包括服务业外资）的薄弱环节，也是河南产业（特别是制造业）升级迫切需要大力发展的两大领域，同时还是政府规划和激励政策鼓励发展的两个重点。因此，把生产性服务业和文化创意产业作为河南服务业对外开放的重点领域，是河南把握政策机会、利用制造业优势、弥补服务业短板的战略选择。

2. 以服务业集聚区和服务外包基地建设为主要抓手

要有效地扩大服务业对外开放，特别是要有效地利用优质的服务业外资，必须要具有良好的服务业投资环境，包括良好的服务业基础设施、良好的投资服务体系和市场运行机制、公平有序的竞争环境、优质高效的产业链分工协作体系等。针对河南的现状，全面、系统地优化服务业投资环境尚难以实现，而先以服务业集聚区和服务外包基地建设为突破口，局部、系统地优化服务业投资环境，合理布局和构建具有国际化水平的区域性服务业发展共享平台，是河南强化区域优势、弥补基础劣势、增强机会利用能力的战略选择。

3. 以创新发展服务外包和有序引进跨国公司的地区总部、研发中心、采购（配送）中心为重要手段

服务业集聚区和服务外包基地建设是为发展服务外包和引进跨国公司的地区总部、研发中心、采购（配送）中心搭建平台，而创新发展服务外包和有序引进跨国公司的地区总部、研发中心、采购（配送）中心又是服务业集聚区和服务外包基地赖以生存、持续发展的保障。两者相辅相成、互为支撑、和谐共进，这是河南充分利用国际服务转移新趋势的机会，也是科学发展服务业的战略选择。

4. 以政策优化实施为保障

在河南服务业尚处于整体弱势的状态下，加快服务业对外开放，往往容易产生一些负面影响，危及服务业及相关产业的安全。因此，在现行的大力度并以激励为导向的服务产业政策实施过程中，要重视进一步细化和优化政策，使国内外各类企业进入时，既能公平地共享政策利益，又能规范其经营行为、鼓励其创新发展，进而保障河南服务业健康、快速地发展。

5. 以推进河南服务业提质增效、有序扩张、错位竞争为战略目标

有序推进服务业对外开放可以扩大河南服务业外资的规模、优化河南服务业外资结构，但这并不是扩大服务业对外开放的终极目标。河南服务业对外开放的最终目标应该是提高河南服务业（特别是生产性服务业和文化创意产业）的整体质量，增强和扩大服务业的自身效益和对相关产业的支撑效应；促进河南服务业规范、有序地扩大规模，增强河南服务业的国际竞争力，加快服务业"走出去"的步伐；培育和强化河南服务业的优势和特色，避免陷入与湖北、山东等临近地区由雷同发展带来的区域间无序竞争，谋求河南服务业在中部地区由错位发展而产生的优势互补和成果共享效应。

第七章
河南企业开放发展

随着经济全球化进程的推进及我国加入 WTO，按照 WTO 成员方的权利和义务，我国的市场将更加开放，我国大大小小的企业将面临更加广泛、更为激烈的国际竞争。这将迫使每一个谋求生存和发展的企业都要置身于这种激烈的国际竞争，加强对外合作，实现开放发展。

一 企业开放发展的基本内涵

企业对外合作的途径不外乎两条：一是积极"引进来"；二是主动"走出去"。

1. 所谓"引进来"

新形势下的"引进来"，其内涵已大大拓展，不仅包括引进推动企业更快发展所需的资本和其他资源，而且还包括引进改造经济社会面貌所需的一系列更为基础性的要素。

（1）引进资本，包括附着于资本的所有生产要素。引资的重要性在于资本是企业发展的第一推动力，是打破贫穷的恶性循环必须首先解决的问题，资本是其他生产要素的主要载体。

（2）引进知识，不仅包括引进经济资源中的无形资产，即专利、版权、发明权和其他产权、诀窍、技术咨询和服务，而且包括引进管理理论与方法、营销技能、培训课程、信息、软件和掌握各种知识的人才。其重要性在于知识经济条件下的国际竞争，本质上是知识的竞争；国内生产过剩条件下的竞争，越来越以知识的集成为基础；知识是实现跨越式发展的跳板。河南企业还普遍存在明显的"知识短板"。

（3）引进一定的体制关系和机制模式。其重要性在于任何生产要素的引进，必然伴随着组合与使用方法的引进；制度创新是发展的关键，也是发展的动力。河南发展的一大障碍就是制度与机制滞后。

（4）引进创业精神以及与此相适应的观念、意识和文化。其重要性在于以人为本，事在人为；现代化本质上是人的现代化；人力资源的作用日益突出；河南转变观念的任务仍然十分繁重。

在"引进来"中，引进资本是基础，引进知识是核心，引进一定的体制关系和机制模式是保障，引进创业精神以及与此相适应的观念、意识和文化则是根本。它们是相辅相成和相互促进的关系。

2. 所谓"走出去"

从广义上讲"走出去"的内涵，是指鼓励在国际竞争中具有一定竞争优势的国内企业，有计划、有步骤地到国外投资办厂，以实现从产品到要素、从资本到技术、从人才到管理全面、主动进入国际市场，充分发挥"两个市场""两种资源"的作用，实行"双向开放"。它包括货物与服务出口、劳务输出、国际融资、国际经济技术合作与交流、国际旅游、对外投资等企业跨国经营的方方面面。从狭义上讲，则主要是指企业通过对外直接投资的方式进入国际市场，设立生产经营机构，向境外延伸研发、生产和营销能力，在更多的国家和地区合理配置资源，参与国际竞争与合作。

（1）产品走出去，就是河南的产品输出到区域之外，或者吸引域外消费者到区内来消费当地的服务。在现阶段，产品走出去还应是河南企业对外合作的基本内容，其重要性在于它是区域经济发展初期对外交往的主要形式，是启动消费与积累的主要途径，是培育和发展产业的基本条件，是发展初期实现优势转换的主渠道。

（2）人员走出去，就是河南的劳务输出到区域之外，其重要性在于能够强化资源的流动性，转移农村劳动力，增加积累，推动观念的转变。

（3）企业走出去，就是河南的企业到区域之外去投资办厂。其重要性在于它是占领域外市场的需要，聚合稀有资源的需要，发展区域支柱产业的需要，培育区域经济竞争力的需要。一地或一国的经济竞争力，总是归结为若干产业的竞争力，产业的竞争力总是归结为若干企业的竞争力。因此，河南首先要通过走出省域培育和发展自己的国家级大企业，然后要通过走出国境培育和发展自己的世界级大企业。企业进行跨国经营一般首先要经过产品与服务出口、国际经济技术合作与交流，然后再进入对外直接投资阶段。有的学者将其区分为商品输出与资本输出，即商品出口与直接投资两个层次，并把对外直接投资作为企业从事国际化经营的高级形式或阶段。即"走出去"可分为两个阶段：第一个阶段是商品输出阶段，是指货物、服务、技术、管理等商品和要素的输出，主要涉及货物贸易、服务贸易、技术贸易以及承包劳务等；第二个阶段是资本输出阶段，是指对外直接投资，主要涉及海外投资建厂和投资开店。如果一家企业的"走出去"战略发展到第二个阶段，特别是海外投资达到了一定的规模（在两个或两个以上国家拥有企业）后，那么这家企业也就变成了跨国公司。

二　企业开放发展的重大战略意义

完整意义上的开放应该是双向开放，既积极吸收外资，又鼓励企业对外投资；既积极"引进来"，又鼓励"走出去"，两者是辩证统一的关系，缺一不可。从发达国家和新兴工业化国家的经济发展道路分析，大多经历过从进出口贸易的初始国际化阶段，到引进外资带动经济发展的中期国际化阶段，再实现"走出去"实施跨国经营为主阶段转变，即主动参与国际产业分工合作，在全球范围内合理地配置生产要素资源、走向国际市场的高级化阶段。在更加市场化、更加开放、更加相互依存的世界，国家必须考虑通过具有宏观影响力和国家长远发展战略意义的对外投资，提高国家在全球经济中的地位，在国际资源分配中争取一个更加有利的形势并改善与相关国家和地区的关系。而无论从为全球制造产品，还是自身工业化、现代化的需要，河南也都必须考虑如何促进有实力的企业"走出去"，主动地从全球获取资金、技术、市场、战略资源。因此，"引进来"与"走出去"相结合的企业开放发展，具有重大战略意义。

（一）　助推河南跨越式发展

积极"引进来"是进一步扩大对外开放的首要标志。积极"引进来"

既是河南进一步扩大对外开放的需要，也是新时期河南谋求快速发展的需要。我国的对外开放正是从"引进来"起步的。正是由于30多年来坚持不懈地"引进来"，才使我国在国内资源短缺、资金匮乏、技术比较落后的情况下仍能实现经济的持续快速发展，由原来的经济小国变为目前的经济大国。现在，我国已经成为世贸组织的成员，按照入世的承诺，我国将在更大范围、更广领域、更高层次上对外开放。伴随着经济全球化进程的不断加快，全球经济正面临着结构性大调整，而河南经济目前也正面临着结构调整和技术升级的压力。在此背景下，如果能够进一步扩大对外开放，通过对国外资源、资本、先进技术、人才和管理经验的广泛引进，来实现河南的经济结构调整和技术升级，那么河南经济实现跨越式发展是完全有可能的。

（二）适应经济全球化大趋势

实施"走出去"战略，有助于河南企业在国际分工体系中占据有利地位。从世界范围来看，经济全球化必将伴随着国际产业链各环节区域分布的动态调整，凡是能够融入全球化生产网络的国家和企业都将大有作为，而游离在外则将被边缘化。就一国（或一个地区）而言，融入经济全球化既可能使其受益，也可能使其受损。只有积极应对，主动实施"走出去"战略，在更广阔的空间进行产业结构调整和资源优化配置，一国（或一个地区）才有可能在国际分工体系中占据有利地位。中国企业"走出去"开展国际化经营，能够改变出口产品的结构和方式，推动国内产业结构升级和优化。中国东南沿海较发达地区的企业可以充分利用自身的比较优势，通过对外直接投资的方式，将劳动密集型和资源消耗型产业转移到其他发展中国家，集中资源在本地区发展高新技术产业和新兴产业。作为中部内陆省份的河南现在正在承接着国际和国内的产业转移，积极地融入国际分工，迎接经济全球化。

"走出去"是任何一个企业提高国际竞争能力和成长为具有较强实力跨国公司的必由之路。跨国公司是经济全球化的重要载体。在经济全球化背景下，一国拥有的跨国公司数量和规模是衡量其经济发展水平的重要标志，也是该国赢得国际竞争优势、获取支配全球资源权利的重要工具，这对于一个省份或地区来说作用是相同的。随着经济持续快速增长，许多中国企业的国际竞争能力迅速提升，形成了一大批资本实力雄厚、技术管理水平先进和具备"走出去"能力的企业，有可能成长为具有全球影响力的跨国公司。在国内市场竞争日趋国际化、资源短缺、产业结构不尽合理、与其他国家的贸易摩擦日益增多的背景下，中国企业按照国际惯例参与全球化生产和资源配置的要求更为紧迫。因此，中国企业"走出去"不仅是自身发展壮大的内在要求，也是适应经济全球化趋势的现实选择。目前，河南的许继、双汇等一批企业已经通过国际研发合作、国际战略联盟、产权国际化、技术国际化等多种国际化形式"走出去"，并利用外国资源、技术优势来发展壮大自己。

（三）扩大对外贸易规模

我国对外贸易持续保持高速增长，为促进经济增长发挥了重要作用。但同时也应看到，继续保持对外贸易的高速增长面临着严峻的挑战，其中一个重要的问题就是贸易壁垒的制约。近年来，国际贸易保护主义盛行，在与全球主要经济体的贸易中，中国成为受贸易保护主义影响最为严重的国家之一。随着欧美等发达国家贸易保护主义盛行，一些新兴市场国家也在频频效仿，许多国家纷纷运用反倾销、反规避制度、保障措施、特保和反补贴等措施设置贸易壁垒，涉及的产业在不断增多，一些国家和地区特别是发达国家和地区还利用知识产权、劳工标准、技术壁垒、绿色贸易壁垒等措施限制对中国的进口。尤其是在经济复苏没有明显起色的情况下，一些国家为缓解就业压力，对外采取部分关闭国内市场的办法，极力扶持本土产业，阻碍了正常的国际贸易活动。在这一大背景下，针对中国产品的贸易摩擦有增无减，一些发达国家不断强化贸易执法，放宽立案标准，反倾销和反补贴调查规则日趋严厉，往往对中国出口企业裁定以较高反倾销和反补贴税率。

企业"走出去"是突破贸易壁垒的有效手段。通过企业"走出去"可以形成原产地多元化，对外直接投资既可以选择那些对中国企业设置贸易壁垒的国家，也可以选择第三国。中国境外跨国企业在东道国销售产品或出口，替代境内企业出口，就可以绕过目标国的贸易壁垒。中国企业

"走出去",可以降低对外贸易顺差,改善与相关国家的经贸关系。中国企业可以选择贸易目标国进行投资,并在当地市场销售产品。作为东道国的法人,中国的境外跨国企业在当地市场销售产品,维护和扩大了当地市场份额,但并不直接表现为中国企业对该东道国的出口贸易。对外直接投资产生的出口替代效应,在一定程度上减少了中国与东道国之间的贸易顺差,从而改善与该国的双边贸易关系。

(四)学习国外先进技术

处于主流地位的国际投资理论认为,发达国家的跨国公司向发展中国家直接投资所转移的并不是先进技术,而是已标准化的或即将淘汰的技术,其目的在于维护和增强其垄断优势。中国引进外资的实践也充分证明了这一点。20世纪90年代中期以来,在中国企业技术水平显著提高和国际竞争日趋激烈的背景下,发达国家跨国公司对华直接投资的技术含量明显提高,但技术外溢效应仍不明显。具体来讲,发达国家跨国公司对技术含量较高的对华投资一直倾向于采用独资方式,技术保密措施极为严格;发达国家跨国公司在华设立的研究与开发型外资企业规模小、层次低,并不进行基础研究和应用研究,而是只进行试验开发研究,与中国的研究机构也极少有前后向关联,其主要目标在于利用中国廉价的技术资源和为满足消费者偏好而对所销售的产品加以改进。

与引进外国直接投资相比,鼓励中国企业"走出去",发展"追赶型"对外直接投资是获得国外先进技术更为有效的途径。所谓"追赶型"对外直接投资,是指发展中国家的跨国公司在发达国家高新技术企业和研究机构聚集区进行研究与开发性投资,通过利用反向技术外溢效应获取发达国家先进技术的一种投资方式。中国企业通过发展"追赶型"对外直接投资设立境外企业,能够最大限度地获取发达国家技术集聚区所产生的溢出效应。同时,此类境外企业能将大量技术信息及时传递到国内公司总部,从而有助于中国企业及时了解世界前沿技术动态,增强国内企业研究与开发的能力。发展"追赶型"对外直接投资,还有助于更好地培养高技术人才。中国企业"走出去",在发达国家设立研究与开发性企业,可以使中国企业的技术人员更为便捷地进入技术创新的源头,增强与国外技术人员的交流，进而提高自身的技术水平。

（五）节约资源能源

改革开放以来，中国经济保持持续快速的增长。然而，中国长期以来粗放型经济增长方式也造成资源的过度消耗，中国经济增长正处于严重资源依赖阶段，资源安全已经成为影响中国经济、政治和军事的重要因素。在国内矿产资源严重匮乏的格局难以根本改变的情况下，中国企业"走出去"是节约矿产资源，保持经济可持续发展的重要途径。中国企业"走出去"，有助于稳定矿产资源的供应渠道和价格水平。目前，中国企业所需的一些主要矿产资源大量依赖贸易方式进口，无疑会增加矿产资源供应的不确定性，并且要承担矿产资源价格波动带来的风险。因此，中国的资源型企业急需通过"走出去"战略，来降低资源供应渠道不确定和价格波动带来的风险。中国资源型企业"走出去"，有助于形成一批有实力的资源型跨国企业。通过对外直接投资，中国的资源型企业可以实现规模经济以提高国际竞争力，还可以培养一批既懂专业又熟悉国际经营的管理人员队伍。河南作为资源、能源大省，如何节约资源能源也是当前面临的一个重大问题。

三　企业实施开放发展的思路

积极合理地"引进来"是全面提高对外开放水平的前提和基础，主动高效地"走出去"是全面提高对外开放水平的关键点和着力点。只有当"引进来"与"走出去"形成良性互动时，企业才能在经济全球化背景下，在参与国际竞争中掌握主动权。而在"引进来"和"走出去"的有机结合中还要注重维护国家经济安全，这是全面提高对外开放水平的根本保障。

（一）选好引进的对象

当前，除了要进一步扩大对经济发展急需的先进技术、关键设备以及一些短缺的产品和原材料的进口之外，最重要的是应合理有效地利用外资，特别是要鼓励跨国公司的对华投资。因为现代经济是以资金为纽带的，无论先进技术、设备的进口还是人才和智力引进，无不伴随着对外资的利用。其中，在资本、技术引进中，尤以跨国公司的海外投资最为典型。跨国公司的最大优势就是资金和技术优势。因此，在"引进来"中，重点是通过鼓励那些具有高超的管理水平、拥有先进技术和资本实力的跨国公司来华投资，以实现对国外管理经验、先进技术和关键设备的借鉴与吸纳，进而促进河南经济的跨越式发展。

（二）选好引进外资的领域

首先要鼓励跨国公司投资农业、制造业和高新技术产业，并鼓励它们兴办研究和开发机构。鼓励外商对农业的投资，重点在于改造传统农业，发展现代农业。可考虑通过合资、合作等多种形式建立现代化的农业企业集团，以提高农业的产业化水平。在制造业方面，重点提升机械、轻工、纺织等传统产业，促进河南制造业的改造升级。在高新技术领域，应重点引导外商投资电子信息、生物工程和新材料等高新技术产业，加快高新技术产业的发展。同时，还要鼓励跨国公司在河南兴办研究开发机构，引导它们与省内企业开展多种形式的合作，参与省内共性技术、关键技术和配套技术的联合开发，以推进技术进步和产业升级。另外，我们还要有步骤地推进金融、电信、贸易和旅游等服务领域的对外开放。服务领域的对外开放，是我国入世后对外开放的重点，要依据世贸组织要求并结合我国国情和河南省情稳步推进。当前在该领域开放的重点，应是引进国外的现代理念、先进的经营管理经验、技术手段和现代市场运作方式，逐步提高河南服务业的质量和水平。

（三）选好引进的方式

当前，我们要借鉴国际上吸收外资的通行做法，适应跨国资本投资的新趋势和新特点，不断开拓利用外资的新形式。要积极探索通过收购、兼并和投资基金、证券投资等多种方式利用外商中长期投资。既要鼓励外商以BOT、项目融资、基础设施经营权转让等方式投资，又要探索采用风险投资、投资基金等方式引进外资的新途径。尤其值得提及的是，当前在引进外资中，应特别注意结合河南国有经济战略性调整以及国有企业战略性改组的需要，鼓励跨国公司通过并购等形式与国有大中型企业合作。可选择一批国有大中型企业有计划地向外商转让部分股权或资产，同时还要积极探索外资参与金融资产管理公司对部分不良资产进行处置和重组的新途径。

（四）提升产品出口竞争力

企业"走出去"，首先是产品走出去。产品要想走出去，就必须在国际市场上具备较强竞争力，这是"走出去"的基础。结合河南省情应注意做到三点：一要用"新技术"整合劳动和资源密集型产业，提高传统产业的出口竞争力。河南是一个人口众多的欠发达地区，具有丰富的人力资源。当前，伴随着经济全球化和信息革命带来的新一轮国际贸易分工，发挥河南这一优势，承接发达国家和我国沿海发达地区转移过来的劳动密集型和低附加值生产环节，进而发展经济效益虽比较低、但劳动力容量较大的加工贸易，这是河南对外贸易的一个发展方向。但是，在新形势下要特别注意用"新技术"去整合这些传统产业，通过对资源型、劳动密集型产品和农产品的深度开发，增加其技术和知识含量、提高"技术品位"，并通过实施"名牌战略"，把目前小型化、分散化和低效的传统出口产业，逐步改造成规模化、系列化和高效的优势出口产业。二要做好机电产品的质量升级工作，要引导机电产品的生产和出口企业依据国际规范进行生产，并积极做好国际质量体系、环保及产品的安全认证工作，使这些产品的生产、检验和销售充分与国际惯例接轨，进而提高其国际竞争力。三要积极推进高新技术产品的出口创汇，要加快高新技术产品出口基地的建设，全面落实和鼓励软件产业、集成电路产业发展的政策。

（五）积极推进市场多元化

当今世界，经济全球化趋势日益明显，国际竞争日趋激烈，市场动荡愈益频繁。在此背景下，我们在对外开放中要想不被国际市场所左右，就必须在巩固传统市场的基础上，不断开拓新兴市场，积极推进市场多元化。一方面要积极推进贸易伙伴的多元化。要进一步巩固美、日、欧等主要传统市场，争取市场份额有所增长；继续开拓亚洲市场，加强与周边国家和地区的经贸关系；大力开拓独联体、中东、拉美、非洲等富有潜力、前景广阔的市场，重点开拓俄罗斯市场；主动参与区域经济合作，促进多双边经贸关系全面发展。另一方面要逐步形成贸易品种的多元化。既要大力发展货物贸易，努力增加种类，改进质量，形成一批具有国际竞争优势的系列贸易产品；又要加快发展具有比较优势的服务贸易，不断提高服务贸易在出口中的比重；同时还要进一步扩大技术贸易，鼓励成熟的产业技术走出国门，带动技术装备和成套设备出口。

（六）加快培育有实力的跨国企业和著名品牌

企业是产品、技术、设备、资金、人员等的载体，如果有大量的企业能够跨出国门走向世界，我们的产品、技术、设备、资金、人员等自然也就可以走向世界了。为此，在今后的对外开放中，一方面要不失时机地鼓励和支持有比较优势的各种所有制企业对外投资，以此直接利用国外的资源和市场，以展现我们的成熟技术和优势产业，扩大出口，促进经济增长；另一方面要以资本为纽带，以技术为核心，加快培育和打造一批有实力的跨国企业和著名品牌。首先要以资本为纽带，积极推动跨行业、跨区域、跨所有制的企业重组，以克服目前省内企业小、散、弱的缺点，实现企业经营的规模化；其次要以技术为核心，加强企业的技术改造和技术创新，努力培育企业自身的自主知识产权，以此提高企业自身的核心竞争力。此外在企业扩大对外投资中，要特别注意建立海外的销售网络、生产体系和融资渠道，使它们在直接利用国外的市场和资源进行专业化、集约化、规模化的跨国经营中，主动参与国际经济合作与竞争，借此由小到大、逐步成长为富有竞争力的跨国公司。

四 促进企业开放发展的对策

企业开放发展，在"引进来"方面已经相对成熟，因此本部分重点讨论关于促进企业"走出去"的对策。

（一）政府应采取的对策

1. 着力构建促进企业"走出去"的舆论氛围和政策环境

（1）进一步提高对"走出去"工作重要性的认识。实施"走出去"

战略是党中央审时度势、高瞻远瞩做出的事关我国长远发展的重大抉择，是我国对外开放的新境界、新层次。鼓励企业"走出去"开展对外投资合作，对进一步提升河南对外开放水平，充分利用国内外两个市场、两种资源，实现中原崛起具有重要而深远的意义。

（2）尽快建立完善本省本地区外经政策促进体系。目前，国家已出台了一系列鼓励企业"走出去"的政策措施，河南省人民政府也出台了《关于实施对外开放"走出去"的指导意见》，要求各地要用足用好国家鼓励"走出去"的各项优惠政策，积极争取各类政策性扶持资金，各级政府在统筹使用外经贸促进专项资金和工业结构调整等专项资金时，要向从事境外资源开发、境外加工贸易、境外加工贸易园区建设、对外承包工程、境外农业开发的"走出去"企业和境外上市企业倾斜，对"走出去"的企业，要认真落实国家规定的税收优惠政策，"走出去"企业取得的来源于境外的应税所得已在境外缴纳的所得税税额，可以按照国家有关规定从其当期应纳税额中抵免。同时，各地市还要结合实际，制定有关地方性鼓励"走出去"的意见、政策和措施。

（3）切实加强"走出去"的信息服务体系建设。加强与驻外使（领）馆、境外投资促进机构和河南已有境外企业的沟通，建立河南省外经企业库、国际工程承包市场信息库、对外直接投资企业库、对外直接投资意向库、各国招商引资项目库，依托"走出去"网站，加强项目信息的收集、整理和发布。

（4）建立省直各部门间的联合促进机制。一是进一步完善河南省政府部门促进境外矿产资源开发联席会议制度。研究出台鼓励国有大企业和民营企业"走出去"的意见。二是与开发银行等金融机构研究出台融资支持政策，提高企业带资承包、总承包和投资能力。三是与信用社研究出台支持对外劳务合作扶持政策，减轻劳务人员出国负担。还要加强商务系统内部各部门间的联合，将对外投资、承包工程带动出口和资源回运作为河南进出口新的增长点予以促进。

（5）发挥舆论媒体的宣传导向作用，营造全社会支持"走出去"的舆论氛围。以专题片、纪录片或电视剧等方式对"走出去"的典型企业和个人进行宣传报道，营造良好的社会舆论氛围。采取"走出去"推介和"请进来"招商等方式，充分利用中博会、厦门投洽会和东盟博览会"走出去"专题活动搭建的平台，推动企业与外商直接沟通洽谈，开拓国际市场。

2. 着力促进承包工程企业强强联合、强弱联合，扩大市场份额

（1）推动企业强强联合，实施大项目拉动。一是鼓励本省龙头企业强强联合，有条件的可以兼并重组或引进战略投资者，形成 1 + 1 > 2 的合力，提高融资和抗风险能力。二是加强与中央企业联合，借船出海。三是选择重点行业重点推进。四是推动境外投资与工程相结合，鼓励境外投资企业申报承包工程经营权，大型投资项目自主施工，要同时成为服务的提供者、资本的拥有者和运营者。

（2）推动企业强弱联合，以老带新，拓展市场领域。要在利益共享、风险同担的原则下，鼓励中小企业主动与龙头企业联合，通过以老带新，解决资金短缺、信息不畅、业务发展不平衡的现象。积极做好承包工程经营权申报工作，壮大主体队伍，提高河南企业开拓海外市场的整体能力。

3. 着力抓好对外劳务合作业务，促进经营秩序整顿工作

在工作中要坚持"两手抓"。一手抓促进，扶持大公司，改善劳务输出结构，以开拓国际市场为龙头带动基地建设；一手抓整顿，加大监管力度，整顿经营秩序。

（1）推动外派劳务与职业技术教育相结合，改善外派劳务结构。目前，河南外派劳务仍以输出初级劳务与普通力工为主，而各国对于高级专业人才和服务型劳务的需求不断上升。从我国经济发展水平、国家政策导向和国际劳务市场需求等情况看，中高端劳务和境外投资、承包工程带动劳务应是河南今后主要的发展方向。为此，要在巩固日、韩、新加坡等市场，做好传统劳务的基础上，进一步加强外派劳务与职业技术教育相结合的力度，积极开拓欧、美市场。

（2）加强基地县和专业基地建设，强化培训力度。鼓励外派劳务经营公司和基地县和专业基地一起到境外考察开拓国际市场，争取多拿第一手合同，依靠国际市场这个龙头，带动劳务基地与专业基地建设。鼓励有条件的劳务公司与基地县联合在国外设立办事处，畅通派出渠道。加强培训中心建设，对劳务人员进行业务知识和法律知识培训，提高劳务人员法治意识与履行劳务合同自觉性。今后凡未经培训中心培训的劳务人员不得派往境外，经营公司不得申请享受"外派劳务培训资助资金"补助。

（3）加大监管力度，整顿经营秩序，妥善解决劳务纠纷。为促进对外劳务合作业务健康发展，在河南全省对外劳务合作领域积极开展经营秩序整顿专项活动。

4. 着力创新对外投资合作模式

根据国务院《关于鼓励和规范企业对外投资合作的意见》，结合河南实际，创新合作模式应围绕"六个重点"开展工作：一是积极推动企业开发境外资源，缓解资源紧缺的制约；二是积极推动企业开展境外加工贸易业务，实现原产地多元化，减少贸易摩擦；三是推动在境外设立集聚区，为企业在境外投资搭建平台；四是鼓励有条件的企业到海外投资研发中心，推动自主创新；五是鼓励企业并购国外知名品牌、搭建销售服务网络，培育具有国际品牌的跨国企业；六是推动饱和行业的企业将其成熟的生产能力向发展中国家转移，推动产业结构升级。

5. 构建资源开发业、制造业、服务业"三驾马车"拉动的投资模式

重点鼓励矿产资源开发企业、装备制造企业和大型流通企业到国外投资，形成资源开发业、制造业、服务业"三驾马车"拉动的境外投资发展模式。结合河南产业结构调整，加快制造业过剩产能"走出去"的步伐，重点推动轻工建材、纺织服装、食品等河南优势产品到发展中国家开展加工贸易，通过梯度转移，实现原产地多元化。

6. 推动河南特色和优势产业走出去

充分发挥河南农业劳动力、生产技术、农机装备等优势，采取购买土地兴办农场、承包或租赁农场等形式，开拓农副产品境外市场；依托优势技术，开展农业技术试验示范，支持河南农业企业、科研单位及科技人员的技术输出。利用河南文化资源丰富的优势，以少林武术、太极拳等河南武术品牌"走出去"，带动河南文化产业"走出去"，弘扬中原文化，提升文化软实力，加快由文化资源大省向文化强省的跨越。鼓励企业在境外设立研发中心，利用国际科技资源，优化资源配置，拓宽发展空间。依靠科技型企业"走出去"，带动河南高新技术产品、关键设备、技术、劳务和技术服务的出口，利用国际科技资源，增强企业自主创新能力。

7. 重点鼓励非公有制企业"走出去"

非公有制企业参与对外投资，有利于充分发挥其产权、机制、成本和创业精神等方面的优势，更好地参与国际市场竞争，提升以中小企业为主的产业集群在国际产业链中的地位。

8. 支持企业抱团走出去

根据国外与国内其他省份的经验，企业抱团走出去成功率较高。河南可以考虑选择一个政治稳定、长期与我国友好、有发展潜力的亚非国家，建立河南境外经贸合作区。建立海外投资发展资金，对省内企业在境外建立经贸合作区发生的前期费用、银行贷款等给予补助或贴息扶持；对从事境外资源开发投资业务的企业在东道国注册登记之前发生的前期费用予以资助。设立需要转移出去的传统产业"走出去"专项扶持基金。河南要转移现有传统产能，一些发展中国家又急需这些产能，为解决产业转移，尽快腾出发展空间，并带动产品与设备的出口。要支持金龙铜管集团、宇通集团、双汇集团、一拖集团等行业领先企业在境外建立生产加工基地。推广国基集团在塞拉利昂建立国际工业园模式。以河南国合集团、中原石油勘探局、中铁七局、中铁十五局、河南石油勘探局、河南建总国际工程公司、河南第一火电建设公司、中南输变电成套设备公司、河南省水文地质工程地质勘察院等骨干企业为龙头，培育壮大对外承包工程队伍。推广新县劳务培训和输出的经验，加强外派劳务基地建设，扩大外派劳务规模，打造河南外派劳务品牌。鼓励各类有条件的企业开展对外投资与合作，在海外建立生产加工基地、营销网络和研发中心，鼓励对外工程承包，简化境外工程承包相关物资出口的退税审批手续，简化对境外工程承包相关设备出境的外汇管理。鼓励国内商业银行进一步扩展海外网点和业务，为企业境外并购融资。选择有条件的企业开展国际贸易人民币结算试点。

9. 着力抓好外经队伍自身建设

切实改进工作作风，克服无所作为思想和畏难情绪，增强工作的主动性和能动性，为"走出去"业务摇旗呐喊，尽心尽力。通过鼓动、发动、推动，使大家了解、理解、支持、参与"走出去"各项工作，使外经业务成为地方经济可持续发展的原动力，从而引起各级政府的重视，引起市商务局一把手和企业一把手的重视，使"走出去"战略成为"一把手工程"。同时抓好基层外经队伍建设，建立科学全面的"走出去"工作评价指标体系。

（二）企业应采取的对策

1. 完善企业的治理结构，大力培养适应国际化要求的复合型人才

要加强所有者（国有企业中，表现为所有者代表）、董事会对包括投融资决策在内的重大事项的集中控制，切实履行监事会和外部监事的职能，强化企业内部的激励和约束机制。遵循国际通行准则，完善公司信息披露制度。要积极培养人才，完善人才管理。发展国际化经营管理，不仅需要金融、法律、财务、技术、营销等方面的专业人才，更需要有战略思想和熟悉现代企业管理的经理人才。在目前国内比较缺乏熟悉国际规则和东道国市场的法律人才情况下，可以通过招聘优秀的国际人才来弥补靠自身培养之不足。

2. 提倡自主、理性、渐进的"走出去"模式

实施"走出去"战略的主体是企业，客体是"成熟技术""成熟设备""成熟产品"。企业要不要"走出去"，怎么"走出去"，应该由企业自主、理性地做出判断和选择。依据河南省企业的实际情况，采用渐进式"走出去"的模式比较可行。该模式有三个特点：首先，在地理扩张上要由近及远。比如，先到越南、菲律宾等周边国家拓展市场，因为这些地方毕竟属于东方文化，比西方文化更具有一致性和包容性，企业的适应性会更强一些。另外，这些地方的经济发展水平也更适合河南省企业的发展，因为这些地方更多需要的是中低端产品。其次，在经营风险选择方面要由小到大。相比较而言，贸易方式的风险最小，投资规模也比较小，中小企业和大部分制造业的企业一般都是从贸易方式开始国际化经营的。当贸易方式发展到一定阶段，在进口国占据一定市场份额时，再考虑在进口国当地建厂，这是一个普遍的规律。最后，要让有竞争力的公司先"走出去"。

3. 在全省具有优势的行业和领域寻找"走出去"的切入点

从河南省的产业发展基础以及企业的竞争力状况出发，顺利"走出

去"的关键就是找准切入点。目前有以下切入点可供选择：在工业方面，河南省轻工业整体生产能力过剩，技术性能和产品质量也比较稳定，适合国际市场需求。可供选择的行业主要包括皮革及皮革加工、五金工具、日用化工、电池、塑料制品、纸浆、自行车、塑编袋等。河南省一些纺织企业经过多年的技术改造，设备性能好，产品质量高，有较强的开发新产品的能力，在针织品、纱、布等纺织品生产，服装制造和纺织设备及技术输出方面有一定的优势。在机械工业方面，农机具、拖拉机、柴油机、摩托车、金属制品、家用机械等行业在境外设立组装厂也是可行的选择。在电器和电子工业方面，河南省有竞争力的企业主要是生产电冰箱、玻壳、收音机、电视机等产品的企业，具有成熟技术和低成本优势，拥有较大的国际市场拓展空间。同时，拥有小规模生产技术或特色传统技术的食品加工企业，在东南亚、非洲、中亚等一些经济欠发达的国家和地区有较大市场。

4. 做好"走出去"的四项基础工作

（1）选择好项目。选好项目的关键在于事先要进行科学的项目可行性分析和论证，包括市场可行性分析、技术可行性分析、财务可行性分析、国别风险分析以及投资环境论证等。特别要注意两点：一是分析论证过程中切忌不科学、不深入、不细致和主观臆断，二是对那些企业不熟悉或与现有业务不相干的领域不要轻易、盲目进入。

（2）要配备好"班子"。一定要为境外企业选派事业心强、熟悉国际市场、懂经营、会管理、乐于奉献、清正廉洁的经营管理人员，特别是要配备真正懂得跨国经营的人才，组成实施项目的强有力的经营管理"班子"。

（3）要选择好合作伙伴。国内许多知名企业都有过因合作伙伴选择不当而使跨国经营受挫的教训。应选择那些经济实力较强、在当地有一定影响力、信誉度较高的企业开展合作，并从各个方面充分发挥合作伙伴的作用。

（4）要建立好信誉。"走出去"的企业要自觉遵守所在国的法律法规，重合同、守信用，严格履行有关项目合同与融资合同，依法经营，树立诚实守信的良好形象。

5. 科学选择"走出去"的策略

根据河南省企业的实际情况，结合国内企业"走出去"的经验，河南企业实施"走出去"战略可主要选择以下策略。

（1）比较优势策略。按照比较优势理论，各国、各地区应分工生产各自在劳动生产率或成本方面具有相对优势的产品，从而可以获得比较利益。河南省劳动力成本相对较低，大力发展劳动密集型产业，以价廉物美的劳动密集型产品作为企业"走出去"的第一步是一个现实的选择。

（2）贴牌策略。贴牌经营就是为国外著名品牌进行加工，这是河南省一些企业在国际化经营初期以及扩张时期扩大出口的有效措施。今后，大量的中小企业继续采用贴牌经营策略不失为是一种良策。

（3）创牌策略。河南省企业要真正在国际市场上闯出一片新天地，就必须创造出具有市场号召力的自己的品牌。实施创牌策略的重要措施就是要增强企业的技术开发能力，提升产品的科技含量，完善营销体系。

（4）避实击虚策略。河南省企业与跨国公司在国际市场竞争中的实力相差悬殊，应该想办法发挥自己的优势，避实击虚，选择对手比较薄弱的产品和地区切入。

（5）打"时间差"策略。河南省企业的整体实力远远低于发达国家的企业，但也高于其他一些发展中国家的企业，如果充分利用这种"时间差"，就能取得良好的"走出去"效果。

6. 科学选择"走出去"的方式

选择跨国并购方式具有进入迅速、可以利用被收购企业的销售渠道以扩大市场份额、利用被收购企业的先进技术以增强企业竞争力等特点，但也要注意一些问题。首钢秘铁公司给国内企业提供的教训主要是在公司创建之初，在不了解有关法律的情况下，同当地工会签订了多达35项福利条款，给以后的经营和管理工作带来了困难。设立独资企业既有利于母公司推行全球战略，实现整体利益最大化，也有利于国内企业以机器设备、原材料等非货币要素作为投入资本，有利于母公司对分公司的监管和控制，还可以防止技术外传，产生新的竞争对手等。但是，设立独资公司耗时长，难以简捷快速地进入国外市场，而且容易增加母公司的融资压力、抗风险压力和营销难度，还容易激发东道国的民族排外情绪。实施战略联盟一般以契约协议的方式实现，常见的类型有研究开发战略联盟、生产制造联盟、联合销售战略联盟、合资企业战略联盟等。实施战略联盟的优势在于可以降低成本、减少竞争、分散风险、适应性强等。但如果规模控制不当，将会使管理成本、协调成本和经营成本大幅度增加。

（三）行业协会和中介机构应采取的对策

1. 充分发挥行业协会对境外投资的引导和规划功能

（1）各行业协会总会及分会依据国家和地方境外投资产业指导目录，科学、公正地确定企业进行境外投资所需资质条件；根据行业优势、产品特点以及投资动因确定目标市场；加强境内母公司之间以及境外企业之间的联系、交流和沟通，借鉴境外投资经营的经验和教训；合理确定同类型企业在同一目标市场的密集程度。

（2）由各行业协会分行业建立境外投资预选项目库和项目信息库，并强化其功能，为企业提供投资信息。广泛收集境外提供的项目信息和国内企业的投资意向，建立重点地区和国家的投资环境、投资法规及政策信息库，提供免费查阅服务，解决信息不对称问题，减少企业在境外投资的盲目性和风险系数。

（3）充分发挥进出口商会和行业协会的作用。进出口商会有着专业性强、与国外联系面广、信息灵通等优势，在开展海外投资过程中能起到桥梁和纽带的重要中介作用；在维护国家、行业、企业的利益，防止不正当竞争，保障正常的对外经济贸易秩序方面，也能够发挥无可替代的作用。此外它们还能提供对会员企业进行市场、价格等方面的协调、指导，以及提供信息、咨询等服务。在组织会员企业开拓国际市场、与国外同行建立商务联系方面，这些机构也积累了丰富的经验。因此，在当前我国中介服务组织发育不健全的条件下，充分发挥进口商会的作用就显得尤其重要。

2. 培育中介机构切实发挥其在对外投资中的作用

（1）应积极鼓励发展为境外投资服务的社会中介机构。政府应加快转变职能、简政放权、政企分开的步伐，根据社会经济发展的要求，制定中介组织发展规划和必要的优惠政策，大力鼓励中介组织的发展，以形成健全的中介组织体系。现有的公证、律师（包括外国律师事务所代表处）、会计、管理咨询等社会中介机构应增加为企业境外直接投资服务的业务，加速培育和引进国际市场调查公司等中介机构，为境外企业提供资信证明、目标国的法律法规咨询及法律可行性意见书，调查和提供外国合作方的资质、信用及项目的可行性评估，为境外企业的经营管理提供高质量的研究咨询报告。

（2）切实提高中介组织的服务质量。中介组织必须处理好与企业的关系，成为企业发展的得力帮手。中介组织要坚持为企业服务的宗旨，企业的需要，就是中介组织服务的内容。企业自身难以做的事，中介组织要帮助其完成；对企业自身可以做但需要花费人力、物力和财力等方面的大事，中介组织应该通过优质高效的服务，为企业节约成本。在服务中，中介组织应该通过优质高效的服务，为企业节约成本。

（3）中介组织要切实解决企业"走出去"所遇到的难题，维护企业合法权益。代表企业的利益与国外的政府对话，维护企业的合法权益，使政府能够根据企业的正当要求对某些政策法规进行相应的调整，帮助企业开拓国际市场，沟通国际联系，扩大贸易渠道，协调国际纠纷。

（4）企业要重视并充分发挥中介组织的作用。在国外市场中，激烈的国际市场竞争和独立的经济利益，使得企业间的经济纠纷和矛盾不可避免。现代企业应该利用中介组织，充分享受社会分工的利益。当企业在国外投资发生经济纠纷时，应充分利用中介组织的作用，顺利解决纠纷，以降低交易成本。

第八章
河南区域开放发展

　　河南开放发展呈现出区域差异化格局。开放发展水平落后已逐步成为拉大河南区域经济差异的重要因素。在河南实施开放带动、扩大东引西进战略的背景下，各地区应该进一步深化对外开放的广度和力度，充分发挥外向型经济各部门对区域经济的带动作用。

一　河南区域开放发展的现状格局

　　居于中部地区的河南省是我国对外开放政策和外向型经济由沿海向内陆梯度推进发展的过渡地区，同时也是承接东部地区产业转移和外商直接投资扩散转移的前沿地带。继 1992 年开放省会城市郑州后，各地区逐步开放并不断拓展，多年来外向型经济发展取得了显著成就。河南省外贸进出口总额从 1992 年的 11.62 亿美元增加到 2013 年的 599.5 亿美元，出口贸易总额从 1992 年的 8.16 亿美元增加到 2013 年的 359.92 亿美元，实际利用外资从 1992 年的 1.07 亿美元增加到 2013 年的 134.57 亿美元。虽然河南自然、人文旅游资源非常丰富，但由于旅游业起步较晚且呈自发开发状态，入境旅游业还很落后；此外，对外承包工程、劳务合作以及对外投资在河南外向型经济中所占份额更小。鉴于河南外向型经济的发展现状并考虑数据的可获得性、可比性及连续性，有学者选择采用各区域出口贸易总额和实际利用外资总量的统计数据来分析河南外向型经济区域差异化格局①，按照这

---

① 孟德友、陆玉麒：《河南外向型经济区域差异及极化态势分析》，《地域研究与开发》2009 年第 8 期。

一思路分析,结论如下。

河南省出口贸易总量主要集聚在以郑州为核心的中原城市群地区[①],1996年,中原城市群9个地市出口贸易总额达6.09亿美元,占河南出口总量的71.5%;2013年,中原城市群地区出口贸易总量增至318.66亿美元,占全省出口总量88.5%;其中,2012年该地区出口总量占全省出口总额的89.1%,占比为历年最高。在实际利用外资方面,中原城市群地区吸纳了在豫外商投资的绝大部分,1996年中原城市群地区实际吸纳外资为4.07亿美元,占全省实际利用外资的77.5%,2013年该地区实际利用外资总额92.99亿美元,虽然期间实际利用外资所占全省的比重有所起伏,但始终超过60%(见表8-1)。由此可见,中原城市群地区正逐步成为河南出口贸易和实际利用外资的核心集聚区,以至该地区逐步成为河南省外向型经济发展的增长极,而其外围9个地市却逐步被排斥在核心区之外,面临着被边缘化的态势。

表8-1 1996~2013年中原城市群出口贸易、实际利用外资和省外资金
占河南全省比重

单位:%

年 份	出口贸易	实际利用外资	实际利用省外资金
1996	71.5	77.5	—
1997	71.6	64.5	—
1998	79.1	69.8	—
1999	80.7	83.3	—
2000	77.3	77.7	—
2001	76.8	77.3	—
2002	74.8	62.8	—
2003	75.6	63.9	—
2004	76.6	69.6	—
2005	78.7	66.1	—

① 河南共有18个省辖市,中原城市群包括其中的9个省辖市(郑州、开封、新乡、洛阳、许昌、平顶山、焦作、漯河、济源),其余9个省辖市分布在中原城市群外围,大多邻接周边省份。

续表

年　份	出口贸易	实际利用外资	实际利用省外资金
2006	76.3	71.8	—
2007	76.5	77.3	57.9
2008	72.9	78.0	57.1
2009	78.5	77.1	57.2
2010	78.3	74.1	56.7
2011	83.8	73.1	56.9
2012	89.1	71.4	56.9
2013	88.5	69.1	56.9

数据来源：1996～2005年数据转引自孟德友、陆玉麒著《河南外向型经济区域差异及极化态势分析》《中国地理学会2007年学术年会论文摘要集》；2006～2013年数据引自对应年份《河南统计年鉴》计算所得；实际利用省外资金的统计数据从2007年才有，因此本表只列出2007～2013年的数据。

此外，河南还创新开放思路、拓展开放视野，打破只有向国外开放才算开放的旧观念，形成省外即外、域外即外的新理念，积极加强与国内其他地区的横向经济联系，在全国范围内寻找合作伙伴和发展机遇，将长三角、珠三角等地区作为招商重点，大力联络浙商、闽商到豫投资，努力为河南经济持续发展拓宽思路和空间。从2007～2013年实际利用省外资金来看，中原城市群占河南全省的比重仍然超过50%，但不及出口贸易和实际利用外资的占比突出。这说明中原城市群在利用省外资金方面对比河南沿边地市的优势相对不是那么显著。

二　河南区域开放发展现状格局形成的原因

区域经济发展不均衡是一种普遍的经济社会现象。随着我国对外开放由沿海向内陆地区的梯度推进，外向型经济在各地区得到了蓬勃发展，也出现了空间分布不平衡的情况，究其原因，主要有以下几个方面。

(一) 资源禀赋条件的影响

自然环境差异是导致区域差异的客观因素，自然环境的差异主要表现在资源禀赋条件和空间区位条件的差异。河南省地处我国二级阶梯和三级阶梯过渡地带，地形地貌多样，省内不同地区之间资源禀赋条件各异，自然资源分布具有明显的不均衡性，矿产资源主要分布在豫北和京广铁路以西地区，平顶山、焦作市是大型能源基地，铝土矿、钼矿在全国占据重要地位，资源条件好，开发利用价值大。豫西三门峡的金矿、豫北鹤壁的煤炭资源、濮阳的油气资源也比较丰富。黄淮地区除了商丘的永夏煤田，信阳大别山区拥有珍珠岩、膨润土等非金属矿以外，矿藏资源总体匮乏，造成了黄淮地区的工业，尤其是以矿产资源加工和深加工为主的第二产业发展受到限制，对生产要素吸引力不足，这也是导致河南省区域经济发展差异的先天条件。河南省大部分地区尚处于工业化的中期阶段，经济发展对自然资源有强烈的依赖性。一方面是农业发展条件，农业是经济发展的基础，特别是在新中国成立以来我国长期实行农业高积累，牺牲农业推进国家工业化，农业成为发展二、三产业资本积累的基础，对河南这样农业占重要地位的省份来说，发展农业的条件优劣，对经济发展水平的影响十分显著；另一方面是矿产资源条件，矿产资源是大多数国家和地区经济发展的基础性因素，既是吸引国家和外来资金投资的重要目标，也决定了一个地区的生产力布局和产业格局，特别是对于处于工业化中期阶段的河南省，矿产资源成为布局基础性产业如钢铁工业、石油及石油化学工业、有色金属工业的先决条件。河南省农业发展条件较好的地区是山前平原地区，水、土资源条件优越，农业单位产出高于豫东、豫南地区的中低产田区，在地方分权化的背景下，这些地区的资本能够更快完成积累，发展乡镇企业，推动区域经济发展，更好地实施对外开放。河南省中部地区和豫北地区是能源和有色金属矿产的主要分布地区，也是河南省经济最发达的核心地区，这些地区丰富的矿产资源条件为发展轻重工业提供了良好的基础，与之相对的豫东、豫南、豫西南经济欠发达地区，矿产资源相对贫乏，发展工业特别是重工业的条件先天不足，发展经济只能以发展农业和在农业资源基础上发展轻工业为主，成为国家和区域发展战略的非重点投资区域，这在很大程度上使其处在低水平发展的均衡状态，从而也制约其外向型经济的发展。

（二）区域发展政策的影响

新中国成立后，受国际政治、经济，特别是均衡发展战略的影响，我国开始实行优先发展重工业以带动整体工业化的赶超式发展战略。为改变沿海地区工业过度集中的畸形布局，以经济均衡布局战略为指导，开始向内陆地区投资布置重工业。在这种历史背景下，河南凭借其重要的战略地位、优越的自然资源禀赋等，成为重点建设地区之一。在"一五""二五"和"三线"建设期间，国家着重进行的 156 项工程建设中，河南占了 16 项，涉及煤炭、机械、水利等方面，主要投向郑州、洛阳、焦作、平顶山、三门峡等地，如郑州热电厂、洛阳拖拉机厂、洛阳矿山机械厂、三门峡水利等；同时洛阳、南阳等地区承接了一批东北工业企业的机械、电子等。由此，郑州、洛阳、安阳、焦作、平顶山等初步形成了以能源、原材料工业为基础的重工业基地，在经济发展中凸显出来。1997 年，小浪底工程的建设和济源设立省辖市，促进了济源经济发展。2003 年，河南省提出了中原崛起和建设中原城市群战略，加快了中原城市群和郑州都市圈的发展，等等。这些政策的实施都为河南外向型经济发展的区域差异打下了客观基础。

（三）区位交通条件的影响

交通是联系地理空间中社会经济活动的纽带，交通网络的发展是经济发展的基本条件，决定着空间相互作用的方向和程度，也决定着一个地方获取发展要素的难易程度，因而也是影响经济活动的重要因素。区位条件是区域经济发展的重要影响因素，包括与周围山川、水域等的空间关系，更重要的是与周围区域、中心城市、工业基地、农业基地、道路交通、物流中心等的空间关系。从河南省的四大经济区域来看，中原城市群作为河南经济发展的龙头地区具有明显的区位优势，分布有多条铁路、高速公路等交通干线以及新郑国际机场，知识、信息流通方便，投资环境优越，更易承接产业转移、吸引外来投资；豫北地区及豫西南地区，地理位置稍次，交通条件尚可，在一定程度上能促进地区外向型经济发展；黄淮地区交通条件较次，对于知识、信息的接收和消化能力都差，地区外向型经济发展受到严重阻碍。近几年来，由于若干铁路及高速公路的建成通车，南阳逐渐成为河南省一个新的交通枢纽，加上其独特的自然地理环境及资源禀赋，使其外向型经济发展水平远高于黄淮地区，但仍低于中原城市群地区。

（四）基础设施的影响

基础设施是经济发展的基础性因素。基础设施和经济发展的关系是因果循环的关系。完善的基础设施不仅可以促进经济发展，还是吸引外资和承接产业转移的基础，同时发达的经济可以完善基础设施建设。现阶段，我国的基础设施建设仍然采用政府财政出资的方式。经济发展落后的地区由于财政有限，投入基础设施建设中的力量有限，从而导致落后地区的基础设施不完善。目前，河南省各地区的基础设施建设不平衡，落后地区的基础设施主要存在以下问题。一是整体发展水平落后，还不能有效支撑整个地区的快速发展，也不能满足居民日益增长的物质文化需求对社会性基础设施的要求。二是没有形成一个高效的投资机制，投融资能力不强，投资效率不高。三是基础设施综合优势没有形成，还不能为落后地区产业集群的形成发挥较大的作用。四是社会公益性的基础设施落后，投资少，建设缓慢。落后地区的基础设施不完善，会导致本地经济发展缓慢，拉大与发达地区的差距，更不利于招商引资，扩大对外开放。

（五）经济基础的影响

任何区域经济发展的格局特征都有其历史的必然性，区域经济差异的演变都是在其历史基础上进一步演变的结果，并受到其历史基础的影响，区域经济发展存在循环累计因果效应，区域差异的长期存在是影响区域经济差异的一个方面，而这一因素也同样会影响区域的开放发展。

改革开放之初，河南省区域经济发展水平相对较高的地区集中在郑州和三门峡之间的陇海铁路沿线、豫北地区的京广铁路沿线和焦作地区周边，这些地区的发展起点高于河南省其他地区县域单元，为以后的发展积累了较好的物质基础和人才基础。经过改革开放30多年的发展，这些地区的经济获得了更快的发展，河南省经济发展水平相对较好的区域依然是这些地区，并且出现连片发展并向外围区域尤其是豫中和豫西南地区扩展，形成了更大范围的县域经济隆起带。豫东地区的商丘、周口和豫南地区的信阳、驻马店地区自新中国成立以来一直是非重点投资地区，区域经济发展水平低，交通基础设施落后，中心城市的极化效应大于扩散效应，改革开放以来经济发展速度相对缓慢，依然与发展水平较高的豫北、豫西北地区存在很大的差距。有学者使用相对发展率指标（NICH，即同一时期的人均 GDP 相对增长量）来测度各区域的经济发展速度差异，结果显示：1990 年经济发展水平处于领先地位，同时也是相对发展速度较快的地区，2009 年经济发展水平在全省处于领先地位的依然是郑州、焦作、济源、三门峡、洛阳等地区；而 1990 年经济发展水平较低且相对发展速度较慢的地区，本 2009 年经济发展水平仍比较落后，如商丘、信阳、周口、驻马店等地区①。

此外，在特定的经济环境和技术条件下，产业结构不同的区域，其经济发展速度、水平不同。中原城市群、豫北地区不仅工业门类齐全，旅游业和服务业也较发达，第一产业比重较低，三次产业结构比例基本协调，符合配第-克拉克产业结构定理，已从传统的农业社会进入到工业化社会。其中，郑州 2013 年的三次产业之比为 2.4：55.9：41.7，产业结构越来越合理，正在努力实现"三、二、一"更高层次的产业结构。商丘、周口、信阳等黄淮地区各产业发展水平仍较低，农业在国民生产总值中的比重依然较高，不发达的第二产业影响了产业结构的调整进程，制约了经济的发展，也制约了该地区的出口贸易与外资引进等。

（六）经济集聚水平的影响

区域所拥有要素的质和量构成了区域经济发展的第一个必要条件，经济集聚程度则决定了要素的配置效率和使用效率，城市和第二、三产业是要素配置效率的关键。在要素自由流动的前提下，受外部规模经济和本地市场效应的作用，经济活动趋向于集聚在某一个地区，从而形成发达地区与落后地区的经济差异。城市是一个地区区域经济发展的增长极，也是第二和第三产业的集中地，城市与周围区域发展具有极化和扩散效应的相互作用。极化效应是区域经济集聚水平提高的过程，特别是在市场经济条件下，资本和各类发展要素为追求更高的回报率而发生跨区域流动。城市经

---

① 陈娜：《河南省区域经济差异与协调发展研究》，河南大学硕士学位论文，2011，第 35～36 页。

济在基础设施、人力资本和技术供应、市场集中度、服务业发展空间等方面都给现代产业发展提供了必不可少的条件。区域的发展与城市的集聚和扩散效应密切相关，城镇化水平是区域经济集聚水平的重要体现，优势资源向城市集聚，在城市中得到更高效率的配置，河南省省会城市郑州和大中城市周边地区多是区域经济发展水平较好的地区，同时也是对外开放、发展外向型经济水平相对较高的地区。

三　河南区域对外开放发展的思路与对策

考虑到影响河南各地区开放发展各方面因素，河南区域对外开放协调发展的思路应定位为：强化中原城市群在河南对外开放工作中的引领作用，充分发挥沿边地区与周边省份相邻接的地缘优势，夯实县域经济开放发展这一重要基础，打造好园区这一能有效带动开放发展的重要载体，从而不断提升河南开放发展总体水平。

（一）中原城市群开放发展

中原城市群以省会郑州为中心，包括开封、洛阳、新乡、焦作、许昌、漯河、平顶山、济源等省辖市。该地区区位和交通优势明显，自然资源丰富，经济基础雄厚，科技实力较强，对外开放度相对较高，既是河南经济的增长极也是外向型经济的核心集聚区。从近年来外资流向的区域分布特征看，大型中心城市由于具有交通区位优势突出、科技研发水平高、高素质人才集聚、配套服务完善、政策透明、管理规范等一系列优势，在吸引外资进入方面占据明显的强势地位。现阶段作为中原城市群核心城市的郑州市，与武汉、西安等周边地区的全国大型中心城市相比，经济整体外向度低，对全省和中原城市群开放发展的辐射带动作用明显不足。而中原城市群城市体系的一个显著特征就是：除了郑州外，还有洛阳、新乡、许昌、平顶山、焦作、开封等一批中等规模的地区性中心城市。因此，中原城市群开放发展应在强化郑州龙头作用的基础上，通过实施集合城市发展策略，强化对各个城市的发展指引，依靠"集合城市"的群体力量，走出一条不同于其他周边地区、独具特色的开放发展道路。

1. 强化郑州在全省开放发展中的龙头带动作用

（1）优化城市产业布局。郑州市市区重点布局高新技术产业和先进制造业，而一般加工制造业项目和对环境影响较大的企业，如纺织、酿造等企业，要逐步向城市外围转移。高新技术企业重点向郑州高新技术产业开发区和郑州经济技术开发区集聚，其中软件开发类企业重点向郑州中部软件园集聚，电子信息类企业重点向郑州信息安全产品研发生产基地集聚，建设高新技术产业基地。同时，积极引导食品企业向郑州惠济经济开发区集聚，加快发展汽车工业和以纺织机械、煤炭机械、工程机械为主的装备工业，建设先进制造业基地。

（2）加快建设全国性的现代物流中心。抓住"一带一路"等重大国家战略机遇，依托郑州交通、信息枢纽，有效整合物流资源，大力培育和引进物流企业，加快大型物流基础设施建设，积极构建"大通关"平台，逐步建立面向中亚，俄罗斯和美、日、欧地区的国际贸易平台。研究加快郑州全国综合交通枢纽建设，加快形成航空、铁路、公路等立体交叉的综合交通体系。以货代、快递、物流咨询等为重点，积极引进国内外知名物流企业；通过项目融资、股权转让等方式，与国内外先进的物流企业实行联合，着力提高现代物流业的对外开放度和国际化水平。

（3）加快建设区域性金融中心。依托现有基础，发挥比较优势，以健全金融机构体系、培育金融市场、加快金融创新、优化金融生态环境为重点，大力发展金融业。积极创造条件，制定优惠政策，吸引国内外金融机构在郑州设立区域管理总部、区域功能中心、分支机构或办事处。支持郑州商品交易所逐步增加期货交易新品种，提高国际影响力。

（4）加快建设先进制造业基地。通过优势企业重组整合、重大项目招商、引进战略投资者等途径，调整优化工业结构，大力发展总部经济，积极引导骨干企业总部向郑东新区和郑州经济技术开发区集聚。加强与外方的沟通衔接，以汽车制造、装备制造、机械、电子等领域为重点，努力引进一批技术含量高、带动能力强的工业项目和国际知名跨国公司，在部分领域率先形成一批强势企业和知名品牌。围绕优势产业生产链条，吸引省内外上下游企业向区内和周边地区集聚。

（5）加快建设科技创新基地。充分发挥郑州高等院校和科研院所布局集中教育科研力量雄厚的优势，积极推动智力资源和科技资源的发展融合。重点抓好郑东新区龙子湖区科教研发中心和郑州高新技术开发区高校园区建设以及创新人才引进、培养和使用机制，吸引国内外高端人才集聚，努力建设一批在全国居于领先地位的品牌学科、知名高校和研发中心，增强原始创新能力，集成创新能力和引进消化吸收再创新能力。加快建立开放型的科技创新体系，鼓励科研机构间加强技术协作，选择有基础、有优势、有重大带动作用的关键技术领域开展联合攻关，实现技术突破。鼓励科研人员跨院所、跨区域流动，提高人力资源配置效率。积极开展国内外的技术交流与合作，引进国内外先进技术，加强产学研结合，提高科技成果就地转化率。

（6）加快建设文化高地。充分发挥郑州文化资源的集聚优势，深度挖掘厚重丰富的中原文化底蕴，加快传统优秀文化与现代都市文化融合。大力发展文化产业。以建设开放郑州、人文郑州、创新郑州为目标，弘扬中原文化兼容并蓄、生生不息的优秀传统，顺应时代潮流，强化开放意识，创新拓展城市文化内涵，塑造开放多元的都市文化，展示中原城市群积极向上、开放文明的良好形象。

2. 充分发挥洛阳在制造业对外开放方面的比较优势

充分发挥洛阳市在制造业方面的雄厚基础和比较优势，加快建设以装备制造工业、新型电子材料和高档建筑材料、有色金属深加工等为主的先进制造业基地和以硅材料为主的高新技术产业基地，扩大大型成套设备和工业制成品的出口规模。加快洛拖、洛轴、洛玻、中信重工、洛耐等一批国有企业的改制、改造，通过股权转让、国有股减持、合资、合作等方式，积极吸引国内外战略投资者。重点抓好洛阳光伏材料基地、台塑电厂、中信重工特大新型水泥成套装备、洛阳福赛特公司重型载货车、洛阳石化总厂千万吨原油加工扩能、伊川电力和香江万基铝业等一批重大项目建设。同时，积极扩大现代物流业、文化、旅游业的对外开放水平。

3. 积极发挥其他城市的比较优势

引导开封市重点发展食品、医药、精细化工、纺织、专用设备制造业和现代物流业，大力发展文化、旅游文化产品和休闲娱乐产业，扩大特色农产品和文化、旅游纪念品等优势产品出口规模，吸引外资重点投向文化、旅游业。引导新乡市重点发展化纤、造纸、汽车及零部件和以电子电器、生物医药、新材料为主的高新技术产业及现代物流业，扩大高精密度铜管、家电、生物制品等优势产品出口规模，吸引外资重点投向高新技术产业、现代制造业和现代物流业。引导许昌市重点发展以电子信息、电力装备制造为主的高新技术产业和轻纺、食品、大型成套装备、汽车零部件工业，扩大发制品、制鞋、人造刚玉等优势产品出口规模，吸引外资重点投向高新技术产业和轻纺工业。引导平顶山重点发展能源、煤化工、钢铁、盐化工、建材等产业，扩大煤炭、特种钢、化工等优势产品出口规模，吸引外资重点投向能源和重化工业。引导漯河市重点发展食品、盐化工、造纸工业和现代物流业，扩大肉类及制品、高档用纸等优势产品出口规模，吸引外资重点投向食品加工和轻工业。引导焦作市重点发展煤炭、化工、建材、铝精深加工、汽车零部件产业和旅游业，扩大铝锭、轮胎、化工、建材等优势产品出口规模，吸引外资重点投向重化工业和旅游业。引导济源市重点发展电力、煤化工、钢铁、有色金属、建材工业和旅游业，扩大铝锌、建材等优势产品出口规模，吸引外资重点投向重化工业和旅游业。

（二）沿边地区开放发展

与中原城市群地区相比，河南省的沿边地区对外开放条件相对不够优越，但考虑与周边省份相邻接的地缘优势，除了继续加大对境外的开放外，大力加强和周边省份的联系与合作是沿边地区开放发展的又一个重要方向。河南地处中原，与全国东中西部地区相关省份都有山水相连，资源、产业方面的关联性较强，具有巨大的合作潜力和广阔的合作前景。

1. 加强河南沿边各市与周边省份的联系与合作

要适应建立社会主义市场经济体制的要求和新的对外开放的环境，充分考虑国内外市场需求的变化，按照市场经济规律和科学的方法，遵循优势互补、互惠互利、讲求实效和共同发展的原则，立足于各自的实际情况，以市场为导向，以政府联合推进为依托，先从条件最成熟的领域入手，然后由浅入深地实施全方位、多层次、宽领域的合作联动。

（1）以市场为导向大力加强企业间的合作。在计划经济体制下，区域经济合作的特点是政府占主导地位，其运作机制通常是中央政府通过统一财税将各地财力集中起来，然后经过周密计划，组建国有企业，落实到目标地区，再以计划调拨的方式抽调其他经济要素到目标地区的指定企业。实践已经证明，这种方式的经济效率往往难尽如人意。随着我国市场经济体制的逐步确立，区域间的互动合作不再是行政指令控制，而是建立在优势互补和对利益共同追求基础上的一种战略行动。因此，互动合作的开展必然需要从市场的角度充分挖掘合作的基础。市场导向具有冲破区域分割、实现区域资源和产业优化配置的内在功能，其中作为市场经济活动的主体，企业也必将成为经济区之间开展联系与合作的主体。对于企业来说，组合何处何种资源，完全由市场信号尤其是价格信号来决定，企业出于资本增值动机和适应市场需求会加以合理选择。同时，要注意发挥非政府组织，如跨地区的商会和行业协会等对企业各种活动的协调。

（2）以政府联合推进为依托优化互动合作的环境。投资的流向和产业的选择是资源市场配置、企业自主选择和竞争的结果，地方保护主义和不计成本的招商引资等恶性竞争，不仅造成了资源浪费，而且扰乱了竞争秩序，只会增加交易成本，降低经济效益。同时，政府在为企业提供服务和创造良好发展环境方面不同程度的缺位，也会严重阻碍区域之间经济社会互动发展的进程。因此，推进区域经济互动合作必须进一步转变政府职能，集中解决政府干预过多、权力过大的问题，加快由"无限政府""全能政府"向"有限政府""法治政府"的过渡，通过引导、服务和监管，维护市场秩序，为企业提供服务和创造良好的发展环境，促进地区之间的协作与共赢。当然，政府的退出应当是一种共同的退出，如果有的地方政府退出，而有的地方政府继续充当"运动员"的角色，必然会导致新的不公平竞争。政府的任务是要着眼于更好地体现"发起者""服务员""协调员""监督员"的角色。政府机构的各个层面，从决策部门、实施部门、监督部门和服务部门，都应纳入推进互动合作发展"服务一体化"的框架体系内，在创造良好的互动合作环境和纠正市场失效两方面发挥作用。

（3）由浅入深、循序渐进地开展互动合作。区域间的互动合作不可能一步到位，需要有一个双方逐步认识和磨合的过程，因此会是一个由浅入深、由简单到复杂的渐进过程。先从有基础的领域入手，从单一领域、具体项目合作开始，逐步转向多领域合作；从单个企业之间的协作逐步转向产业整体联动型的合作；从短期项目合作逐渐过渡到长期资产纽带型合作互动；从松散的合作逐渐向紧密有序的联动发展推进，逐步拓展互动合作的范围和深度，最终实现全方位、多层次、宽领域的合作联动与协调发展。

2. 加强联系与合作，需要从以下几个方面着力推进

（1）对接交通物流网络。交通物流领域的交流与合作，既是区域互动合作发展的重要领域，也是区域互动合作发展的助推器。河南沿边地区开放发展，实现与周边省份的互动合作，首先要依托现有交通资源，搞好交通规划，加强对接，协调河南省与周边省份的铁路、公路、水运、航空等多种现代化运输方式，最终组成高效便捷的交通运输网络。在此基础上，还要加快物流领域的交流与合作，以货运信息网络为纽带，健全货运站网络系统，构筑物流服务平台，促进传统运输方式向专业化、信息化、标准化的现代物流转变。

（2）建立完善的保护机制。河南要以"不求所有，但求所在"的气魄，打开省门欢迎国内外投资，并制定具有稳定性和权威性的地方法规，为省内外投资者创造公平竞争的外部环境。要建立有效的服务机制和合理的利益分配机制，采取双方分产值、分利润、分税收方法，解决利益分配问题，调动对方的合作积极性，既要巩固现有合作领域，还要不断开拓新的合作领域。

（3）通过经济接轨，形成互补长短、一体化发展的区域经济合作新构架。今后一段时期，沿边地区要全方位承接产业转移，进一步拓宽合作领域，以实现"四个延伸"，即从以工业项目为主向第一、第三产业延伸，由以经济领域为主向科技、文化和社会事业领域延伸，由以引进项目为主向开展劳务合作、技术合作等方面延伸，由以引进投资为主向人才培训、科学化管理延伸等。遵循"交通共建，标准共定，物流共有"的原则，全面缩短时空距离；按照"规划共绘，规则趋同，相互开放，互利合作"的原则，加快一体化的市场化体系建设。

（三）县域经济开放发展

县域经济是县（市）行政区划范围内的经济总和，是国民经济的重要基础和重要组成部分，古语云："郡县治，天下安"，发展好县域经济对推动国民经济持续、快速、健康发展至关重要。而加快开放发展，也离不开县域经济的有效开放。河南实施开放发展，必须加强经济联合，扩大县域开放。经济联合是指不同的县（市）、乡（镇）、村、经济开发区在物质资料生产、流通、资源、技术开发过程中，彼此相关和相互依赖的各经济单位或组织之间，为了获得较高的经济效益，在平等互利的原则下，通过一定的合同、协议或章程，组织起来的各种联合体和各种经济联系。经济联合发展，对于促进生产力和经济建设的发展，科学技术的进步，人才的培养和合理流动，以及促进县域经济整体合理发展都具有重要意义。经济联合，可以是县内联合，也可以是县（市）际联合；可以是以资源开发利用上的联合，也可以是科学技术上的联合；可以是强带弱的联合，也可以是互补式的联合等。只要经济联合有利于扬长避短、互利互惠，有利于走出一条具有区域特色的"大开放、大开发、大发展"的路子，产生较高的经济效益和社会效益，就应积极给予促进。联合方要在扬长避短、优势互补的原则下发挥各自的优势。一方面要使产业优势向外围进行深度扩散，形成辐射效应；另一方面要积极吸收、利用各种资源优势，实现资源合理与优化配置，以形成规模经济。经济联合在未来将会有更广泛的发展空间，它也将成为县域经济发展的一种趋势。

河南省各县（市）之间的经济发展条件和产业基础等差异较大，因此必须在搞清各地产业发展的现实格局和比较优势的基础上，按照自己的产业层次和发展条件的优劣，积极扩大外引内联，加强与县外的经济联合与协作，招商引资，加快各种生产要素在县域内聚集，促进县域经济超常规、跨越式发展。一是各县（市）要根据各自的实际情况，挖掘自身特色优势。要本着因地制宜的原则，从本地实际情况出发，了解县情，制定适合本县实际的发展思路。依据各自的区位、自然和资源禀赋条件，因地制宜，分类指导，确定主导产业，实行重点开发，在资源优势中培育地方特色，在传统产品中筛选优势品牌，打造特色产业和名牌产品。二是把招商引资作为进一步推进县域经济发展的重要引擎，不断创新招商引资的方式方法，提高招商引资的效果。要深入研究国内外经济发展的新趋势和资本流动、产业转移的新特点，积极创新网络招商、产业链招商等招商引资方式，精心组织参加投资洽谈会和各类专场招商活动，扩大招商引资规模，招商主体由以政府为主转向由以企业、中介组织为主。在引进项目中，打"特色牌""优势牌""资源牌"，积极主动承接沿海地区和周边大城市的产业转移，注重引进一些技术档次高、成长性好、环保和有利于提升本地产业链的大企业和大项目。围绕产业链招商，围绕培育支柱产业、骨干企业招商。三是加强与发达地区的产业合作、区域合作，承接国内外发达地区的产业转移，利月产业转移的契机，拓展发展空间，实现优势互补、互利共赢，促进区域产业结构调整和深化经济的市场化改革。四是进一步落实河南省已出台的支持省对外开放重点县（市）加快发展的政策措施，加大对外开放重点县（市）的政策、资金、信息和服务支持力度，充分发挥对外开放重点县（市）的示范带动作用，进一步推动河南县域经济扩大对外开放。海关、金融、外汇、检验检疫等主要涉外部门要在有条件的重点县（市）设立办事机构，增加人员和技术力量，为县域扩大对外开放提供支持。建立和完善对外开放重点县（市）考核、激励机制，实行动态管理，严格目标考核，进一步在县域对外开放工作上实现新的突破。

（四）园区开放发展

目前，工业园区和开发区已成为国内各地区吸引外资的主要载体。工业园区和开发区作为招商引资的主要窗口和载体，其发展的严重滞后是影响河南对外开放发展的重要因素。河南虽然也建立了国家级开发区和多个省级开发区及工业园区，但河南省各类工业园区普遍存在着产业规划、产业布局不合理的问题，项目分布存在较大的随意性，项目引进也存在较大的盲目性。多数园区（于发区）规模小，优势不突出，利用外资的规模小，产业聚集力不强，辐射效应不明显，缺乏有效管理，布局不合理，规划滞后。要有效建立起带动对外经济发展的载体，在园区开放发展上实现新突破，必须在以下几个方面多下功夫。

1. 进一步明确各类园区的定位

园区应根据自身区位优势、产业特色、依托产业、主导产品、龙头企业（企业群）进行定位，进而聚集同类企业或带动一批相关产业，逐步形成一个园区就是一个大产业的格局，真正形成聚集效应、规模效应和品牌效应，真正成为带动全省扩大利用外资和发展开放型经济的平台。郑州高新技术产业开发区、郑州经济技术开发区、洛阳高新技术产业开发区、安阳高新技术产业开发区、南阳高新技术产业开发区、郑州出口加工区等要做到环境优、政策优、机制优，成为跨国企业、国内大企业的投资集聚地。河南省级开发区及各地产业集聚区、商务中心区和特色商业区要调整发展重点，着力发展各具特色的产业链条与产业集群，使之成为区域经济对外开放的主要载体。

2. 打破园区"各自为战、区自为战"的地域束缚，确立"大园区"观念

搞好全省统一的园区产业规划和产业定位，建立项目协调互补、信息共享的机制，真正在体制、机制上携起手来，优势互补，形成战略联盟，各园区之间通过共打"名牌"、共享政策、共用资源等多种联合，尽快从空间的区域联动全面转向实质性的体制、机制联动。

3. 加快园区体制创新，尽快实现与国际接轨

创新园区机制，推行政府启动、市场化运作的经营模式，重点做好与市场经济体制的接轨，与国外园区（开发区）制度和运行方式的接轨，使河南省园区的制度环境更加符合外商的需要，更加适应外商的思维观念和行为方式。在园区开发建设上，应借鉴先进地区园区的建设与发展经验，采取"筑巢引凤"与"引凤筑巢"相结合的办法。尽快制定出台进一步加快工业园区、开发区、产业集聚区、商务中心区和特色商业区开放发展的政策措施，使其成为河南扩大对外开放、吸引省外境外资金新的增长点。

4. 资本集聚方式由单一集聚向多元集聚转变

资本集聚的着力点，应从外延式的"以地生财"、扩大土地面积求发展向内涵式的集约开发，努力提高现有土地利用率和产出率转变；资本集聚对象应在注重引进国际资本的同时，加强对国内资本的引进与集聚；资本集聚的方法应由单一的举办招商洽谈会进行引资的形式，向通过国际金融等中介组织、发行股票等多种途径进行引资转变。

5. 环境构建由重点构造向综合营造转变

不仅注重园区内的环境建设，也要注重园区周边的环境建设；在加强硬环境建设的同时，注重包括人力资源、办事效率、规范服务等多种因素在内的软环境建设，如完善社会化服务体系，不断强化园区的服务功能，采取政策引导、市场化运作的方式，在园区大力发展服务型的出口代理商、生产力中心、技术信息中心、质量检测控制中心、行业技术中心等集群发展机构，建立法律、会计、审计、仲裁、信息咨询等方面的中介服务机构。

第九章

河南出口贸易发展

出口贸易又称输出贸易（Export Trade），是指本国生产或加工的商品输往国外市场销售。出口贸易是河南省开放型经济发展的一个重要组成部分，同时作为拉动经济增长的"三驾马车"之一，正在发挥日益重要的作用。

一　出口贸易现状分析

改革开放以来，河南出口贸易稳步增长。1978 年，全省出口总额仅为 1.02 亿美元，出口结构单一，主要以商品出口为主。经 30 多年的努力，河南出口贸易总量迅猛发展，2014 年河南出口总额达到 393.84 亿美元，外贸出口从数量增长型逐步向质量效益型转变，市场多元化战略成效显著，目前贸易伙伴遍布亚洲、非洲、欧洲、美洲等 50 多个国家和地区。出口产品结构有所改善，从以初级产品出口为主逐步转向以工业制成品为主，范围也在逐步扩大，涵盖了商品、加工、工程外包和劳务等多个领域。但是，从其占全国出口总额的比重来看，出口规模偏小，出口的产品多数为资源密集型和劳动力密集型产品，仍处于较低的发展阶段，与河南省已经成为国内生产总值大省的地位不相称。

（一）出口贸易总额分析

长期以来，出口贸易一直是河南省经济发展的短板。2010 年，河南成功引进电子产业代工巨头富士康之后，出口贸易总额绝对量实现快速增长，2011 年出口贸易总额比 2010 年增长了 83%，2012～2014 年出口总额依然保持较高的增长速度。但放到全国，出口贸易总额占全国的比重偏小（见表 9 - 1）。2014 年，河南出口总额仅占全国的 1.68%，居全国第 18 位，远远落后于江苏、广东、浙江、山东等沿海省份。

表 9 - 1　1978～2014 年全国与河南出口贸易增长态势比较

单位：亿美元，%

年份　　指标	出口额		河南占全国比例
	全国	河南	
1978	97.50	1.02	1.05
1990	620.90	8.67	1.40
1995	1487.80	13.58	0.91
1998	1337.10	11.87	0.65
2000	2492.00	14.93	0.60
2001	2661.00	17.15	0.64
2002	3256.00	21.19	0.65
2003	4382.30	29.80	0.68
2004	5933.20	41.76	0.70
2005	7619.50	51.01	0.67
2006	9690.73	66.99	0.69
2007	12180.00	83.91	0.69
2008	14285.46	107.14	0.75
2009	12016.60	73.50	0.61
2010	15777.54	105.34	0.67
2011	18983.81	192.40	1.01
2012	20487.14	296.78	1.45
2013	22090.04	359.92	1.63
2014	23427.47	393.84	1.68

资料来源：根据《中国统计年鉴》《河南统计年鉴》相关年份数据计算。

（二）出口贸易产品结构分析

河南省的出口贸易结构经历了初级产品所占比重不断下降，工业制成品，特别是机电产品，高新技术产品所占比重不断提高，出口结构不断优化的过程。2007年，河南省机电产品、高新技术产品分别出口18.22亿美元和1.80亿美元，分别占全省出口比重的21.7%和2.1%。2008年，工业制品的出口比重上升到92.3%，比2003年提高了5.2个百分点。高附加值产品出口比重增大，2008年，出口机电产品24.40亿美元，占出口总值的22.8%，比2007年提高了1.1个百分点；高新技术产品出口总值2.46亿美元，占出口总值为2.3%，比2007年提高了0.2个百分点。2009年，由于投资品和高端消费品需求受金融危机影响，机电产品出口和高新技术产品出口涨跌互现，机电产品出口下降，高新技术产品出口保持快速增长。其中，出口机电产品22.07亿美元，同比下降9.5%；高新技术产品出口4.22亿美元，增长71.5%。2010年，富士康落户河南，带动河南电子产品出口快速增长，2013年富士康出口手机的金额达196.90亿美元，占河南省出口总额的54.7%。

但是，河南省作为一个农业大省和自然资源丰富的大省，其出口除了智能手机产品外，其余仍然以资源性产品为主，出口产品存在着附加值低、缺少技术含量等问题。据海关统计，2013年河南省出口居前列商品分别是机电产品、人发制品、纺织纱线与制品、贵金属与制品、化工产品、杂项制品、汽车（包括整套散件）高新技术产品、电话机、农产品、服装及衣着附件、车辆和运输设备、塑料橡胶、植物产品、石料陶瓷玻璃制品等。资源性大宗商品占全省出口额的35%以上，钢铁、有色金属类出口分别占河南省全部出口的3.6%和11.1%。出口产品中深加工产品少，品质、档次、附加值、科技含量均处于产业链的底端。而且河南虽然是农业大省，但食品、农产品出口存在着出口规模偏小、产品结构不合理、产品质量不稳定等问题，与河南粮、棉、油、肉生产总量均占全国前3名的地位极不相称，农产品的深加工基本上处在产业链的底端，出口增长缓慢，还有很多潜力没有开发。

从以上数据可以看出，河南省出口商品结构相对比较落后，主要的出口产品多是资源密集型和劳动密集型产品，并且产品的加工度偏低，多为半成品。这种出口产品结构严重影响了出口规模的进一步扩大和出口对经济的带动作用。因此，必须采取积极的政策措施，鼓励创汇农业和高科技产品的出口，在保证出口贸易额不断增长的同时，减少资源型产品的出口，不断优化出口产品结构。

（三）出口贸易方式分析

2013 年，河南省的出口贸易主要是一般贸易和加工贸易两种方式，加工贸易在整个出口中所占比重为 63.4%，一般贸易比重为 34.3%。但是从加工贸易的构成来看，主要是采取的进料加工贸易（2013 年在加工贸易中所占比重为 98.6%），来料加工所占的比例则非常低（1.4%）。河南省出口贸易的发展主要是依托当地的自然资源和人力资源的优势来发展。但目前从自然资源和人力资源的配套使用来看，人力资源相对过剩。具体表现在目前河南省已经成为全国第一劳务输出大省，劳务的输出虽然能够在一定程度上解决闲置劳动力就业问题，但是同时带来了诸如留守儿童、耕地撂荒等严重的社会问题。加工贸易特别是来料加工贸易，作为资源和市场两头在外的一种贸易方式，可以吸纳大量的劳动力，因此发展加工贸易符合河南省的资源优势和比较优势。河南省应该进一步发展加工贸易，一方面能够进一步扩大对外开放度，促进出口贸易规模的扩大；另一方面可以解决河南省的劳动力就业问题以及留守儿童、耕地撂荒等问题。

（四）出口贸易主体的企业性质分析

从 2004 ~ 2013 年河南省完成出口企业构成的发展趋势（见表 9 - 2）来看，国有企业完成出口在河南省出口贸易额中所占的比重在逐步下降，外资企业完成出口的比重在逐年提高，集体企业除了 2012 年其他年份变化不是很大，其他企业（民营企业）完成出口的比重则是先提高后又下降。这说明河南省出口贸易的企业主体开始向多元化发展。其中外商投资企业完成出口所占的比例在 2011 年有了显著提升，主要是富士康落户郑州所致，但是河南省要想进一步扩大出口规模，除了重视外资企业，还必须充分调动民营企业的积极性，激发地方经济的内生活力。

表 9 - 2　2004 ~ 2013 年河南省完成出口企业构成

单位:%

年份 企业类别	2004	2005	2006	2007	2008	2009	2010	2011	2012	2013
国 有 企 业	56.9	53.1	46.5	41.8	42.9	31.8	27.8	20.2	11.8	9.4
外商投资企业	16.9	16.6	16.6	17.1	16.0	24.9	24.3	43.5	63.2	63.9
集 体 企 业	20.4	21.7	25.2	25.1	22.5	20.2	18.3	13.2	8.4	26.7
其 他 企 业	5.8	8.6	11.7	16.0	18.7	23.1	29.6	23.1	16.7	0.0

资料来源：根据 2005 ~ 2014 年《河南省统计年鉴》整理所得。

（五）出口贸易地理方向分析

出口贸易地理方向是指在一定时期内各个国家或区域集团在一国出口贸易中所占有的地位，通常以其在该国出口总额中所占的比重来表示。出口贸易地理方向指明了一国出口商品的去向，反映了它与其他国家或区域集团之间的经济贸易联系程度。河南省出口贸易市场现已遍及世界各大洲。2007 年，河南省前十大出口贸易市场在河南省总出口中所占的总比例为 56%，到 2013 年这一比例已上升至 66.6%，说明河南省出口贸易的市场集中度在提高。

二　出口贸易制约因素分析

改革开放以来，河南省的出口贸易发展迅速，出口规模持续扩大，出口结构不断改善，为河南经济增长做出了一定的贡献。但出口贸易在发展中也面临一些制约因素。

（一）外需萎缩

国际金融危机对世界实体经济的影响继续延伸，尽管发达国家和许多发展中国家推出了大量刺激经济增长的措施，但全球市场信心的恢复、体制和结构问题的解决短期内难以奏效，全球经济不景气的局面仍将持续，国际贸易成为受全球经济衰退影响最严重的领域之一。美国、欧盟和日本是中国最主要的三大贸易伙伴，占我国出口总量的 60%。这三大经济体的经济变化，将极大地影响我国的出口市场，尤其是美国。美国经济总量占世界的 28%，美国的经济下滑，特别是消费出现下滑，对中国的出口带来巨大的冲击。尽管目前美国经济正在缓慢复苏，但是考虑到其他主要发达国家经济低迷和进口需求萎缩，中国外贸形势特别是出口形势依然面临严峻挑战。

（二）国际贸易保护主义进一步抬头

经济低迷是贸易保护主义的催化剂，20 世纪 30 年代世界性大危机期间，关税壁垒曾使 1929 ~ 1933 年的全球贸易额下降了 60% 以上。与以往危机只影响部分市场不同，2008 年的国际金融危机从美欧等发达经济体向发展中国家蔓延，主要消费市场需求降低、增长放缓、失业加剧，连带全球经济整体低迷，贸易保护主义开始抬头。据世贸组织统计，金融危机以来，二十国集团成员出台的贸易限制措施中，约有 80% 仍在实施，影响全球 4% 左右的进口。尽管 2013 年底世贸组织达成"巴厘岛一揽子协议"，但由于一些成员态度消极，协议迟迟得不到落实，多哈回合再度陷入困境。目前，外国对我国产品的贸易壁垒不断加强，针对我国出口商品的反补贴、反倾销措施以及反补贴、反倾销案件不断增多，这无疑加大了我国开拓国际市场的难度，尤其是国外技术贸易壁垒将进一步限制我国出口贸易的发展。技术壁垒作为一种外源性的贸易限制措施，正成为越来越多的国家频繁限制我国产品出口、保护本国产业的武器。它对于我国出口企业造成了减少国际市场份额、失去贸易机会、退出贸易市场、损害企业信誉等不利影响，对我国出口带来长期的负面影响。近年来，我国贸易增速较快，贸易结构分布较广，一直是保护主义的重灾区。今后一段时间，不仅是美国对华反倾销技术性、标准性等绿色贸易保护手段更加频繁，其他国家也极有可能针对中国产品频频发难，我国遭遇贸易摩擦的形势将更加严峻。

（三）出口企业贸易环境恶化

受金融危机影响，全球贸易融资缺口持续扩大，导致企业出口环境加剧恶化，贸易风险增大，信用等级降低，融资问题凸显。由于贸易依存度较高，我国企业受影响尤为严重。主要表现在：一是外需萎缩导致中小企业订单大幅减少，甚至完全没有订单；二是传统的欧美客户违约率大幅度上升；三是客户延迟回款、提货，产品出口到货后不能及时收回货款，或根本无法收回货款。加之劳动力价格变贵、原材料价格暴涨、能源成本上升等多种因素导致的综合生产成本上升，致使企业经营压力加大、赢利能力下降，甚至面临严峻生存压力。

（四）经济全球化带来负面影响

一是高新技术产业的对外拓展面对更强劲的全球竞争挑战。发达国家依托新科技革命成果建立起来的新技术产业，谋求新一轮的国际竞争优势。同时建立起以技术进步为动力的全球化创新、生产和销售体系，使之成为国际贸易领域增长最快、争夺最激烈的部分。在这种情况下，河南省高新技术产业的发展和国际化经营战略将面对强劲的挑战。二是机电等制造业的对外发展面对跨国公司全球化战略的挑战。在经济全球化进程中，跨国公司利用其技术和市场竞争优势，加快了全球市场扩张速度。河南省机电部门的出口增长将面临越来越严峻的形势。三是传统出口产业面对全球需求萎缩和新竞争者进入的挑战。全球传统的配额和反倾销贸易壁垒依旧存在，技术壁垒和环保标准等新限制也更趋于严厉，成为河南传统工艺和技术的纺织品、服装产品出口进一步发展的主要制约因素。

（五）河南经济的比较优势与生产优势不匹配

对于一个经济部类较为完整的区域经济体系，国民经济的产业结构和产品结构一直是出口贸易所依存的基础。一个国家或地区能够出口到国外市场的产品往往只是其比较优势的产品，这些具有比较优势的外贸出口产品又依存于其国民经济的既有产业优势，因此当一国或地区的突出工业生产能力与其外贸出口产业、出口商品结构相匹配时，则该国或地区产品在国际市场上往往存在着竞争优势。河南省的国际比较优势主要体现在初级加工阶段的劳动密集型产业上，属于建立在低廉劳动力资源和一般性工业技术层次之上的低成本优势。生产优势产业指的是在本国或本地区工业生产体系中具有重要地位的一些产业部门，河南省的工业生产优势产业主要以重工业为主，轻纺工业、机械电子工业居次，处于整个工业产业链条的中低端。这样的国民经济产业结构的比较优势与生产优势是不匹配的，导致河南省在经济发展过程中产业结构升级与出口商品结构优化之间相互支持的关联机制弱化，严重制约河南省出口商品结构优化及外贸增长方式转变，而对外贸易也无法为经济主导产业的国际市场竞争提供强力支持和服务。

（六）外资企业对河南出口贸易增长的贡献还较为有限

外资企业能对出口贸易增长提供重要推动力，但河南作为内陆欠发达地区，外资大规模流入河南的条件还不够成熟。国际直接投资的实现意味着投资企业必须同时兼备所有权、内部化、区位优势，其中区位优势很重要，它决定了发达国家企业投资的流量和流向。在此，"区位优势"不单是指东道国（或地区）的先天禀赋，更不能狭隘理解为地理位置。影响外商投资的区位变量除了自然禀赋、基础设施等因素外，投资软硬环境、市场因素、人力因素、产业聚集效应以及由于历史、文化、风俗偏好、商业惯例而形成的心理距离等重要因素，基本上都属于后天获得优势。河南省工业门类齐全，基础较好，劳动力资源充足，价格低廉，地处中原，四通八达，市场辐射能力强，潜力巨大，因而具备引进外资的诸多有利条件。但地处内陆，生态环境和经济发展条件与周边省份十分相似，人力资源总体层次不高，外资产业聚集较为困难，投资软环境仍有待改善。从这些方面看，与沿海省份甚至西部沿边省份相比，河南省目前并不具备大规模吸引外资的区位优势。区位优势的缺乏构成了河南省经济及出口贸易发展所必须面对的基本约束条件，因而外资大规模流入河南省的条件还不成熟，至少在短期内，河南省在招商引资上的大规模投入，未必能够带来外资的大规模流入。通过大力招商引资，发展河南省出口贸易只能是可供选择的战略之一，而不能作为普遍执行的措施。

（七）出口产品技术创新和品牌产品开发不足

河南出口企业的规模相对较小，经济规模小必然伴随产品研发费用少、产品科技含量低、国际竞争力弱。而且我国在国际上没有自己的技术优势，不能形成自己的技术标准，要依从外国的技术标准与行业标准，这样，技术壁垒就成为向外国出口的最大障碍。此外，在国际知名企业、品牌中，我国企业、品牌微乎其微。在河南省的出口品牌中，自主品牌更少，"印牌""贴牌"现象十分普遍，出口商品在品质、款式和服务等各方面始终处于追随者的水平，缺乏相应的技术创新。一些企业的品牌虽然进行了各类体系认证、境外商标注册、设立境外营销机构等，但由于缺乏自主知识产权和核心技术，无法全面实施品牌战略，品牌产品总体开发不足。

（八）相关人才匮乏

人才竞争已经成为区域竞争的关键。由于河南身处内陆，地理环境、政策环境、创业舞台、生活待遇等方面无法与东部沿海发达地区相比。虽然河南多年来在人才培养和人才引进等方面采取了许多措施，但囿于实力，仍差距显著，河南在融入全球化过程中，人才短缺尤其是高素质高技能人才短缺的矛盾十分突出。在推进开放型经济发展，推进河南经济国际化的过程中，河南面临着四类人才的严重不足。一是信息、农业、金融、外贸、法律、现代管理领域的专业人才不足，二是生物技术、环保技术、新材料等领域的高层次科学技术人才缺乏，三是熟悉世贸规则、了解国际惯例、适应国际竞争需要的谈判人才和外语人才稀少，四是跨行业、跨领域、跨学科的复合型人才不足。以上四类人才的不足，使河南开放型经济发展缺少了重要生产要素的支撑，进而影响河南的出口贸易结构优化，影响其整体水平的提高和竞争力的提高。

三 促进出口贸易发展的新途径探索

出口贸易是开放发展的重要环节，是拉动一个区域经济增长、促进经济结构升级的重要力量。在我国改革开放 30 多年的发展过程中，河南与东部沿海地区发展水平存在较大差距的一个重要方面，就在于出口贸易"这一条腿"太短，对区域经济增长的贡献太弱。因此，要强化新时期河南开放发展，必须研究促进河南出口贸易发展的基本思路，积极探索扩大出口规模、提升出口效益的新途径。

（一）优化出口贸易产品结构

从河南出口情况来看，结构性矛盾仍十分突出，主要表现为出口的"三低""一多"，即档次低、卖价低、效益低，贸易摩擦多。造成这种状况的原因主要是河南外贸出口中的劳动密集型产品占较大比重，高科技含量、高附加值产品的比重偏低的结构性矛盾。要改变这种现状，必须提高高新技术产品在工业制成品出口中的比重，充分利用自身的优势产业、优势技术，发展适宜的高新技术产业，推动传统产业的结构调整，提高现有出口产品的技术含量和附加值，以新技术和新产品促进河南对外贸易的发展。优化出口贸易产品结构，一方面要依靠科技进步、加快技术创新。科技进步、技术创新是提高出口商品质量、档次、加工深度和科技含量的关键，是河南省出口贸易结构优化的根本途径。技术创新不仅包括新技术、新产品的开发，还包括运用新技术改造传统产业、产品，提高出口产品的附加值。目前，河南省的出口支柱产业主要是传统的加工制造产业，加强技术创新要更加重视运用新技术对现有产业进行改造。另一方面要培育一批有自主知识产权的名牌产品，培育一批有核心竞争力的重点企业，培育一批高新技术产业出口基地。当前，河南省主要的出口产品是资源密集型半成品。这些产品的出口虽然能够带来出口贸易规模的短期扩张和一定的短期经济效益，但是由于资源的有限性，这种扩张的持续性将会受到极大的限制。在经济发展的初期，利用本地区的资源优势，依靠出口资源密集型的半成品参与国际经济交易是能够促进经济发展的，但是随着经济的发展，必须要培养有知识产权、有核心竞争力的名牌产品，才能使得出口贸易保持可持续快速增长，并且能够带来更大的经济效益。

（二）推进加工贸易转型

1. 加工贸易是河南出口贸易增长的重要力量

加工贸易档次低、附加值低是制约河南出口贸易发展的一个关键因素。要改变这种状况，就必须推进加工贸易由简单到复杂，由低级到高级的转型。在加工贸易转型升级过程中，要提高加工贸易产品技术含量，提高关键零部件的加工制造能力；着重提高产业层次和加工深度，增强配套能力，着力推动加工贸易向更高技术水平、更大增值含量的加工制造环节升级，从资源密集型向资源节约型、从规模扩张型向经济效益型转变。在此过程中，还应该坚持突出优势特色产业，依托河南省现有的产业配套基础，充分发挥资源优势，有效利用加工贸易渠道，逐步发展各具特色的产业集群，切实引导和促进加工贸易转型升级。以下主要就机电产品、纺织品和服装等对河南扩大出口贸易具有典型意义的产业领域提出对策建议。

2. 尽快在机电产业形成河南的特色和竞争优势

机电产品属于技术含量和附加值都比较高的产品类型，在国际市场上具有比较强的竞争力。目前，发达国家的出口产品都是以机电产品和高新技术产品为主。近年来，河南的机电产业获得了较快的发展。但是，河南机电产品的出口规模一直偏小，占总出口的比重一直偏低，与全国平均水平相比存在较大差距。而且，在河南出口的机电产品中，初加工、低技术含量的产品占比例较大，整体的附加值偏低，市场竞争力相对较弱。要增强河南机电产品的出口竞争力，必须在以下几个方面采取措施。

（1）要根据国际市场需求的变化趋势和自身的特点进一步优化机电产业的发展方向和发展规划，尽快形成产业聚集效应和综合竞争优势。要避免与国内多数省份之间出现发展方向和重点同质化的倾向。同时，要完善区域合作机制，建立分工协作体系，发挥本地企业产业配套的地缘优势，推动主导龙头企业与中小企业的链接，形成以技术、资本、品牌和市场网络等为纽带的分工协作体系，形成产业聚集效应和综合竞争优势。

（2）要进一步完善产业创新支撑体系。产业创新支撑体系不完善是制约河南机电产业发展的一个主要因素，主要表现为资金投入渠道单一，研发投入严重不足，科技成果转化率低，产学研合作不畅，高新技术产业中介服务机构数量偏少、规模偏小等。为此，一是要进一步加大政府对相关产业的支持力度，加大对科研机构、科研项目的投入，将科技投入的增长纳入政府规划，以法律形式保证科技投入增长幅度明显高于财政经常性收入的增长幅度，并使科技支出占财政总支出的比例逐年提高。二是要通过财政直接投入、税收优惠等多种方式，激励国有大中型企业、民营科技企业加大对新技术、新装备和新产品研发的投入，使企业成为科学研究与发展经费投入的主体。三是要强化产学研联合攻关。目前，河南多数企业自身的研发力量都比较薄弱,如何围绕关键技术的突破整合产学研力量,已经成为搞好研发活动的关键因素。洛阳市一些企业进行的尝试,即围绕自身重点产业,公开征集制约行业、企业发展的重大、共性技术难题和专门技术问题,尝试重大项目公开招标,面向国内外寻求合作对象,攻破关键核心技术的做法已经取得明显的效果,值得相关行业和企业借鉴。

3. 在纺织品、服装行业培育有影响力的品牌

河南在纺织品、服装这个典型的劳动密集型产业拥有较好的工业基础和比较优势,但由于工艺技术、人力资本等主要生产要素滞后,致使产品的加工程度受限制,纺织、印染、后整理、辅料加工等都处于初加工阶段,产品出口竞争力较弱,大多数企业的出口产品附加值都很低,劳动力成本低的优势已经在相当大的程度上被抵消。今后,扩大纺织品、服装出口的关键还是要在改进生产工序和工艺、提高产品深加工程度、培育有影响力的品牌方面做文章。

(1)要加快技术进步和产品创新,促进企业从劳动密集型向技术密集型转变。高质量的产品是以较高的技术含量为支撑的,不断地追求技术进步和产品创新是企业生命力的源泉。目前,发达国家的进口商对纺织品、服装的质量要求越来越高,他们对技术含量高、设计美观、绿色环保、附加值比较高的一些产品,如有机棉、有机亚麻、竹纤维制品等比较感兴趣,纯棉织物、高织高密府绸、牛津纺、色织布、混纺产品的市场也越来越大。特别是服装的安全问题越来越受到人们的重视。为此,河南的纺织服装行业只有瞄准国际市场需求的前沿,改变以往以"接单生产"出口为主的经营模式,加大研发和产品创新投入力度,整合高素质科研人才和熟练技术工人,加快研发新产品,促进企业从劳动密集型向技术密集型转变。

(2)注重打造自主品牌,不断提升品牌形象。高质量的品牌意味着市场占有率,自主品牌往往能够通过货真价实的产品形象,赢得消费者与分销商的信任,进而掌握市场定价权。河南的纺织品服装企业目前已经形成了一系列自主品牌,今后还应该积极利用各种途径树立良好的品牌形象。比如,要注重对各种参展机会的利用。参展不只是为了拿订单,通过参加各种展览活动,可以迅速全面地了解市场行情,试销新产品、推广品牌，与海外买家直接接触，从而达到推销产品、占领市场的目的。

（三）发挥河南省比较优势发展创汇农业

河南是农业大省，但却是农产品出口贸易小省。与沿海发达地区的山东、广东、江苏等省份相比，农产品出口基地和规模大、实力强的外向型农业龙头企业数量少、实力弱。河南省地处平原地带，劳动力资源丰富，农业生产条件优越，交通便利。在发展创汇农业方面有很大的潜力，也具有比较优势，是全国重要的粮、棉、油生产基地，全省粮食总产量居全国第二位，棉花产量居全国第二位，芝麻产量居全国第一位，出口潜力大；芝麻、花生的出口价格相当于国际市场的60%～70%，价格竞争优势明显；瓜果、蔬菜、食用菌、花卉、中药材等在国内、国际市场上都具有很强的竞争力。同时，河南又是全国重要的畜产品生产和加工基地，肉类总产量居全国第二位，禽蛋、蜂蜜产量居全国第三位，等等。因此，河南应将发展特色创汇农业放在突出位置，实行扶优扶强的非均衡发展战略，重点扶持具有竞争优势的特色农产品，创建特色农产品基地，提高农产品加工水平，拉长产业链条，形成优势产区，提高农产品的国际竞争力，以促进农产品出口。目前，影响河南农产品出口的主要原因，一是农业产业化龙头企业少，二是农产品标准化生产的意识较差。这也正是今后一个时期的努力方向。

1. 围绕特色农产品及其深加工培育有明显优势的农业产业化龙头企业做文章

随着国际金融危机的影响由虚拟经济向实体经济蔓延，农业产业化龙头企业间的竞争也由单一的质量竞争和价格竞争，发展到技术、人才、服务、成本等综合实力的竞争。河南应充分利用自身的优势，争取培育出较多的有明显优势的农业产业化龙头企业。充分利用中外驰名的原产地域产品，如道口烧鸡、西峡县的山茱萸和猕猴桃、西川的小辣椒、禹州的中药材、豫北的四大怀药、洛阳牡丹、三门峡苹果、确山板栗等，将这些产品纳入农业产业化经营范围，加大保护和开发的力度，鼓励龙头企业加工增值。同时，对目前已经形成一定规模的农业产业化龙头企业要加大技术改造和技术创新的力度，增强企业的市场影响力和出口竞争力。

2. 把发展农产品标准化生产和建设标准化出口基地作为扩大农产品出口的重要措施

目前，发达国家对食品品质已经制定出"从田野到餐桌"严格而完备的标准体系，涉及卫生、检疫、安全等各个方面的标准和要求，成为农产品出口的主要贸易壁垒。突破这一壁垒的有效措施就是要发展农产品标准化生产，建设标准化出口基地。所谓农产品标准化生产是指对农产品的生产过程、生产工艺以及农产品外在品质所进行的高度标准化的管理。河南要尽快改变以往农业生产以粗放经营为主的状态，强化农产品生产的标准化意识，从农产品品种的选育、播种、生成期管理、施肥、用药，再到收获、包装、上市等各个环节都要按照严格的标准进行管理，切实保障农产品的质量。建设农产品标准化出口基地要与发展土地规模经营，发展农民专业合作社等密切结合，从而使其发挥推动农业产业化经营和扩大农产品出口的多重效应。

3. 要利用自身的劳动力优势发展有机农产品

有机农产品是指以有机方式生产加工（利用动物、植物、微生物和土壤 4 种生产要素的有效循环，遵循自然规律和生态学原理，而不利用农业以外的能源如化肥等），符合有关标准并通过专门认证机构认证的农副产品及其加工品。其突出特点是纯天然、无污染、安全卫生。国外对有机农产品的生产也有严格的要求，如不能用农药、化肥、激素，不允许采用基因工程技术，不能用辐射技术，要求定地块、定产量等，同时对有机农产品进口也没有任何限制，而且价格很高，因此扩大有机农产品出口有广阔的前景。有关部门应加强对农户和农产品加工企业的引导，在河南具有优势的劳动密集和资源密集型农产品，如蔬菜、水果及其加工产品的生产方面研究国外的有机食品标准，加大有机食品生产技术的研究和推广，为农民提供切实有效的技术培训，在产地选择、品种选择、生产过程管理、运输等环节认真把关，为有机食品的生产和出口提供系统、完善的服务。

（四）建立健全效益导向型的出口贸易促进政策

构建效益导向型的出口贸易促进政策体系，是河南省出口贸易结构优化的制度保障。

1. 建立出口促进服务体系

所谓出口促进服务体系，实际上是战略性贸易政策的一部分，是指政府以一定的财政公共支出为支撑，政府或者其他公共机构面向中小企业的公共服务。从世界范围来看，战略性贸易政策是当前各个国家的主要贸易战略选择。从河南省的情况来看，河南省中小企业出口在整个出口中所占的比重偏低，因此存在巨大的发展空间。由于中小企业在技术、资金、信息、人才等方面的匮乏，严重影响其出口贸易的发展，因此政府应该建立出口贸易促进服务体系，为其出口提供各种服务。搞好出口贸易运行的监测、预测和调控，不断提高出口贸易增长的质量和规模。

2. 改革河南省外贸出口考核指标和考核方式

要以科学发展观为指导，正确处理规模、速度和质量、效益之间的关系。在实践中，建立科学的外贸发展绩效指标考核体系。在对出口情况进行考核时，不但要关注出口贸易规模和增长速度，同时要增加出口贸易对经济结构调整的促进作用、能源消耗、环境污染等指标。

3. 采取一定的经济手段和出台相应的政策来引导出口结构的调整

运用经济、法律和必要的行政手段刹住污染重、耗能高的资源型产品的出口，建立主要依靠科技创新促进出口的政策体系；进一步调整金融、财政、税收政策支持出口的重点，制定相应的引导政策，充分运用国际通行的财政、税收政策支持出口，特别是要鼓励关联性大，能改善河南省贸易条件的产品出口，如提高部分技术含量和附加值高的机电产品出口退税率。改革金融扶持政策，对不同的行业采取不同的贷款、贴息、贴现和出口信贷等利率，适度扩大外贸发展基金规模，改善对进出口的金融服务，扩大出口信用保险覆盖面，鼓励金融机构发展出口信贷，创新出口企业融资担保方式。通过政策措施的引导使外贸微观经济效益与宏观经济效益一致化。

（五）多元化拓展出口市场

出口市场过于集中，会使贸易摩擦趋于频繁，加大我国面临的国际经济和政治风险。为减少对美、日、欧市场的过度依赖，分散风险，减少贸易纠纷，提高应变能力，必须要把巩固挖潜与外延拓展市场结合起来，实施市场多元化战略。大力开拓其他重点市场和新兴市场，努力拓展出口市场。出口市场的拓展，要针对不同的国家和地区市场的特点制定不同的开拓策略。

1. 深度开发发达国家传统出口市场

要根据传统出口国家的经济发展水平、消费习惯和偏好、购买能力、风俗等，在各个不同消费群体的市场细分上下功夫，通过多样化的针对目标消费群体的优质产品出口，进一步深度开发这些国家和地区的市场。要进一步了解和研究发达国家和地区的贸易法规和惯例，充分运用其先进的贸易基础设施和经销网络，特别是要进入这些国家深层次的市场销售系统，注意改善售后服务，稳定和提高河南出口商品的市场占有率。稳定和扩大亚洲出口市场特别是周边国家市场。中国香港是国际贸易和国际金融中心，应继续发挥其作为内地出口商品中转站的作用，推动河南与香港的经济合作向更高层次发展。

2. 及时捕捉世界市场的变化和我国对外关系的新进展、新变化，积极拓展新兴市场

作为世界上人口仅次于我国的发展中国家——印度近年来已成为世界上经济增速最快的国家之一，具有巨大的市场潜力，印度市场应成为我们重点开拓的出口市场。大力开拓非洲和拉美发展中国家市场，针对许多发展中国家和地区经济发展水平低、贸易规模不大、外汇短缺、交通运输不便、气候不利等问题，应做好市场调研，根据市场需要，组织适销对路的产品出口。同时，应根据不同情况，采取灵活的做法，将出口、援外、对外投资、承包工程和劳务合作等多种经济交往形式结合起来，对发展中国家和地区市场进行综合性开拓，以扩大对其出口。

综上所述，对发达国家市场的开拓要以商品结构的优化为重点，对新兴市场的开拓要以适应不同的消费层次为重点，逐步实现以新兴市场为重点、周边国家市场为支撑、发达国家和发展中国家市场合理分布的市场结构。

（六）加强出口企业间的协调

过去，包括河南在内，我国出口产品一直采取粗放式经营方式，片面追求出口数量，薄利多销，以低价取胜。价格低廉到某些小商品，如运动鞋、小电器、蜡烛等在美国商场中的售价便宜过同样商品在中国的价格。有外贸出口权的企业竞相削价出口，出现了出口企业创汇不创利的情况。出口恶性竞争的危害表现为：过低的出口价格不仅降低了出口效益，为降低出口成本，还将引发制假售假、粗制滥造、遭到国外反倾销等一系列问题，降低了出口信誉，败坏了名誉。而且，在恶性竞争中，越是守法的出口企业受害越大，这些企业在恶性出口竞争中出口越多损失就越大，还容易背上出口倾销的罪名，而非法企业则在造假、走私、骗取出口退税后失去踪迹或改头换面。如何加强中国同行业出口企业间的协调，做到有序出口，已成为中国企业最终赢得国际市场的关键。政府有必要采用一些措施来进行出口企业间的协调，使真名牌、高质量产品免遭出口时的低价竞销，摆脱在国外沦为"地摊产品"的厄运。

1. 政府应该引导出口企业分散出口，避免大家都往一处走

在这方面可以借鉴日本的经验。在中国改革开放之初，各地竞相引进彩电生产线。日本政府为了避免日本企业之间的自相残杀，特地为日本著名企业划分了其在中国的市场范围，如索尼对上海、日立对北京、松下对咸阳。这样，就有效地避免了日本企业在中国的互相竞争，使它们在各自的势力范围内处于垄断（谈判）的有利地位。

2. 设置出口企业的进入门槛

对于门槛的设立，可以针对贸易企业、军产企业等分别进行，主要的考核指标应为企业的资质、业绩、信誉、技术含量、产品质量、环保要求等。凡是符合条件要求的企业，无论大、中、小型还是国有、民营、私营企业，都可以从事对外贸易，不符合条件的则一律禁止，从而在出口方面把住关口，做到真正的公平竞争。在竞争中还要注意对深加工出口业绩良好的企业与出口投机企业加以区别。

（七）重视国际贸易制度、行会组织等的积极作用

国际贸易制度可以包括国际贸易规则、惯例、条约、协定等，以WTO协定为例，其包括20个协议，7个执行规则和详解，还有25个部长宣言，加起来有几十个文件，篇幅浩大，内容繁多，涉及的领域非常广

泛，包括货物贸易的规则、服务贸易规则、知识产权保护、争端解决机制等，这是目前世界上绝大多数国家承诺遵循的国际贸易协定。作为一套经济规则体系，WTO 无疑比较全面地体现了当今世界经济交往比较成熟而科学的制度性成果。每一个置身广泛的全球经济交往并渴望通过这种交往建设和发展市场经济的国家和地区，都在争取积极参与并妥善运用 WTO 所构筑的制度框架。重视贸易制度的积极作用的前提是学习和研究它，如果不知道、不熟悉这些权利和权利保障，就不能有效地维护自己的合法权益。因此，加强对国际市场和国际经济普遍运作规则的学习和研究，是维持出口贸易增长方面必须首先要做好的一件基础性工作。从我国企业遭受的技术壁垒来看，多是由于企业本身对国外技术性贸易壁垒缺乏必要的了解造成的。有相当多的企业在产品出口遭遇国外技术性贸易壁垒时，多是采取忍气吞声或是干脆退出该市场的做法，而不是采取积极的应对措施。针对这个问题，应加强对河南从事国际贸易企业的相关人员的培训工作，使其具有良好的国际贸易知识，熟悉国际经济法，了解世贸组织技术性贸易壁垒的协议和争端解决机制，并具有计量、标准、质量管理和质量认证的知识和经验，从而确保对技术性贸易壁垒的认识、分析、判断和应变能力。对于行政管理部门应该切实加强既懂专业，又懂外语、法律、贸易、外交等复合型谈判人才和专业人才的培养工作，尽快培养大批熟悉国际贸易协议规则并能参与争端解决的专门人才。

学习和研究贸易制度的目的是有效地运用它来保护自身的利益，仍然以 WTO 为例。虽然 WTO 规则给我国出口贸易的发展带来了挑战，关税的降低和非关税壁垒的取消导致国外产品的大量涌入，由于"特殊保障条款""非市场经济地位"等歧视性条款的适用，国内企业在对外贸易中将不得不面对国外的贸易限制措施。但更重要的是，加入 WTO 使我们有资格运用 WTO 有关规则和争端解决机制，改变过去我们所处的"不平等地位"，有利于打破有关成员对我国产品出口设置的不合理的技术壁垒等，为我国产品进入国际市场服务。今后应该更多地重视国际贸易制度对出口贸易的保护作用。

行业协会在市场经济运行中起着服务、协调的作用，有时甚至比政府部门更具有权威性和可操作性。首先，行业协会可以协调行业内部关系，实现行业自律；其次，行业协会作为企业间的联系纽带，它立足于国际市场，可以针对各行业的生产规模、供求关系、价格水平、创新能力、技术标准、产品结构等一系列情况进行研究和对外交流，及时向企业和有关政府部门提供国内外市场的动态数据和分析报告，可以为企业的生产经营提供决策依据；最后，行业协会作为企业的服务机构，可以集中资源，配合政府专门研究贸易壁垒的各项相关规定，总结和借鉴各国在争端解决过程中的经验和教训，协助政府和企业在 WTO 规则范围内与其他成员协商解决各种贸易争端，以维护企业和国家的利益。例如，针对出口企业间的恶性竞争问题，行业协会可以定期召集企业大会，进行信息上的沟通和协调，使各个出口企业间不仅是竞争对手，更成为合作伙伴，能够共享信息、优势互补，共同开拓国际市场。

（八）积极实施"引进来"与"走出去"相结合战略

所谓"引进来"就是积极吸引外商投资企业入驻河南，所谓"走出去"则是鼓励有竞争实力的企业走向国际市场，积极参与国际分工。

外商直接投资的流入一方面会刺激出口贸易的增长，另一方面可以减少进入外国市场的障碍，使国内企业以较低成本使用跨国公司的分销设施，同国外贸易团体和产业组织建立联系、扩大市场。同时外商直接投资还可以在河南省产生持续的技术、管理示范效应，不仅能提高河南相关产业的技术装备水平和工艺，而且会形成以当地原料和零部件加工制造产品的外资项目，产生更大的出口规模。与外商直接投资的结合，不仅能使河南相关产业纳入跨国公司的垂直和水平分工网络，使河南的出口贸易结构得以优化，增加高附加值产品出口的机会，而且会刺激与发达国家间的贸易由产业间贸易向产业内贸易和企业内贸易转化，而产业内贸易的发展又会在一定程度上促进河南贸易出口。

不断提升河南企业的国际化能力，加快实施"走出去"战略，这是应对贸易摩擦的一种根本性措施。对外投资能够以资本输出代替商品输出，以当地生产方式规避国际贸易竞争。尽管对外投资仍然会对当地企业造成竞争，但由于可以带来资本投入并创造新的就业岗位，所以通常不会受到东道国的限制，许多国家还以各种方式鼓励外来投资。而企业走向国际市场，一方面能使企业在"走出去"过程中带动国内高附加值生产资料出口，引导相关工业制造业将国内市场已经饱和、技术档次相对较低、环境压力相对较大的制造过程，通过持续不断的跨国直接投资，转移到要素成本相对企业所在地更低的其他国家，从第三国出口到美欧等发生贸易摩擦较多的国家和地区，以推动出口进口结构双向升级；另一方面有助于改善中国企业商品外贸的询价地位。从根本上说，企业国际化战略有利于强化本国企业对产品价值链两端的控制力，有利于河南出口贸易的发展。

当前，河南应抓住国家产业结构调整转移的历史机遇和"一带一路"国家战略实施的重大契机，切实改善投资环境，提高服务效率，建立诚实守信制度，转变政府职能，扩大招商引资领域，吸引外商的直接投资。积极支持各进出口企业和外商投资企业开展符合国家产业政策导向的加工贸易。在注重"引进来"的同时，还要实施"走出去"战略，鼓励有竞争实力的企业走向国际市场，积极参与国际分工，开展对外投资、劳务合作、工程承包、合作开发资源等。

第十章

河南招商引资创新

改革开放以来，河南为了加快本区经济发展，和沿海地区一样，设立开发区和工业园区，作为地方经济对外开放的窗口，通过税收优惠、基础设施配套和公共服务等举措进行全面的招商引资，创造了不少"经济奇迹"和"财富神话"。新时期，招商引资将面临全新的环境和挑战，如何有效推进招商引资，是值得研究的重大课题。

一　招商引资概述

（一）招商引资的概念及其内涵

招商引资是政府、企业和个人为了借助外力加快发展，采用多种形式从外地引进多种资源的工作和活动，包括外出考察、域情宣传、项目推介、结对合作，以及举办项目发布会、经贸洽谈会、产品展示展销会等。招商引资的概念在不同的历史时期有不同的内容。在相当长的时期内，人们认为具备一定的土地资源、优惠的政策以及廉价的劳动力，就可以吸引投资者，就是招商引资了。简言之，用土地资源、优惠政策、廉价劳动力换取投资者的投资，就是招商引资，其交换的过程就是招商引资的过程，这是狭义的招商引资概念；随着市场经济的发展和世界经济的全球化、一体化发展，投资者投资的交换需求不仅仅局限于土地资源、优惠政策、廉价的劳动力上，而是扩大到其他经济资源上，招商引资活动存在于经济区用全部的经济资源同投资者投资行为的结合或交换过程，这是一个广义的招商引资概念。

（二）招商引资基础理论

招商引资涉及面非常广，现就构成招商引资理论框架的价值规律、国际生产理论和两缺口模型理论进行简单说明。

1. 价值规律理论

资本国际流动是通过国际市场配置资源的一种方式，必须遵守市场经济规律——价值规律。社会主义市场经济参与国际市场活动，参与资本国际流通，也要遵从价值规律这一市场经济的共同规律。价值规律是招商引资理论的最基本规律，具体表现是平等互利。平等互利，是我国对外开放、利用外资一贯坚持的基本原则。一方面我国作为参与国际资本流动的一方，吸收和利用外国资金，并通过利用外资获得技术、管理、信息、市场、税收、就业等方面的利益，从而加速现代化建设，这是我们"利用"外资。另一方面外资也"利用"我们。外商来投资，就是要赚钱。价值规律揭示了贯彻招商引资的指导原则，即平等互利。在实际的招商引资过程中，表现为与投资项目各方相关利益的均衡——利用外资中的博弈关系，在引资过程中包含多种不同主体之间的博弈——投资者总体和东道国之间、个体投资者之间、东道国内部各利益主体之间，各个博弈主体都以自己的利益最大化为目标，竞争异常激烈。招商引资之价值规律揭示：利益均衡是其基础。

2. 国际生产理论

招商引资的实质是促进国际生产。因此，招商引资涉及的另一个规律是国际生产规律，即招商引资必须遵循国际生产的规律。国际生产折中理论认为，企业之所以能够进行对外直接投资，是因为企业具有所有权优势、内部优势和区位优势。

（1）所有权优势是指一国企业拥有或能获得的、而国外企业没有或在同等成本条件下无法获得的资产及其所有权方面的优势。所有权优势包括技术优势、企业规模优势、组织管理能力的优势，以及融通资金方面的优势。

（2）内部优势是指企业将所拥有的所有权优势在内部使用而带来的

优势。企业拥有的所有权优势，既可以转让给外部供其他企业使用，也可以在本企业系统内部使用。在跨国经营的条件下，这些所有权优势将用于国外分公司、子公司，从而形成内部优势。

（3）区位优势是指企业在投资区位方面所具有的优势。在拥有所有权优势和内部比较优势的情况下，企业要投资生产，还要选择最佳区位。首先选择的是在国内投资生产还是到国外投资生产。如果在国外投资生产比在国内获利更多，那么企业就会到国外去投资生产。其次，企业一旦决定到国外投资生产，还要选择的是到甲国更有利，还是到乙国更有利。区位优势既可以是由东道国的某些有利条件直接构成的（如广阔的商品销售市场、供应充足而价格低廉的生产要素资源、政府的各种优惠投资政策等），也可以是由投资国某些不利条件（如投资国国内市场饱和、商品出口的运输费用过高、东道国的贸易保护主义、投资国缺乏必要的生产资源或者成本过高等）间接形成的相对区位优势。

因此，一个企业的对外直接投资行为，应该是由上述三种优势共同决定的。这三种优势中，所有权优势是基础条件。如果一个企业没有任何所有权优势，就缺乏对外直接投资的基础。但是，如果只有所有权优势而无其他两种优势，企业就会在国内投资生产，通过出口贸易来参加国际经济活动，只有兼具以上三种优势，企业才会对外直接投资。这三种优势组合，不仅使对外直接投资成为可能，而且决定着对外直接投资的部门结构和地区结构。国际生产理论告诉我们，特定区域在明确自身区位特征和需求的前提下如何寻找目标投资者，以及如何将目标投资者的需求与区域的供给结合。

3. 两个缺口平衡理论

"两个缺口平衡理论"认为，发展中国家为了维持一定的经济增长速度，投资与储蓄之间的差额（储蓄缺口）同进口与出口之间的差额（外汇缺口）必须保持平衡。由于投资、储蓄、进口、出口这四个因素都是独立变动的，因此这两个缺口不一定能平衡。为了使其达到平衡，有两种调整办法。

（1）不利用外资条件下的调整办法。当国内储蓄缺口大于外汇缺口时，就必须压缩投资或增加储蓄；当外汇缺口大于储蓄缺口时，就必须缩减进口或增加出口。按这种调整方法，除非有可能增加储蓄和出口，否则就会减缓经济发展的速度。（2）在缺口之外寻找财源，使其达到平衡，这就是利用外资。例如，利用外资进口机器设备，一方面这项进口暂时不必用出口来抵付；另一方面这项投资品又不需要国内的储蓄来弥补。可见，利用外资可以同时填补两个缺口，可以减轻因加紧动员国内资源满足投资需求、支付进口费用而出现的双重压力，从而保证经济的增长。但是，利用的外资最终都是要偿还的。因此，必须提高外资的利用效率，使其能直接或间接地促进出口的增加，促进储蓄的增加，增强偿还能力。

缺口平衡理论说明了发展中国家或地区利用外资的必要性和"度"的问题。与东道国、地区或城市自身条件和愿望所决定的需求规模相比，引资的"适度规模"具有三个特征。一是与外商投资的质量水平成正比，同等条件下，外资质量越高，利用外资的适度规模越大；二是与外商对优惠政策的偏好程度成反比，与对投资环境的偏好成正比；三是随着投资环境的改进，引进外商投资的"适度规模"将提高。就是说，招商引资的"度"要求其以特定的投资环境和优惠政策为限。

（三）我国招商引资发展情况

我国招商引资大规模发展是从 20 世纪 80 年代开始的。随着改革开放的不断扩大和各地经济快速发展，相继设立了数百个各种经济开发区，对资金和技术的需求日益强烈，由此产生的发展和需求的矛盾日益尖锐化。吸引外资和引进境外技术便成为当务之急。各地纷纷展开吸引外资和引进境外技术工作，即招商引资活动。但是，大部分招商引资的活动都是比较盲目的。招商者并不完全知道推荐中的产品和项目在投资者中的命运如何，即并不完全知道投资者对其经济区项目的需求量是多少，也并不完全知道在投资者中有多少竞争者。自 20 世纪 90 年代初以来，这种情况起了变化，一方面由于资金和技术投资相对集中以及全球跨国企业的进入，招商者迫切要求对投资者进行了解以便在对投资者的招商竞争中处于有利的地位；另一方面由于通过对前阶段招商引资活动的总结以及盲目行为的反思，更需要对投资者进行分析和了解。

1997 年亚洲金融危机爆发以后，招商引资逐渐受到企业、政府的高度重视。1999 年在上海召开的财富论坛以及 2001 年中国加入世界贸易组织，新的形势向招商者提出了新的课题，要求招商者必须首先学会判断和分析投资者的需求，并据此创造和提供适宜的经济区项目，保证招商者和投资者之间的"潜在交换"得以顺利实现。否则，即使招商者本身经营水平再高，经济区的项目增长再快，也会由于经济区项目不符合投资者的需求，不能满足投资者的愿望，最终不能推介出去，造成项目成堆、经济区资源空置、得不到理想的收益。环境的变化使我们必须科学预测投资者的发展变化趋势，合理分配资源，掌握投资者的发展变化规律，进行招商决策，并制订有效的战略、策略和实施计划。为此，对招商引资的研究也日益受到学者、专家的重视，逐渐成为一门独立的学科，研究的内容向新的广度和深度发展，新的理论和观念不断涌现。"以投资者为中心"的新观念代替了"以招商者为中心"的旧观念。并与经济学、心理学、统计学、社会学、政治学等应用科学以及信息技术相结合，不断发展和完善，成为一门新兴的综合性学科。

二　河南招商引资发展历史和现状

近年来，河南把开放带动作为加快经济社会发展的主战略，把招商引资作为发展开放型经济的重中之重和实施开放带动主战略的突破口，招商引资工作一年一个新台阶，利用境内外资金的规模不断扩大，质量和水平不断提高，招商引资实现了超常规跨越式发展，有力地促进了河南经济平稳较快发展，为促进中原崛起做出了重要贡献。

（一）河南招商引资的发展历史

河南招商引资工作历经 30 多年的改革开放，在招商引资规模、形式、领域等方面不断发展变化，推动了社会经济的巨大发展。

1. 招商引资规模变化迅速

在改革开放初期，河南省利用外资数额非常小，1985 年，全省实际利用外资仅为 0.12 亿美元，外商直接投资不足 0.06 亿美元。到 2008 年，全省实际利用外商直接投资达 40.33 亿美元，是 1985 年的 672 倍，年均增长 32.7%，为河南省经济发展带来了大量资金和技术。2014 年，河南全省实际利用外商直接投资 149.27 亿美元，比上年增长 10.9%；实际利用省外资金 7206.00 亿元，比上年增长 16.3%。河南省利用外资的数额不断增加，为河南经济社会发展提供强大动力和重要保障。

2. 利用外资形式发生变化

在改革开放初期，外商对我国及河南投资环境不熟悉，加之外商投资政策的不完善，外商直接投资更多地采用合资经营、合作经营的方式。随着我国市场经济的发展，对外开放程度的加大，利用外资环境的改善，外商直接投资方式逐步向独资经营转变，独资经营成为外商直接投资的主要方式。2000 年，合资经营仍是外商直接投资的主要方式，实际利用外资占外商直接投资的 80.2%，合作经营和独资经营的比重分别为 11.6% 和 8.3%。2008 年，外商直接投资的主要方式为独资企业，比重上升至 50.5%，合资经营比重下降至 23.5%，合作经营比重仅为 3.6%。2013 年，外商独资企业数目达 932 家，占外资企业总数的 46%，外资独资企业仍然是外商投资的主要方式。

3. 招商引资领域拓宽

改革开放 30 多年来，河南省逐步扩大外商投资领域，外商直接投资由原来集中于工业逐步向多行业扩展。1991 年，在外商直接投资合同利用外资的 1.27 亿美元中，工业占 98.9%，农、林、牧、渔业占 0.4%。2000 年，在合同利用外资的 6.99 亿美元中，工业比重下降至 75.4%，农、林、牧、渔业比重上升至 3.0%，服务行业比重也逐步上升；实际利用外资中的工业占 89.7%，农、林、牧、渔业占 1.1%。2008 年，工业占合同利用外资的比重进一步下降至 60.3%，农、林、牧、渔业比重为 2.4%，服务业比重上升至 31.4%；实际利用外资中工业比重为 69.4%，服务业比重为 26.0%。2013 年，工业利用外资比重为 61%，农、林、牧、渔业利用外资比重为 3.3%，服务业比重上升至 35.3%。

4. 招商引资来源地扩大

在河南省利用外资来源地中，中国港、澳、台一直占据很大比重。随着对外开放进程的推进，来自其他国家和地区的外商直接投资逐步增多。1991 年，在合同利用外资中，中国港、澳、台资金所占比重为 85.3%，在实际利用外资中，中国港、澳、台资金所占比重为 86.1%。2000 年合同利用外资中，来自中国香港的资金比重为 28.5%，来自新加坡和美国的资金比重为 18.3%；在实际利用外资中，来自中国香港的资金比重为 69.8%，来自新加坡和美国的资金比重为 8.5%。2013 年，来自中国香港、台湾地区的资金仍占据较大比重，除中国香港、中国台湾外，英国、美国、新加坡、德国、韩国、马来西亚和英属维尔京群岛等国家和地区直接投资也不断扩大，河南利用外资来源地进一步扩大了。

（二）河南招商引资的总体情况

近几年，河南积极实施开放带动主战略，统筹利用两个市场、两种资源，积极承接产业转移，加快发展国内外贸易和国际经济合作。先后出台了一系列招商引资的文件和措施，用真诚和实力吸引越来越多的省外企业。特别是"十二五"期间，全省深入开展大招商活动，各地市不断创新招商引资方式、拓宽招商引资领域，利用外资成效显著。目前，到河南投资的世界 500 强企业、国内 500 强企业分别达到 121 家和 146 家。2014 年全年新批准外商投资企业 328 个，全省实际利用外商直接投资 149.27 亿美元，比上年增长 10.9%；实际利用省外资金 7206.00 亿元，比上年增长 16.3%。利用外资的快速增加，促进了经济转型，拓展了全省经济的发展空间。

（三）河南招商引资的现状特点

1. 实际利用外资增长速度加快

"十二五"时期，合同利用外资和实际利用外资的增长速度加快。"十二五"的前四年，河南省实际利用外商直接投资累计达 505.84 亿美元，年均增长 25%；实际利用省外资金累计达 22446.4 亿元，年均增速超过 20%。2011 年，全省实际利用外商直接投资 100.82 亿美元，增长 61.4%，同比提高 31.2 个百分点；实际利用省外资金 4016.30 亿元，增长 46.4%。因为河南省引进了电子工业巨头富士康，2011 年河南利用外资速度骤增，此后三年，河南利用外资依然呈现快速增长的态势。

2. 利用外资的方式以独资经营为主

随着河南省对外开放程度加深，利用外资环境进一步改善，外商投资各项政策更加完善和规范，外商直接投资方式逐步向独资经营转变，独资经营成为外商直接投资的主要方式。2011～2014年，全省实际利用外资数额共为505.84亿美元，其中以独资经营形式实现的实际外资为277.20亿美元，以中外合资形式实现的实际外资为159.34亿美元，以中外合作形式实现的实际外资为32.37亿美元，分别占实际利用外资总额的54.8%、31.5%和6.4%，独资经营成为全省实际利用外资的主要方式。

3. 招商引资行业分布结构逐步优化

近几年，第二产业仍是河南省利用外资最多的产业，但相比较而言，第一产业、第三产业利用外资增长速度不断加快。分行业来看，制造业是利用外资最多的行业。2013年，制造业新签的项目个数、合同利用外资、实际利用外资占全省的比重分别达到56.7%、68.8%和61.4%，均超过了全省总量的半数。在合同外资方面，仅次于制造业的是批发零售业，其新签的项目个数、合同利用外资比重分别达到了13.1%和6.9%。农、林、牧、渔业，新签的项目个数、合同利用外资比重分别为5.5%和3.9%。

4. 各类展会成为招商引资的平台

河南省先后成功举办和承办了全国、中部各类投资贸易洽谈会，中原文化推广活动，各类产业转移洽谈会及美、加、日、韩等招商活动，每年组团参加各类全国投资贸易活动，扩大了影响，提升了形象，取得了良好成效。中国河南国际投资贸易洽谈会已成为河南省对外开放的重要名片。2007年4月在郑州举行的第二届中部投资贸易博览会，吸引了108个国家和地区的广泛关注，世界500强企业有315家到会，国内500强企业中有303家到会，实际到会客商有10万人左右，这在河南历史上绝无仅有。2009年9月，河南省第一次针对特定行业组织了承接纺织服装玩具产业转移洽谈会。2010年8月，河南省第一次组织港澳深地区闽籍企业家到豫举办经贸活动。2014年，中国（郑州）产业转移系列对接活动共收集签约项目643个，总投资3548亿元，其中引进省外资金3123亿元。除了省级以上的各类招商活动，省内各地也都大胆探索，利用各种节会开展了各具特色的招商引资活动，呈现出竞相发展的良好态势。

5. 产业集聚区成为招商引资的载体

重视发挥产业集聚区的筑巢引凤功能，积极引导产业关联度大、成长性好的项目向产业集聚区集中，是近年来河南省招商引资的重点。可以说，产业集聚区已经成为河南省招商引资的载体和新的增长点。在第六届中国河南国际投资贸易洽谈会上，河南省 180 个产业集聚区盛装亮相，在专项活动安排上，专门安排了产业集聚区招商引资项目对接洽谈会；在展览展示上，专门安排了产业集聚区展洽区，以省辖市为单位组织 180 个产业集聚区参展。突出产业集聚区这个招商载体成了此次投洽会的一个最大亮点。300 余家项目单位与香港中法水务、泰国正大集团、美国林肯电气、荷兰 TNT 集团、浙江步森集团、江苏悦达集团等 227 家境内外投资商进行了"一对一、面对面"的洽谈对接，172 个项目在会上达成初步合作意向，涉及投资总额 688 亿元人民币，农副产品深加工、高新技术、现代物流、商业地产、纺织服装等优势产业受投资商青睐。目前，产业集聚区的引资已约占全省引资总额的 65%。2014 年，全省 180 个产业集聚区引进省外资金 3000 多亿元，已经占到全省利用省外资金的 55.9%。

6. 世界 500 强和跨国公司成为招商引资的重点

为提高利用外来资金的质量和效益，使其结构日趋合理。河南省瞄准国内外 500 强和跨国公司。德国西门子、美国沃尔玛、巴西淡水河谷、英国吉凯恩、法国电力以及可口可乐、百事可乐等共 68 家世界 500 强企业相继落户河南，尤其是富士康项目的引进，从谈判到产品下线仅用了一个月的时间，被业界称为"河南速度"，充分显示了河南在承接产业转移中的特殊优势。首创安泰人寿保险有限公司、汇丰银行郑州分行、恒安标准人寿保险有限公司、东亚银行郑州分行等外资金融机构的陆续入驻，带动了河南省现代服务业利用外资的蓬勃发展；家乐福、沃尔玛、麦德龙、家世界、百思买等世界 500 强企业在河南省服务业领域迅速发展；日立物流株式会社、美国联邦快递、中外运集团、中远集团等一批国内外知名物流企业进入河南，河南（郑州）新加坡国际物流产业园项目等将进一步推动河南省的商贸流通业快速健康发展。

三 招商引资的社会经济效益评价

河南招商引资的快速发展为经济发展提供了急需的发展资金，在企业做大做强和产业升级中发挥了重要作用,并极大地促进了现代服务业的蓬勃发展,有力地拉动了河南经济的快速健康发展。

(一) 招商引资成为促进河南经济发展的重要资金来源

随着河南招商引资工作力度的加大,大量境内外资金进入河南。从利用境内外资金的总量分析,在利用境外资金方面,实际利用外资由 2004 年的 8.7 亿美元达到 2008 年的 40.3 亿美元,增长 3.6 倍;5 年累计签订外资项目 2327 个,累计利用外资达 110.3 亿美元。在利用省外资金方面,引资总额由 2004 年的 370 亿元达到 2008 年的 1849 亿元,增长 4 倍;5 年累计签订省外资金项目 16074 个,利用省外资金 5249 亿元,利用外资和利用省外资金累计已超过 6000 亿元。2014 年,全省实际利用省外资金达 7206 亿元,比上年增长 16.3%。

从河南同期利用境内外资金总额与城镇固定资产投资规模增长对比分析,2004~2008 年,河南实际利用境外资金年均增长 46.7%,利用省外资金年均增速为 49.5%,分别高出同期河南城镇固定资产投资年均增长(37.5%)9.2 个百分点和 12 个百分点,增速远远高于城镇固定资产投资增长速度。从利用境内外资金占城镇固定资产投资的比重分析,利用境内外资金所占比重由 2004 年的 18.1% 达到 2008 年的 24.5%。从数据可以看出,利用境内外资金已成为目前河南城镇固定资产投资的重要来源之一,有力地拉动了投资增长。2007~2012 年,全省实际利用外资累计达 371 亿美元,全省吸引境外省外资金折合人民币 1.8 万亿元,占同期全社会固定资产投资总额 1/4 强。在河南投资的世界 500 强企业达到 76 家、国内 500 强企业 146 家。

招商引资在拉动全省固定资产投资增长的同时,还间接拉动了河南新增工业贷款的增加。在招商引资项目引进建设经营过程中,一方面企业资金不足问题主要通过向金融机构贷款的方式解决;另一方面随着河南招商引资引进一大批质量高、效益好的项目落地,金融机构为自身贷款业务发展需要,紧盯这些好项目,主动与企业联系,积极参与到企业发展中去。

(二) 招商引资促进了河南现代服务业的蓬勃发展

河南作为传统农业大省和新兴工业大省,服务业尤其是现代服务业水平低、发展缓慢，通过招商引资引进大量现代服务业项目，加快了服务业发展步伐，提升了服务业发展水平。

1. 促进了金融业快速发展

2006 年，首创安泰人寿保险有限公司落户河南，成为首家落户河南的外资保险公司。2008 年，恒安标准人寿保险有限公司获得中国保监会批准在郑州筹建河南分公司。2008 年 10 月，首家外资银行汇丰银行郑州分行在郑东新区正式开业。2009 年，泰国盘谷银行与河南签订金融合作备忘录。随着这些外资金融机构的入驻，会从金融理念、经营模式、管理方式、营销模式、产品创新、人才培养等多个方面带来新的启发，对促进河南金融行业的发展，增强河南金融业的竞争力和辐射力，进而建设成中西部地区的区域性金融中心有着重要意义。

2. 促进了商贸服务业迅速发展

1997 年以来，随着河南省第一家台商投资商业企业郑州丹尼斯百货有限公司在郑州开业，沃尔玛郑州金水路分店、二七印象城分店和洛阳景华路分店相继开业，家乐福郑州金水店、花园店、北环店也已开业；麦德龙已经进驻郑东新区，带来了全新的"现购自运"经营模式；泰国正大集团已经投资 2 家易初莲花超市；丹尼斯商业广场、家乐福商业广场、三维商业广场等大型商业企业也已落户焦作；开封市与香港爪哇集团签约投资 4 亿美元占地 1079 亩的大型休闲购物广场项目；洛阳市与泰国正大集团签署总投资 26 亿元的洛阳正大城市广场暨市民中心项目。随着这些新签重大项目的落地建设，必将进一步推动河南的商贸业发展，以进一步夯实河南商贸流通的基础地位。

3. 加快了河南物流业快速发展

河南省雄踞中原腹地，是中国铁路、公路、航空、信息兼具的重要综合性交通通信枢纽之一，也是中原地区通向世界的重要门户。日立物流株式会社成为首家进入河南物流领域的世界 500 强企业，美国联邦快递、中外运集团、中远集团、双汇冷链物流等一大批国内外知名物流企业进入郑州物流产业园，营业收入已超过 100 亿元。大力发展物流业，有利于国内国际两个市场产品、生产要素的交换，也是中原崛起的基础。

4. 提升了河南会展业发展水平

会展业是一个集旅游、商业、物流、通信、餐饮、住宿等多方受益的产业，它所带来的人流、物流、资金流和信息流，不仅可以促进餐饮、住宿、购物等传统服务业的繁荣，还可以刺激金融、保险、物流、广告、旅游、航空等现代服务业的发展。近年来，随着河南成功举办第二届中部博览会、河南国际投资贸易洽谈会、纺织服装玩具产业洽谈会等一系列大招商引资活动，有力地促进了河南会展业的发展。2007 年，郑州市全市展览面积首次超过 100 万平方米，达到 112 万平方米，成为我国为数不多的展览面积过百万的内陆城市之一。2013 年，全省共举办展览会 610 多个，展览面积 380 多万平方米，直接拉动经济效益 650 亿元以上，河南省已经成为全国会展业十大强省之一。

（三）招商引资成为河南企业做大做强和产业升级主要推动力

近年来，河南招商引资的迅猛发展有力地推动了企业做大做强，培育了一大批在国内外有影响力的龙头企业和企业集团，大大提升了河南的产业层次。

1. 培育了一大批龙头企业

河南通过招商引资，大力利用境内外资金，引进战略投资者，设立新企业、重组改造老企业，培育了一大批龙头企业，尤其是通过引进战略投资者，实行强强联合，推动了企业迅速做大做强。目前，在河南百户重点工业企业中 1/3 以上企业具有外资成分或是外商投资企业，如双汇集团、宇通集团、河南中孚实业、新乡心连心化肥、河南众品、郑州燃气、安飞电子玻璃、新飞电器、洛阳易初、郑州日产、中法供水、豫港龙泉铝业、卡博陶粒、平高东芝、许继日立、麦斯克电子、许昌龙正等大中型行业骨干企业，已成为河南工业企业的支柱和新的经济增长点。

2. 促进了企业技术的提升

通过大规模利用境内外资金，引进了一大批先进技术、关键设备和管理人才，加快了河南企业集成创新和引进消化吸收再创新，突破了一批关键技术，促进了高新技术产业发展，带动了河南产业结构的优化升级，推动了技术进步和设备更新换代。例如，晶诚科技在郑州投资 6.5 亿美元，建成集研发设计、生产制造、封装测试及品牌营销于一体具有世界先进水平的晶圆 IDM 厂，这将大大提升河南硅产业科技水平。平高集团与日本东芝公司合作，在国内率先开始了百万伏特高压隔离开关的研发，其设计生产能力和技术水平已跻身国际先进行列。金龙集团与德国科克斯等国外企业联合研发的精密铜管居世界领先地位，并牵头制定了我国精密铜管系列的技术标准，成为世界第一大精密铜管加工企业。中原内配与英国 GKN 集团合资后，先后完成技术攻关 326 项，新产品、新工艺改进 267 项，产品 80% 出口欧洲市场。

3. 带动了人才引进和企业管理创新

招商引资在大量引进急需发展资金的同时，也引进大量人才和先进的企业组织管理模式，特别是通过扩散效应和示范效应，促进了企业管理水平的提高，加快了经济体制改革和市场化的进程。从人才引进分析，一方面在招商引资过程中，合作方会派来高水平的专业技术管理人才；另一方面通过内部培训、交流、合作等多种方式，培养了一大批本地专业人才，专业人才的集聚和知识外溢，为河南的发展提供了强大智力支持。例如，河南省内 16 所高校软件学院与甲骨文（中国）软件系统有限公司联合开展"培养计划"项目，2000 人的培养计划正在实施中。从企业管理分析，在国内外先进企业的示范带动下，河南企业逐步适应并逐渐学会了国内外先进的企业制度、经营理念和管理理念，加快了向现代企业制度转变的进程，推动了企业管理水平的提高。招商引资不但是资金引进的过程，更重要的是引进先进组织管理经验的过程。例如，天瑞集团与世界 500 强企业美国 KKR 公司强强联合，全面导入国际先进的管理理念和管理制度，对生产业务重新整合，形成了规范的母子公司管理体制，规范了股权结构和法人治理结构。丹尼斯百货公司自 1997 年进入河南后，带来了全新的商业理念、商业业态和商业服务模式，促进了全省商业零售业的发展。此外，随着招商引资项目的增多，省内原有企业与国内外知名企业同台竞争，引发了与先进理念的接触、冲突、碰撞，进而实现消化、吸收、创新，逐步强化了竞争意识、开放意识，适应并积极参与了国际国内两个市场的激烈竞争。

四　招商引资中存在的问题

河南招商引资取得了巨大的成就，但与全国及其他省份相比，仍存在不小差距，对全省经济发展的促进作用仍有待提高。其存在的问题主要有以下几个方面。

（一）招商引资的产业结构不合理

来河南投资的外商资金主要流向了第二产业，特别是第二产业中的制造业。2013 年，第一、二、三产业的实际利用外资比重为 3.3：61.4：35.3，第二产业实际利用外资占全省实际利用外资的六成以上，作为农业大省，第一产业利用外资的比重不足 4%。而同期全国第一、二、三产业的实际利用外资比重为 1.8：50.9：47.3，虽然第二产业仍是全国利用外资最多的产业，但比重仅为五成，与河南明显不同的是全国第三产业利用外资比重较高，与第二产业比重比较接近。作为农业大省的河南，促进农业大发展需要大量的资金、先进的管理和技术的投入，而第三产业的快速发展也是转变经济发展方式、促进经济结构调整所需要的，但当前河南外商直接投资过多地流向第二产业，这不利于第一和第三产业的发展，也难以有效促进产业结构升级，限制了对全省经济发展的促进作用。

（二）各地招商引资发展不平衡

各地招商引资发展不平衡。这种不平衡不仅表现在河南 18 个省辖市之间，在同一个市的不同县之间也存在着不平衡。2013 年，在河南 18 个省辖市中利用省外资金最多的是郑州市，为 33.2 亿元，占全省的 24.7%；利用省外资金最少的是商丘市，为 2.8 亿元，仅占全省的 2%，前者是后者的 11 倍。各地招商引资工作发展不平衡的根本原因是思想认识上的不平衡。个别领导思想认识上还存在问题，没有真正理解省政府实施大招商行动的内在含义。没有真正把招商引资工作放在应有的位置上，没有真正用招商引资来实现地方特色产业的集聚。招商引资的不平衡也加剧了地方经济的差距，不利于区域经济的协调发展。

（三）招商引资的人才缺乏

招商引资的人才缺乏一是招商队伍中高素质人才的缺乏，二是各类专业人才的缺乏。招商人才是招商引资工作的一个重要因素。招商人员是对外招商的先导力量，对招商工作的开展和完善起着重要的作用。河南目前还缺乏专业的招商人才，从事招商工作的人员水平参差不齐，既具有一定外语水平又懂专业经济知识的专业招商人员数量还较少，无论是政府部门还是企业，都缺少专业化的外语人才和商务谈判人才，精通世贸组织规则和国际投资运作惯例的人才更是有限，专业化招商队伍建设滞后，远远达不到招商人才数量及质量的需求。各类专业人才的缺乏也是制约招商引资工作的一个重要因素。很多企业决定在某个地区进行投资时，往往将该地区拥有足够多的其所需要的专业人才作为一个重要的考虑因素。例如，当一个 IT 企业要在郑州进行投资时，它需要考虑的一个重要问题就是要有足够的 IT 行业人才，因为需要就近从当地雇用很大一部分专业人才。因此各类专业人才数量和质量在一定程度上也影响了招商引资工作。

（四）招商引资面临资源环境等要素制约

招商引资面临的要素制约一是土地资源，二是环境容量。从土地资源来看，在国家批下来的区域内，土地已经基本饱和。外加宏观调控的综合影响，实行最严厉的耕地保护政策使招商项目的建设用地指标非常紧张。2010 年新郑市 100 个新招项目中，就有 15 个项目由于缺乏土地指标而无法开展。东部产业向中西部转移，很大程度上是奔着中西部地区以土地为核心的生产要素成本低廉的优势来的，如果突破不了土地制约，许多内迁大企业就无法承接，历史机遇就会擦肩而过。可见土地资源稀缺成为影响招商引资最主要的制约因素。另外，环境容量也是影响招商引资的一个重要因素。现在环境保护目标越来越高，很多大项目由于环境容量的问题不得不舍弃。

（五）招商引资区域竞争加剧

从引资区域角度来看，跨国投资的选择面越来越宽。国与国之间、地区之间的竞争日趋激烈。各省纷纷设立经济区，采取各种措施降低投资成本，吸引外国资本进入。受经济危机的影响，不少跨国公司缩减了投资计划。面对这种形势，地方政府转而瞄准了国内项目。有的派人常驻北京、上海、天津、深圳等大中城市，寻找投资项目信息；有的制作内资企业排名清单，逐个打探投资信息；实力雄厚的大城市，利用自身优势同国有大中型企业签署战略合作协议，争取投资项目。所有这些导致了地区间的激烈竞争，对河南的招商引资构成了严峻的挑战。

（六）招商引资环境有待改善

河南投资环境的问题主要表现在软环境上。投资软环境一般包括法律环境、政策环境、行政环境、市场环境、人才环境等方面，在某种意义上说，吸引外资的竞争就是投资软环境的竞争。目前，河南投资软环境与广州、深圳、上海等发达地区相比尚存在很大差距，主要表现在以下几个方面。一是个别部门存在官僚作风，办事效率低，政府部门之间及基层政府之间沟通、协调能力弱；二是政府对新旧企业的优惠政策和政策落实有失公平，喜新厌旧，且透明度不高；三是个别政策落实不很到位、缺乏灵活性和连贯性；四是重招商轻管理、重签约轻落实、重承诺轻兑现、重宣传轻服务，以惩罚代替管理的现象时有发生；五是信用机制不健全，银行贷款缺少中间风险担保机制，企业融资难；六是法治环境不健全，受社会治安问题的干扰；七是个别企业和个人不讲诚信的做法严重损坏了河南形象。

五　促进河南招商引资发展的对策建议

（一）拓宽招商引资领域，优化利用外资结构

进一步优化利用外资结构，拓宽招商引资领域，引导外资投向新型工业、现代服务业、高新技术产业和现代农业。

1. 大力开展服务业招商引资

要更多地引进国外知名商业品牌和先进管理模式参与省内骨干流通企业改制重组，建立新型商贸集团；进一步拓展领域、创新业态，大力开发

生产性服务业的新项目，高起点研发服务外包项目、规划建设现代物流中心以及支持大型骨干企业整合流通资源，在更高起点上吸引外来投资。加快发展金融保险业和各类中介服务，在社区服务、物业管理、教育培训、医疗保健等新兴服务业方面，筛选包装一批项目，开展对外合资合作。

2. 大力开展旅游业招商引资

突出抓好旅游服务设施建设，在重点景区规划建设高标准装备、系列化服务的游客中心，利用外来投资改造完善景区景点配套设施，通过招商引资加快建设旅游饭店；抓好旅游客源市场开发，借助海内外主流媒体持续开展强势宣传推介活动，组织市内旅游企业深入重点国家和地区搞好专项促销，加强与国内外大型旅游企业的联合协作，吸引更多的游客到河南观光旅游。

3. 大力开展城市公用事业招商引资

认真研究现代城市规划、建设、管理、经营的规律和方法，在更高层次、更高水准上引进外来投资，推进城市建设和管理水平的提高。要积极筛选、推出一批文化、体育产业招商项目，大力推动河南文体产业的对外开放。

(二) 增强保障，努力破解要素制约难题

增强土地保障，建立健全土地整治、节约集约用地和强化监督管理三项机制，提高土地节约集约和高效利用水平。坚持"有限指标保重点、一般项目靠挖潜"的土地供应政策，对新上项目实行严格土地预审制度，能压缩的要压缩，不能单独供地的要引导其进标准化厂房，把有限的土地指标优先保障外资项目和重点项目的建设。同时，切实解决好土地指标审批等项目的手续办理问题。对产业集聚区，要出台投资强度、建筑容积率和投入产出率等方面的标准，建立相应激励机制，提高投资强度，促进节约用地，力争全省产业集聚区单位建设用地投资强度提高30%以上。进一步加强各地土地整理储备平台建设，推动盘活闲置土地和低效使用土地，充分挖掘存量土地潜力。在环境方面，要进一步加大污染治理和生态保护力度，大力发展循环经济，严格节能减排，加强工业污染的综合治理和科学治理，为引进项目提供环境容量。要严格环境评估，严格环境准

入，不以牺牲环境为代价换取发展。

（三）多措并举，加强招商引资人才队伍建设

制定和完善人才引进优惠政策，广开"绿色通道"，提供无障碍、一站式、个性化、全方位服务，为各类优秀人才来河南施展才华和抱负营造尊重人才、爱护人才、关心人才、支持人才的用人环境。同时，要积极搭建就业创业平台，以各地的园区产业项目建设为依托，把园区作为人才就业创业的载体，形成依托园区引项目、通过项目引人才、借助人才兴产业、做大产业促发展的良好局面。要坚持专业人才和特色人才并重，树立科学人才观。在人才引进的时候既要重视高素质、创新型的专业技术人才，也要重视符合河南特色产业发展要求的技能型、实用型特色人才。要坚持招商引资和招才引智并重，把招商引资和引进人才有机地结合起来，努力实现项目投入与人才引进齐头并进，取得引资和引才的"双赢"。要大力发展职业教育，鼓励企业和民间资本投资发展民办职业技术培训机构，努力为河南各类企业储备、输送高素质的产业技术工人。

（四）完善基础设施和公共服务，进一步优化招商引资环境

优化环境包括硬环境和软环境。在硬环境方面，重点是努力建设优美的人居环境，提高城市品位。要完善园区综合配套服务，一要尽快解决现有工业园区基础设施建设不配套问题。既要解决制约企业发展的水电气配套跟进服务和污水处理排放等方面存在的突出问题，又要着眼解决园区职工的交通、生活和文化娱乐等方面的问题。二要积极构建立体化大交通网络，建立快速物流通道，为加快现代化生产性服务业发展奠定基础。三要注重信息基础设施建设，建立覆盖城乡的智能化、综合化、现代化的公共信息服务平台，提高通信基础设施保障能力，推进电子商务、电子政务和现代信息服务业的发展，满足互联网经济的需要。在软环境方面，重点是努力营造良好的投资环境，要营造稳定可持续的政策环境、优质的服务环境、诚实的信用环境、淳朴的民风环境、良好的治安环境，切实维护外来投资者合法权益。

（五）加强交流，形成促进各地招商引资竞相发展局面

要改变河南各地招商引资发展不平衡的现状，一是要坚持解放思想，从思想认识上高度重视招商引资工作。要积极引导各级领导干部科学判断当前面临的严峻形势，充分认识只有通过大规模的招商引资，才能实现率先发展。二是开展有针对性的大讨论，认真梳理制约当地招商引资的核心症结，分析地区的优势和劣势，为制定招商引资战略提供科学依据。三是加强交流，互相学习借鉴相关地区的招商引资创新做法、优惠政策和先进经验，观摩各地的招商亮点，寻找工作差距，拓宽招商工作思路，从而形成竞相发展的局面。

（六）创新招商引资方式和途径，提升招商引资质量和水平

河南应对国内招商引资区域竞争日趋加剧的挑战，就需要在创新招商方式和途径上有突破。

1. 重视利用网络招商

充分利用互联网传递速度快、效率高、范围广、视觉效果好的优势，把符合国家产业政策的项目上网推介，并及时更新招商项目库，让投资者了解得更清楚，选择感兴趣的投资项目，选定之后可直接与项目单位负责人洽谈。

2. 重视利用中介招商

国际上有一些专事招商的中介机构，它们有实力、有信誉、有项目资源、业精路广，委托它们招商，既可以降低招商引资成本，又可以介绍符合当地实际的好项目。设立招商代理，委托境外招商中介机构和境外窗口企业招商，就可大大拓宽招商引资的视野和路子，以外引外，使招商引资更具有成效，招商成功率比自己出国招商或在国内外举行招商洽谈会要高。

3. 重视产业配套招商

要围绕培育主导产业，积极推动由"招商引资"向"选商选资"转变，由"项目招商"向"产业招商"转变，促进相同或相近产业项目向园区集中。要把承接产业转移与壮大支柱产业相衔接，围绕重点产业开展产业链招

商，有针对性地引进与之相关联、相配套的项目，提高产业的集聚度。

4. 重视重点机构和社会力量招商

利用外国驻华经贸组织进行招商。这些经贸组织与国外的商业性组织、大信息机构、大企业有千丝万缕的联系。要与国内外一流科研机构形成长期稳定的合作关系。通过它们了解大企业、大集团发展动态，第一时间找到对地方可能产生投资需求的投资人。要与国内外金融巨头建立联系。利用它们的资本优势改善金融生态环境，使河南的企业和项目有更多的融资空间，并获得经常性保障。要与国内外知名高校建立广泛的合作协议，为企业提供人才支撑。另外，也要充分调动各民主党派、工商联、侨联、台办、外事办、贸促会、驻外办事机构等组织在招商引资中的积极性，扩大招商引资渠道。

5. 要重视领导招商

一个地方的党政领导一把手，其能力、水平、信誉、人格魅力是外商投资信心的重要保证，是一个地区投资环境的第一要素、第一形象、第一吸引力。因此，在一些重点项目和产业领域的招商过程中，实施领导招商的办法，可以收到事半功倍的效果。

第十一章
河南对外劳务输出

对外劳务输出是对外开放的重要形式，在我国具有悠久的历史。河南是农业大省和人口大省，具有劳务输出的优越条件，也取得了良好的效果。随着我国改革开放的不断深化、社会劳动保障制度的完善以及新一代求职者就业观念的变化，应不断优化劳务输出的结构，提高劳务输出的层次，以促进劳务输出健康发展。

一 对外劳务输出概述

（一）对外劳务输出的含义

对外劳务输出是指一国（或地区）的企业或个人通过某种形式向另一国（或地区）的企业或个人提供各类劳务，并按合同要求进行的一种经济合作形式，是劳动力生产要素跨地区流动的具体表现。对外劳务输出包括国际劳务输出和国内劳务输出。

（二）对外劳务输出的类型

根据不同的标准，对外劳务输出可划分为以下几种类型。

1. 按对外劳务输出经营主体划分的类型

（1）政府机构组织的劳务输出。由国家所有制性质公司所经营的劳务输出，这种公司直接接受政府或政府职能部门的领导和业务指导。此种类型在我国最为普遍和典型，我国劳务输出业务多数为国有企业经营。

（2）非政府机构的劳务输出。由私人出资开办公司，经营劳务输出业务。公司可以是一人独自出资开办，也可以是几个人共同出资、合股兴办，这种以私营公司为中介的劳务输出类型在一些资本主义劳务输出国中是主要的类型，在我国占的比例正在不断加大。

（3）个人劳务输出。不受公司组织（无论国有还是私有性质）的派遣，不经过公司做中介，而是个人通过亲戚、朋友、同乡、同学等多种社会关系的介绍，投亲靠友，或者本人直接联系，到目的国就业谋生。这种个体劳务输出类型多存在于东南亚、南亚一些国家，在我国占的比例也在不断加大。

2. 按对外劳务输出方式划分的类型

（1）境内国际劳务输出。向国（境）外从事商务活动的企业在我国（境）内设立的代表处、办事处、公司等机构派遣劳务人员并以外汇结算的国（境）内对外劳务合作项目。

（2）承包工程带出劳务。无论承包单项工程抑或统包工程，均需承包公司分派项目管理人员、设计人员、施工人员等，为工程项目提供各种必需的劳动和服务。这种输出方式具有批量大、组织性强、好管理的特点，是我国主要的劳务输出方式。

（3）按照与雇主签订的合同提供劳务。提供劳务一方与接受劳务一方，经过洽谈协商，共同签署具有约束力和法律性质的合同。一经签约，劳务输出一方便依据合同对劳务的各种要求与规定，保时保质保量地提供劳务服务。与此同时，雇主对劳务人员必须承担履行合同规定的责任与义务。

（4）成套设备和技术出口带出劳务。一国的设备和技术出口，不可避免地需要设备安装、调试人员、技术顾问等随同前往目的地国，进行安装、调试等项劳动服务。这种输出方式在发达国家较为常见。

（5）在海外兴办企业带出劳务。在海外兴办企业，不仅带出资金和技术，而且还可带出相关的经营管理人员、专业技术人员等劳务。此种输出方式适用于熟练的有技能的高素质劳动力。

（三）我国对外劳务输出发展概况

我国对外劳务输出是随着对外承包工程而逐渐发展起来的。从 20 世纪 50 年代末期开始，我国派遣了大批技术人员、工人及医务人员分赴亚非拉欧等 50 多个国家和地区，参加了许多经济援助项目的建设和服务，积累了在国外施工和提供劳务的经验，这些为以后对外劳务输出事业打下了基础。

党的十一届三中全会以后，中国实行对内搞活、对外开放的政策，劳务输出作为中国对外经济技术合作的一种重要形式获得了迅速的发展。到 1979 年 4 月，经国务院批准，先后有中国建筑工程公司、中国公路桥梁公司、中国土木工程公司、中国成套设备出口公司四家公司率先开始从事对外劳务输出业务。是年年底，这四家公司在伊拉克、阿拉伯、也门、埃及、索马里、马耳他、中国香港等国家和地区签订 21 项合同，劳务合同额 1756 万美元，在外劳务人数共计 1290 人。中国对外劳务输出迈出了艰难的一步。其后，更多的国际公司相继成立并走向国际市场，使我国的对外劳务输出事业迅速发展起来。自 1979 年起，我国的对外劳务输出大体上可分为以下几个发展阶段。

1. 起步阶段（1979～1984 年）

1979～1984 年为中国劳务输出的起步阶段，中国对外劳务输出人数由 2190 人增加到 5 万人，平均每年递增 86.9%，劳务合同额由 1765 万美元增加到 1.99 亿美元，平均每年增加 62.4%。到 1982 年底，经对外经济贸易部批准，共有 29 家企业从事对外劳务输出业务，至 1984 年底共有 45 家国际公司从事对外劳务输出业务。这一阶段，我国外派劳务人员主要从事工程建设，集中在中东、北非市场。这一阶段我国对外劳务输出之所以能快速发展主要是因为此时的国际劳务市场空前繁荣，特别是中东、北非市场，吸引了大量外籍劳务，客观上为中国劳务输出事业的起步和发展提供了良好的市场条件。另外，我国对外劳务输出起点较低，因此发展速度较快，突出表现为通过承包工程和劳务项目输出的人数急剧增加。

2. 徘徊阶段（1985～1990 年）

这一时期的中国对外劳务输出增长缓慢，基本上处于停滞徘徊阶段。1990 年末在外劳务人数为 5.8 万人，6 年间平均增长率只有 2.5%，比前一阶段大为减少；按合同额来看，1990 年合同额为 4.8 亿美元，年均增长也只有 15.7%，大大低于上一阶段。

从 1983 年起，各劳务输入国陆续颁布了限制外籍劳务人员的规定，其后又开始大量驱散外籍劳工，1986 年中东地区的外籍劳工一度降到 500 万人以下。在此期间，中国国际公司的承包工程和劳务合作项目绝大多数集中在中东地区，对其他地区劳务市场开拓不足，因而导致劳务输出人数在 1986 年下降到 4.7 万人。1987 年以后，由于石油价格逐渐趋于平稳，1988 年"两伊"停战并开始战后重建工作，中东劳务市场开始好转。加上这一时期我国国际公司开始注重市场多元化战略，努力发展中东以外，特别发展东南亚及苏联市场，使得中国劳务输出人数又出现回升，1988 年达 7 万人。对外劳务合作也从对外承包工程输出向纯劳务外派发展，对外劳务合作企业开始向境外雇主提供建材、纺织、电子、农业、渔业等行业的劳务人员。然而，1990 年 8 月，伊拉克入侵科威特引发了海湾危机和海湾战争，中国被迫从伊拉克、科威特撤回 1.5 万多名劳务人员，致使1990 年底在国外的劳务人员数量又回落到 5.8 万人。

3. 快速发展阶段（1991~2000 年）

1991~2000 年是我国对外劳务输出的快速发展时期。在中东劳务市场不景气、中国劳务人员大批撤回的情况下，中国国际公司改变了原来的经营策略，重点推行市场多元化方针，积极开拓新市场，外派劳务人员数量大幅增加。1991 年底，中国在海外劳务人员总数比前一年增长 5.1%，达到 9 万人；劳务合同额超过 10 亿美元，比前一年增长 126.9%，均创历史最高水平。其中，中国香港、中国澳门、日本、新加坡、苏联及美国成为中国对外劳务输出的重点国家和地区，其劳务人数占海外劳务总数的61.05%。1992 年又取得了突破性进展，年底在外劳务人数达 13 万人，比1991 年增长 44%；劳务合同额达 13.3 亿美元，比 1991 年增长 33%。至2000 年末，在外劳务人员有 40 余万人，分布在世界 184 个国家和地区，基本形成了多元化的市场格局。

4. 调整提高阶段（2001 年至今）

2001 年至今为调整提高阶段。2001~2014 年，我国对外劳务输出人数年均增速在 11% 左右，外派劳务人员的素质也不断提高。除建筑、纺织等普通劳务外，海员、空乘、IT、科教文卫体、设计咨询、管理等各领域专才的外派规模也不断扩大，已初步形成了行业种类齐全、低中高级劳务完备的劳务输出格局。截至 2014 年底，我国在外各类劳务人员 100.6 万人，较上年同期增加 15.3 万人。其中，对外劳务合作派出各类劳务人员 56.2 万人，较上年同期增加 3.5 万人，同比增长 6.6%；在承包工程项下派出 26.9 万人，在劳务合作项下派出 29.3 万人。目前，经中国商务部批准具有对外劳务合作经营权的企业 2000 多家。外派劳务遍及 198 个国家和地区，广泛分布在制造业、农林牧渔业、交通运输业、建筑业等领域。对外劳务合作为国家创造大量外汇收入，加深了同东道国的了解与友谊，拓宽了中国与世界各国的政治和经济交往。

（四）河南对外劳务输出的战略意义

对外劳务输出是河南经济发展和对外经济合作中的重要部分，对全省经济和社会的发展具有重要的战略意义，具体表现在以下几方面。

1. 劳务输出有利于缓解就业压力

河南是中国第一人口大省，又是农业大省，剩余劳动力数量巨大，就业压力仍是河南面临的重要社会问题。河南省从 2000 年开始，人口自然增长率连续 6 年保持下降趋势，而且低于全国平均水平。但由于人口基数庞大，全省人口平均每年增加的绝对数仍有 50 万人左右，呈现人口低增长率与高增长量并存的局面。据河南省第五次人口普查资料预测，到 2020 年河南总人口将达 1.03 亿~1.07 亿人，庞大的人口总量给社会就业带来巨大的压力。2014 年，河南共有人口 10662 万人，其中 20~54 岁的人口数量占 50% 左右，这个年龄段的人口都是需要就业的人力资源。一是转移出来的农业人口就业压力。随着农业生产机械化水平的不断提高，农村富余劳动力越来越多。从 2001 年开始，农村人口每年要下降 100 万人左右，而城镇人口每年要增加 100 多万人，其中有很大一部分农村人口转移到了城市。在目前的情况下，河南不少地方还不能在本地完全解决农村富余劳动力的转移问题。二是大学生群体的就业压力。河南高等教育近年来发展迅速。特别是 1999 年高校扩招以来，毕业生人数急剧增加。河南省普通高校毕业生由 2000 年的 4.13 万人升至 2014 年的 48.3 万人，大学生群体的就业压力不容小视。河南省由于受经济结构、产业结构影响，第三产业相对滞后，能容纳的就业岗位远远不能满足庞大的人口就业需求。因此，对外劳务输出是转移就业压力、将人力资源优势转化为经济优势和科技优势的重要途径。

2. 劳务输出有利于增加劳动者收入

对外劳务输出是促进劳动者持续增收的重要渠道。尤其对于广大农民劳动者来说，在河南人均耕地面积有限的条件下，提高粮食产量、提高粮价的空间很有限，农民仅靠种地很难增收致富奔小康，必须把相当数量的农民分流出来，实现农民择业的多元化。对外劳务输出是一条投资少、风险小、见效快的途径。有关专家估算，我国每增加1.22个劳务输出岗位，就可以增加1万元总产值。而国际劳务人员的工资报酬又往往高于国内水平。在劳务输出人员的收入中有相当一部分被寄回国内，进入我国国民经济大循环，因此可以为国家积累宝贵的外汇，促进我国国际收支的平衡，缓解我国发展资金不足的矛盾，同时也能增加劳务输出地的地方收入，刺激当地的消费需求，拉动当地经济的发展。另外，大量农村富余劳动力对外输出后，输出地的耕地等资源的人均占有量相对增加，间接地增加了农民收入。所以，对外劳务输出，对农民来讲，是"两头开花"，成本低，见效快，收益大，可以说是解决当前农民增收问题又快又好、最为现实的办法。现在，河南许多地方的农民都说这样一句话，"出来一个人，全家就脱贫"。一个家庭如果能有两三口人走出去打工，每年往家里寄点钱，他们的家庭收入就会大大增加。新县是全省涉外劳务输出先进县，截至2014年，新县已先后向国内外派出劳务（研修）人员4万余人次，年输出规模稳定在1500人以上，常年在外人员超过6000人，年创汇超过7278万美元，折合人民币近50亿元。

3. 劳务输出有利于解决农村问题

河南农业比重大、农村人口多，"三农"问题比较突出。全面建成小康社会、实现中原崛起，重点在农村、难点也在农村。农村经济向市场化过渡，需要迅速提高农民的素质。对外劳务输出，让农民走出去接受教育，是对农民这一人力资本进行改造的有效措施。农民外出务工，不仅能够获得一定的经济收入，更重要的是通过工业文明和城市文明的熏陶，可以转变农民的落后观念，破除农民的僵化思想，使他们逐步摒弃"小农意识""小富即安"等思想，能以最小的投入，让农民学到新知识、掌握新技能、接受新事物、树立新观念，迅速提高农民的能力素质，增强市场经济意识、创业意识、竞争意识和风险意识，促进农村经济结构调整，推进农村经济市场化。调研发现，劳动力转移较多的乡村，青年人的文化卫生意识大有提高；年龄在 23～26 岁的青年，婚后只生育一胎的已很常见，计划生育工作难度明显减小。通过外出务工，推动了农村的精神文明建设。还有一些人通过外出打工提高了本领，回乡后当了村组干部，为农村基层组织建设增添了活力。农村经济的发展、精神文明建设和基层组织建设的不断增强，又推动了农村和谐社会建设。

4. 劳务输出有利于学习国外先进技术和管理经验

发展对外劳务输出，不仅大量创造物质财富，促进城乡物质文明建设，而且有效地改造了外出务工人员的精神世界，促进城乡政治文明和精神文明建设，推动了社会经济持续快速健康发展。

（1）可以通过务工人员到国外走南闯北，脱离小农经济落后的生产生活方式，接受最新现代文明的熏陶，接受市场经济洗礼，更新观念，提高素质，培养和造就新型劳动者。很多外出务工者都是在对外劳务输出人员素质培训中，得到了专业技能、职业道德、法律知识、语言能力等的培养，再加上在国外工作过程中，学习到国外先进的管理经验和技术工艺，使自身的劳动力价值得以"增值"。

（2）可以通过大批外出务工人员返乡创业，彻底改变闲散劳动力"半闲半做"的懒散生活，促进社会改革、发展和稳定，不少外出务工者告别过去保守、狭隘的落后思想，一举成为先进文化的传播者和精神文明建设的带头人。务工人员通过海外劳务的锻炼，不仅自身素质得到明显提高，经济条件得到改善，而且返乡后还传授经验，带领群众共同致富。许多农民都是"一年土、二年洋、三年回家办工厂"。

（3）可以通过大规模的人口流动，推动城乡二元结构向一元结构演变，彻底打破一系列制度性障碍，促进政府治理创新和社会变革。

5. 劳务输出有利于提高河南对外开放水平

对外劳务输出是对外经济合作的重要组成部分，扩大劳务输出，提高输出的质量，对河南实施开放带动主战略具有重要意义。自第二次世界大战结束以来，现代国际劳动力市场经过半个世纪的发展变迁，已经相当成熟。发展境外就业，参与国际劳动力市场竞争，不仅有利于充分开发和利用河南省丰富的劳动力资源，也有利于了解和借鉴国际劳动力市场的运行规则和运作规律，促进河南省内劳动力市场的形成与发展。同时，也可促进河南省内劳动力市场与国际劳务市场的接轨与融合，扩大对外劳务输出规模，提高对外开放水平。一个地方出去的人越多，在外面工作的人越多，那个地方就越开放，经济社会也会发展得越好。因此，对外劳务输出是实施走出去战略的重要抓手，有利于提高河南对外开放水平。

二 河南对外劳务输出的历史和现状分析

(一) 河南劳务输出的总体情况

河南的劳务输出主要有 5 种方式：一是对外承包工程带动劳务输出，二是境内企业法人与国外雇主签订劳务合同派出劳务人员，三是在境外兴办企业派出劳务人员，四是通过设备、技术出口外派劳务人员，五是民间劳务输出。其中大部分以对外劳务合作（包括外派劳务和境外就业）和对外工程承包等形式输出。河南对外劳务合作始于 20 世纪 80 年代初，输出规模每年在 3000 ~ 5000 人。20 世纪 90 年代之后规模渐渐扩大，进入 21 世纪以来发展迅速。2004 年以来，河南省外派各类劳务人数以年均 14.5% 的增幅递增，到 2009 年外派劳务人员近 5 万人次，其中对外劳务合作业务输出 22983 人。2014 年，全省拥有国家批准的对外劳务合作企业 54 家，外派劳务基地 42 个（其中国家级 4 个，省级 25 个），外派劳务培训中心 39 个。河南对外劳务输出地主要是日本、韩国、中东、非洲等国家和地区。从事的工种有服装加工、远洋捕捞、建筑、种植业等。凡是到境外就业的人，大多数具有一定的技术水平，在经过专业技能培训之后，按照对方的要求，获得基本的技能之后才能输出去。

(二) 河南劳务输出发展的历史阶段

河南劳务输出大体上经历了三个发展阶段。

1984 ~ 1988 年为起始阶段，盲目流动人口较多。当时，农民的思想较为保守，认为到外地打工丢人，或者对子女外出的安全不放心。此时，各级劳务输出管理机构开始建立，对农民外出务工做宣传引导工作。

1989～1996 年为有序流动阶段，农民深感"外面的世界很精彩"，不少外出农民依靠劳动主管部门安排，民工流动进入有序流动阶段。

1997 年至今是间接有序的流动阶段。农民长期外出务工，其中的许多人融入了当地经济的发展，他们回乡探亲，返回原单位时，往往会带走亲朋邻里。这一时期，农民工就地创业、返乡创业者大量涌现。

（三）河南劳务输出取得的成就

1. 政策促进体系初步建立

为鼓励和扩大对外劳务合作，河南省政府以豫政〔2000〕37 号、豫政办〔2003〕11 号、豫政办〔2004〕25 号文分别下发了《河南省人民政府关于进一步促进国有企业下岗职工再就业工作的通知》《河南省人民政府办公厅转发省对外开放领导小组办公室关于进一步扩大外派劳务意见的通知》《河南省人民政府办公厅转发〈河南省商务厅等部门关于进一步整顿和规范对外劳务经营秩序意见〉的通知》，对下岗职工、农民到境外从事劳务给予政策支持；取消向劳务人员收取的履约保证金，切实减轻了劳务人员的负担。2005 年出台了《河南省对外劳务合作业务管理办法》，2014 年省人力资源社会保障厅转发《人社部办公厅关于做好劳务派遣暂行规定贯彻实施工作的通知》，这一系列的政策有力地促进了劳务输出的快速发展。

2. 服务体系逐步完善

建设外派劳务基地，经河南省对外开放工作领导小组考核，在全省确认了 7 个外派劳务基地县和 7 个外派劳务重点联系县，其中新县于2005 年被中国对外承包工程商会授予"行业外派劳务基地县"。各级地方政府对外派劳务的重视程度空前提高，形成了省、市、县及中央公司和省外企业组成的多层次、全方位劳务输出促进和服务体系。设立了河南省外派劳务（研修生）考试中心，规范市场经营秩序，提高劳务人员技能和素质。

3. 形成省、市、县三级协作的发展模式

河南积极创新外派劳务发展模式，形成外派企业开拓国际市场、劳务

基地招收、委托学校培训、乡镇输送人员的良好格局，提高了外派劳务人员素质和对外劳务合作层次。以新乡市外派海员的运作模式为例，已建立起三个运作网络，包括海员招收网络（建立17个省内海员招收站，与8所海事院校建立委培关系）、海员培训网络（设立12所海员预科学校、34所海员招生基地学校、4个海事学院新乡基础教育教学点）、海员外派网络（与中远、中海、海工、华洋等集团下属的海员外派机构、国内外船运公司签订用人协议），年外派海员1000人左右。

4. 劳务结构向多元化和高层次转变

从行业上看，除传统行业外，吉星公司开辟了韩国农业研修生，新乡海员局开辟了外派海员业务，这都是技术含量、收益较高的行业；从国别地区看，在巩固亚洲、非洲传统市场的基础上，一些高技能劳务人员也成功进入德国、美国、芬兰、加拿大、澳大利亚等国市场，派往新加坡、日本、中东等发达国家和地区的劳务人员也明显增多。行业领域已从最初单一的建筑劳务发展到制造业、建筑业、纺织、农林牧渔业、饮食、服务业等多个领域，最近两年还新开辟了医护、花卉种植、肉食品加工、造船、计算机软件、海员等行业，外派中餐厨师有较大增长，设计咨询管理、科教文卫体等高级技术领域的劳务人员也有派出。

5. 务工人员有序流动性加强

人力资源总是要往经济效益高的地方或行业转移集聚，因此务工人员流动是很常见的。但是如果没有建立相对稳定的劳动关系，频繁流动，会造成人力资源和时间的浪费，给务工者带来经济损失。河南省外出务工人员有1400万人，有序流动的占36%，但这远远不够，目前河南省正加大有序流动的力度。搞劳务派遣，争取成规模、成建制输出，是河南目前正在不断完善的一项工作。例如，某用工单位需要什么工人，省劳动部门就帮他们配置好，把人送过去，劳务输出公司还加强后续管理，跟踪技术培训，加强思想教育，维护他们的合法权益，等等。河南的劳务输出正在实现四个转变，即由自由型向组织型转变，由分散型向规模型转变，由流动型向稳定型转变，由体能型向技能型转变。靠出卖原始劳动力，经济效益差，好多地方对工人做培训之后，成为技工，增加了他们谋生的本领和技能，工资水平、福利待遇也随之提高了。

6. 形成了有影响的劳务品牌

近年来，劳务输出的"品牌效应"开始显现，部分县（市）结合当地的特点，充分发挥公共职业介绍机构的作用，在保证扩大外派劳务规模的基础上鼓励企业多做精品项目，逐步形成有一定规模和影响的独具特色的劳务品牌。如新县和嵩县涉外劳务、新乡海员、栾川渔工、安阳建筑已经是叫得响的劳务品牌。2007年，新县被中国对外承包工程商会评为全国5家"优秀对外劳务行业基地县"之一，2008年被中国对外承包工程商会确定为"全国外派劳务基地委员会主任委员单位"，新县劳务局下属的吉星对外劳务合作有限公司更是全国唯一一家被商务部授予直接对外劳务（研修生）培训资格的县级对外劳务公司。中国建筑股份有限公司、中国成套设备进出口公司、中国航空技术国际工程公司、中国海外工程有限责任公司等中国劳务输出骨干企业，也纷纷将劳动力资源丰富的河南省作为劳务输出基地。

7. 培养了一批成功创业的企业家

现在越来越多的河南人选择出国打工，虽然辛苦但经济收益比较大。很多人挣到"第一桶金"之后回国创业，干出了一番成绩，也拉动了当地经济的增长。近年来，新县开始注重和积极鼓励回国劳务人员返乡创业，从而形成了涉外人员回国创家业、能人创企业、企业创大业、创业带就业的可喜创业局面，涌现出一批有着时代特点的成功人士。

（四）河南对外劳务输出的典型介绍

1. 外派劳务基地县——新县

新县位于豫南大别山腹地、鄂豫皖三省接合部，总面积1612平方公里，其中耕地面积25.8万亩，山场面积188万亩，辖16个乡（镇、区）、205个行政村（居委会），总人口36万人，是一个以林为主的山区县，是全国著名的革命老区和将军县，也是国家扶贫开发工作重点县。

新县劳务输出工作开始于1984年，1994年开始向国外派出劳务（研修）人员，到2014年底，已先后向国内外派出劳务（研修）人员4万余人次。其中向国外派出劳务（研修）人员1.5万余人次，年输出规模稳定在1500人，常年在外人员达6000人，年创外汇7278多万美元，占农民人均纯收入的 27.2%，累计创汇 8 亿美元，折合人民币 50 多亿元。外派劳务人数、创汇金额、期末在外人数连续 12 年均居全省县级首位。

新县对外输出劳务（研修）人员规模大，分布地域广。日本、韩国、新加坡、约旦、塞班、沙特、以色列、阿联酋、加拿大、芬兰等 20 多个国家和地区均有新县输出的劳务人员，新县劳务局还先后获得商务部批准在韩国和日本设立办事处。1999 年新县在全国县级中率先获得外派劳务经营权，连续多年被评为全省外经工作先进单位，2005 年被省政府授予"全省再就业先进单位"，2007 年被商务部所属的中国对外承包工程商会评为全国 5 家"优秀对外劳务行业基地县"之一。2008 年 3 月，新县成为全国 18 家外派劳务基地县中唯一当选的"全国行业外派劳务基地委员会"主任单位。2008 年 8 月，新县对外劳务合作管理局被评为全国首批 4 家中韩雇佣制地方公共机构之一。2009 年，国家和省、市的主要领导人先后到新县的外派培训中心视察，对新县的外派劳务工作给予了充分肯定。中央电视台《新闻联播》、新华网、《人民日报》等主要媒体对新县外派劳务做了大量宣传报道，进一步叫响了新县劳务品牌。

近几年，新县回国人员累计投资超过 5 亿元，投资主要集中在林业、种植、养殖三大富民产业上，涉及山场、生态旅游、农家饭庄、现代农业等行业，共创办建筑、建材、装潢等企业以及开办日韩风格酒店、农家饭庄 3000 多家。新县涉外劳务农民工返乡创业的成功经验和地方政府的抚育机制，为其他欠发达地区促进农民工返乡创业推动地方经济发展提供了较好借鉴。

2. 外派劳务基地县——嵩县

嵩县位于豫西山区，总面积 3008 平方公里，有 54 万人口，共有劳动力 34 万人，城乡富余劳动力 14 万人。近年来，嵩县县委、县政府把外派劳务作为增加农民收入、加快农村经济发展的一项重要产业来抓。从零星输出到规模输出，嵩县已逐步成为全省的劳务输出大县，2003 年被省政府确定为"外派劳务基地县"，2005 年和 2006 年连续两年被省商务厅授予"外经工作先进单位"。近几年，每年向北京、上海、广州等全国各地输出务工人员 15 万人以上，累计向日本、新加坡、韩国、毛里求斯等 32 个国家和地区输出涉外劳务 16000 多人次，年创劳务收入 20 亿元。劳务收入已占全县农民人均纯收入的70%以上。

为了做好外派劳务工作，嵩县成立了县外派劳务工作领导小组，由县委书记任组长，县长和常务副县长为副组长，县组织、纪检、劳动、财政、金融、计生、公安、交通、扶贫、宣传、工会、妇联、共青团等部门领导为成员，协调服务外派劳务工作，定期研究解决工作中出现的问题。各乡（镇）成立了相应的领导机构，由一名副科级以上领导专抓外派劳务输出，确定 1～2 名专职干部；各村明确一名村干部专门抓这项工作，保证了县乡村三级网络的畅通。成立了由组织部、纪检委、"两办"督查室及有关部门组成的外派劳务专项督查组，每月对各乡（镇）外派劳务情况进行督查落实，表彰先进，鞭策落后，同时县财政每年都拿出专项经费，帮助县劳务输出公司做好外派劳务工作。为了扩大外派劳务的宣传，彻底改变群众观念，在电视台开辟外派劳务输出专栏，对优秀外出务工人员进行广泛宣传、表彰，树立典型，示范带动鼓励群众走出大山、走向市场，向市场要职业、向市场要财富。并投资制作外派劳务专题片，组织外派劳务宣传大篷车，编写外派劳务文艺节目，深入全县 16 个乡（镇）、300 多个行政村巡回演出。嵩县还在各乡（镇）交通路口、大型建筑物上刷写标语，在春节期间组织外派人员座谈会，让那些务工致富者现身说法，真正起到典型示范作用，营造出浓厚的社会舆论氛围，在全县范围掀起出国劳务的高潮。另外，嵩县还鼓励公职人员出国务工，在出国期间照常可以晋职晋级。同时加大对培训中心的投入，嵩县每年都要投入 10 万元对培训中心进行设备更新，县政府在用地十分紧张的情况下，协调 2.4公顷土地，筹建新的综合性的外派劳务培训中心，为外出务工人员提供完备的培训服务。

3. 外派劳务基地县——栾川

栾川是地处洛阳山区的贫困县，只有 32 万人口，人均耕地不足 0.04 公顷。1992 年，栾川县有关部门在县委、县政府的支持下充实工作人员，成立外派机构。首先，他们把渔工劳务作为突破口，当作劳动部门的重中之重和亮点工程、首要工作来抓，并在宣传上大做文章，利用各种形式开展宣传活动，引导农民解放思想、更新观念，冲出家门、走出国门，先后投入 4 万多元制作了 3 部反映渔工家庭变化的专题片《金光大道》，在电视台播出后，产生了轰动效应，利用身边的人、身边的事教育人，使每年出国报名的人员就达 2000 人。其次，充分发挥乡、（镇）劳务站的作用，实行奖优罚劣措施，激励他们在开展渔工劳务中大显身手。出国渔工在栾川形成了出去一个人、脱贫一家人、带动一片人的热流，出国做渔工成为家喻户晓的脱贫项目。在栾川县合峪镇的合峪村、庙子乡的庙子村、栾川乡的双堂村等全县 16 个行政村，适龄青年有 30% 都出国当了渔工，成为名副其实的渔工村。2003 年，栾川县先后成立了以县委、县政府为首的外派劳务领导小组和劳务输出工作指挥部，把渔工及其他外派劳务纳入乡（镇）的目标管理，与此同时，全县的 14 个乡（镇）相应地成立了外派劳务领导小组，213 个行政村有信息员。为了让更多的农民走出国门，2004 年他们与栾川县农村信用合作社合作，专门下发了为出国人员提供贷款扶持的规定，金融机构给予外派劳务人员不低于前期费用 60% 的低息贷款的优惠政策，外出人员办理各类证件随到随办。县政府还拿出专项资金用于劳务技能培训补贴（出国渔工培训每人补贴 800 元，缝纫工培训每人补贴 200 元，电焊工培训每人补贴 300 元），对到国外务工人员在县信用联社协调解决前期费用 60% 的基础上，各乡（镇）再协调解决 15% 以上的费用，从而形成党委、政府直接抓，部门配合，上下联动，齐抓共管的工作格局。为了切实加强对外派劳务人员的培训工作，栾川县委、县政府将占地 25000 平方米的原县职业高中划为外派劳务培训基地，还聘请有出国经验的人员任教。县委、县政府每半年召开一次外派渔工促进会，每年评选一次"十佳外出务工青年""十佳外出务工模范家庭"，并进行表彰。栾川县合峪镇党委、政府还在政府驻地门前征地 3.3 公顷，建起了全县最漂亮的船员村。目前，全县已累计外派劳务人员 6350 人，创外汇收入 4350 万美元，有 5500 户农村贫困家庭摆脱贫困。栾川县被河南省对外开放办领导小组授予"外派劳务基地县"，对外劳务输出帮农民走上了致富路。

4. 对外海员输出基地——新乡市

新乡的海员培训从小到大，逐步发展，到今天，它已成为中国中西部地区拥有海员人数最多的海员基地，并开始在世界海员市场崭露头角。

20 世纪 90 年代初，交通部对口扶贫时曾帮助新乡向航运企业培训输出了一批船舶焊工。新乡人由此发现航运企业安置就业的潜力，开始尝试招收高中毕业生送到海事院校培养，毕业后委托外派机构输出的运作办法。1997年，新乡市劳动就业部门成立了新乡海员服务中心。2001年，新乡市抢抓机遇，大力发展外派海员产业，大胆提出用6年时间把新乡建成我国中西部地区最大的海员培训输出基地，到2012年新乡市已拥有1.1万名海员，成为中西部地区最大的海员基地，劳务年收入8亿多元。

通过几年来的努力，新乡市逐渐摸索出了一条以海员招收、培训、输出、管理、服务为一体的运作模式，大力培训海员。该市开办了12所海员预科学校，年招收学员1600人。新乡海运学校组建于2005年，建筑面积5000多平方米，室外训练场地12000多平方米，该校的建成为新乡打造"海员基地"打下了坚实基础，目前从该校已经走出了1万多名海员，成了名副其实的海员基地。目前，新乡正在建设"海员城"，新乡市已在市区东南角的新区预留了土地，按计划将建立5000套海员公寓，此后还要建相应的海员俱乐部、学校、医院、游泳馆以及未来的海员培训中心等设施。

新乡市还同国家有关海员外派窗口单位建立了紧密的协作关系，目前，挪威、瑞典、美国、日本、新加坡、中国香港、中国澳门等国家和地区已成为该中心的主要外派地。据统计，我国目前有74个航海院校和培训机构，培养能力年均6450人，其中新乡占了1/10，新乡已成为国内拥有最多海员队伍的基地。海员队伍不断壮大，结构趋于合理，整体素质高，"新乡海员"开始作为一个品牌受到全国航运界认可。

三 河南对外劳务输出存在的问题

虽然河南对外劳务输出近年来有较快的发展，但与涉外劳务产业发达的江苏、山东等地相比还存在着一定的不足，与国际劳务发达地区的对外劳务输出发展水平更是有着很大的差距。河南在对外劳务输出工作中暴露出的问题主要有以下几个方面。

（一）观念落后，对劳务输出工作重视不够

劳务输出是国际贸易的重要分支。劳务输出同商品贸易、吸引外资一样，都是对外经贸活动的重要组成部分，应予以高度重视。但在改革开放

以前，我国基本上没有劳务输出。1979 年以后，在思想认识方面虽然有所转变，但对劳务输出的认识和重视程度还很不够。河南省的劳务输出工作起步较晚，发展较缓慢，不仅仅是政策的影响，主要是思想观念落后，在对劳务合作的认识上不够。尤其是改革开放这么多年，各级政府部门没能充分意识到劳务合作的重要性，始终把战略重点放在发展对外贸易和招商引资方面，忽视了劳务输出，对商品出口制定了许多优惠措施，对劳务输出却常常加以限制，"重商品轻劳务"，直接影响和制约了河南劳务输出的迅速发展。

（二）涉外培训落后，涉外务工人员整体文化素质较低

随着对外开放程度越来越高，各国对劳务人员的要求也越来越高。目前，河南劳动力的总体文化程度较低，语言交流有障碍，技术水平也较落后，结构不够合理。虽然务工者在输出前都经过专业技能培训，但短期的培训效果毕竟有限，因此河南省劳务输出主要以低技术体力型的"普工"为主，对外劳务输出主要集中在发达国家劳动力普遍短缺、工资较低的劳动密集型行业，纺织、服装、建筑、农业种植、海洋捕捞、水产加工等劳动密集型低层次劳务占了绝大多数，所占比例超过 90%，而且大都是在中小企业，而技术含量较高的中高级劳务所占比例不到 10%。输出劳务技术含量低，一方面很难挤占欧美等发达国家专业技术劳务市场；另一方面劳务人员收入也难以提高，干的都是脏、险、累的工种。对外劳务输出人员绝大部分是农村剩余劳动力、城镇下岗职工及无业人员，受教育程度和专业技术水平低，对当地市场的适应能力差。赴外务工人员普遍对国内外相关法律、法规和务工政策缺乏了解，急于"海外淘金"的心理和自我保护意识淡薄、自我行为约束不足，往往被不法分子利用和欺骗。一些"海外淘金者"上当受骗后不知道该如何获得帮助，就到我驻外使（领）馆围堵、上访、闹事，严重扰乱了对外劳务的经营秩序，损害了国家的形象。

（三）对外劳务输出经营主体单一，输出地区过分集中

河南的劳务输出渠道狭窄，选择劳务输出主要集中于少数几个国

家，经营方式单一，使河南的劳务输出受到很大限制。国外各劳务输出大国的普遍做法是输出劳务的渠道和方式多样化，如通过政府间的协议输出劳务，或是通过企业间的国际合作输出劳务，或是通过个人关系到海外就业，等等。输出劳务的方法也很多，如工程承包带动劳务输出，直接与外国政府有关部门或雇主洽谈输出劳务，等等。亚洲许多国家在劳务输出的实践中均采取政府机构、非官方机构和个人三种渠道并重的举措，以充分发挥各方面的积极性和能动性，菲律宾、巴基斯坦、泰国和孟加拉国四国的官方劳务输出渠道所占的比重分别仅为4.6%、7.4%、0.9%和3.3%，其余均为民间和个人渠道。相比之下，河南省劳务输出的渠道狭窄、经营方式单一，劳务输出工作受到了极大限制。以新县为例，对外劳务合作管理局、吉星公司、外派劳务培训中心分别独占了新县对外劳务输出的管理权、经营权和培训权，三者形同一家，在新县一般直接统称"劳务局"。这样的一个集裁判员、运动员、教练员为一体的组织占据了当地的正规对外劳务输出市场。而受限于吉星公司单一的输出渠道和狭窄的业务范围，新县劳务人员的对外输出大多去往日本、韩国、新加坡等亚洲国家，全球其他地区的广大劳务市场得不到开拓。传统的"官办"模式难以适应当今国际劳务市场小规模、多层次、多批次、短周期的需求特点。

（四）对外劳务输出信息缺乏，竞争力不强

在国际劳务输出过程中，能否及时有效地获取相关信息往往具有决定性的影响。目前，河南省对国际劳务市场的开发和研究还很不够，缺乏一个有效的信息交流渠道。劳务输出机构和企业在获取相关的信息方面渠道不多，交流闭塞，大多依靠其自身在国外的办事机构了解市场需求信息，获取的信息量非常有限。河南至今还未建立一个搜集、传递国际劳务信息的网络，没有统一的信息处理机构，从宏观到微观，从大的项目到零散的劳务需求信息有限。目前，国际劳务市场的供求信息变化很快，而河南劳务输出管理机构对国外相关法律法规、政策导向、劳动力市场信息了解不够全面、充分、及时；对省内剩余劳动力供给情况的动态变化也不够了解，有针对性的人才开发、培训工作滞后，难以抓住国际劳务市场稍纵即

逝的机遇，这种信息障碍势必影响河南省劳务输出的发展。

（五）劳务输出行业经营秩序混乱，缺乏监管

由于河南劳务输出经营单位规模普遍较小，实力较弱，开拓新市场的能力不强，因此大量企业都挤在我国周边国家的普通劳务市场。在激烈的市场竞争中，常常置国家规定、行业管理与合同约束于不顾，采用不正当手段和低价竞争。现有规章对违规企业的处罚力度和非法中介的打击力度不足，合法外派劳务公司（包括境内外派劳务公司和境外就业中介企业）也出现违规经营。此外，正规出国途径被垄断，变相刺激了非法劳务中介的抬头。黑中介最大的优势就是费用低、出国快，也不用培训，半年内就能走。没有经营资格的黑中介违法行事，往往以商务签证和旅游签证派遣劳务，从而导致劳务纠纷的发生。2008 年是外派劳务纠纷高发期，共发生 18 起典型纠纷，其中属劳动部门批准的涉外劳务中介派出的 10 起，属不法个人及非法中介介绍出境的有 7 起，属商务部门批准的涉外劳务中介派出的 1 起。

（六）对外劳务输出缺乏相应的法律法规，管理体制不健全

对外劳务输出法律法规比较滞后，企业劳务输出不规范，非法中介诈骗问题较多，给劳务输出带来不少负面影响。我国迄今没有专门的相关法律和行政法规，《对外贸易法》仅对促进国际服务贸易做出原则性规定，《劳动法》也没有海外就业的特别规定。起主要调整作用的是部门规章和地方规范性文件，不仅数量少、位阶低、不统一，而且存在诸多制度盲区。由此导致劳务人员和劳务输出机构之间的权利义务不明确、主管部门管理和调整对外劳务合作关系的法律依据不足、对外劳务纠纷难审、难判、难处理。部分政府工作人员存在重货物贸易、轻服务贸易和重输出数量、轻善后服务的想法，在对外承包劳务输出方面缺少总体的战略规划和部署，在落实政策措施方面工作不够扎实得力，相关宣教和应急预案等基础性措施不够。在管理上，对外劳务输出由商务部门、劳动和社会保障部门等不同的行政机构一起管理，没有专门部门负责劳务输出，多头对外，没有统一的管理系统。实际工作中各相关部门之间权责不明，政令缺乏系

统性，可操作性差，给劳务输出造成一定的麻烦和损失。

四　提高劳务输出水平的对策建议

（一）河南促进对外劳务输出应遵循的原则

1. 尊重群众，因势利导

河南就业观念已经有了很大变化，充分利用农民致富的心理，引导他们积极主动创业，参与到对外劳务输出的行业中来，做好准备工作，切实保障输出途径的畅通，同时解决好劳务输出人员的后顾之忧，保障劳务输出人员的利益。

2. 提高素质，积极推动

河南是全国第一人口大省，劳动就业压力大，通过近些年劳动力向东南部发达地区的转移，相当一部分劳动力获得了一定的技能，思想意识比较超前，有强烈的"走出去"意识，同时充分利用好现有的职业培训，加大培训力度，提高素质。河南要充分利用这一优势，积极做好劳务输出的工作，增加收入，解放劳动力。

（二）河南促进对外劳务输出应妥善处理的几个关系

1. 注意处理好对外劳务输出质与量之间的关系

河南的劳务输出一定要重视质和量的关系。随着市场经济的发展对劳务输出人员的素质要求明显在一步一步地提高。因此，河南必须根据劳务输出的新特点，提出新的解决方法，做好劳务人员的相应培训，提高其技术水平，扩大就业范围，做到与市场需求相一致，在市场中有立足之地。

2. 注意处理好对外劳务输出与省内经济发展之间的关系

在做好劳务输出的同时，也要抓省内的经济发展。河南是一个新兴工业大省，目前对劳动力的数量需求越来越大，对劳动力素质的要求也越来越高，因此不能因为劳务输出影响河南的新型工业化、城镇化、农业现代化进程。

3. 注意处理好对外劳务输出制度建设与权益保障之间的关系

劳务输出人员的权益保障是十分重要的。要做好相关法律法规的制

第十一章　河南对外劳务输出

定，建立相应的维权机构，做好劳务输出人员的法律支持和法律援助。

4. 注意处理好对外劳务输出中政府推动与市场运作之间的关系

我国市场经济已经取得了很好的发展，但是还不够充分。在对外劳务输出方面，相关的机制不够健全，因此政府的作用是不可缺少的。一方面我们要让市场机制充分发挥作用，最大限度地扩大劳务输出；另一方面政府应当加强劳务输出服务体系建设，保障劳务输出的渠道和权益。

（三）河南促进对外劳务输出的对策与建议

根据河南对外劳务输出的现状、发展的潜力以及目前存在的问题，为提高对外劳务输出的水平和效益，特提出如下对策和建议。

1. 加强教育培训，提高涉外务工人员综合素质

建立和完善外出人员的培训制度和政策，强化劳务人员技术能力和语言能力培训，使其综合素质得以提升，应对国际劳务市场的竞争。整合各种师资力量和教育资源，根据用工单位具体需求和劳动力状况，采取学历教育和短期培训相结合、专业技术和技能鉴定相结合，重点示范和全面推广相结合等形式，积极开展外派劳务培训工作。通过"河南省外派劳务（研修生）考试中心"的设立与完善，加强对劳务人员的业务培训工作。培训的内容，应包括我国涉外劳务合作方面的法律、法规和规定（要点）；涉外礼仪、外事纪律、安全保密等方面的出国常识；劳务合同和条款的具体含义，劳务人员应承担的义务和享有的权利，以及如何提高履约能力；保护自身权益的救济方式等。培训主体要注意促进外派劳务与职业教育密切结合，建立商务部门和教育部门之间、外派劳务经营公司和职业学校之间的合作机制。

2. 改善外派劳务结构，拓宽对外劳务合作领域

把外派劳务与境外加工贸易、境外资源开发、境外承包工程相结合，相互促进，协调发展。逐步提高技术型劳务输出人员的比重，注重建筑业、护理业、海洋捕捞业、交通运输业和制造业的劳务输出。加强劳务市场开拓，组织境外推介活动和搭建国内外合作平台，有计划地组织经营公司开拓国际市场。努力探索开拓西欧北美市场，向发达国家输出急需的高科技人员，如计算机操作人员、医护人员、高级海员等。密切关注国家对台湾渔工市场的开放动态，加强与商务部、中国对外承包工程商会的联络，争取河南省首批获得核准允许经营对台渔工资格并取得较大份额。促进经营公司同国外雇主直接合作，同时加强同中央、沿海外经公司的合作与联合，扩大对外劳务合作规模。当前，全球服务外包是一种新的商务模式，发展势头十分迅猛，经营公司应针对国际服务贸易的这种发展趋势，根据自身条件，加强探索新的对外劳务输出形式和利润增长点，有针对性地拓展新的市场和业务，创新业务模式。

3. 抓好外派劳务基地建设，创立更多的外派劳务品牌

广泛宣传外派劳务先进县的经验和做法，带动更多的基地县和重点联系县加快发展步伐，从中选择发展势头好的县予以重点扶持，确立更多的外派劳务基地县，使他们尽快建成新县式的外派劳务先进县。积极推进外派劳务专业基地建设。鼓励对外劳务公司与大型生产企业联合，与职业教育体系和高等教育体系对接，加强与外派劳务专业培训基地如郑州铁路职业技术学院（机械加工、护理）、郑州市技师学院（机械加工）、郑州市卫生学校（护理）、郑州市商业技工学校（厨师）、濮阳国际经济技术合作有限公司（石油化工、船员）、新乡市海外合作有限公司（海员）、中国一拖集团有限公司（机械加工）的合作联系，有针对性地培育护士、技工、海员、厨师等外派劳务专业基地，促进河南省的劳务品牌如安阳纺织和电子、汝阳保健、林州建筑、鹤壁焊工、长垣厨师、永城纺织、唐河保安、遂平家政、商城缝纫、平舆和项城防水等技术人员更快走向海外，创立更多的河南外派劳务品牌。

4. 进一步整顿外派劳务经营秩序，促进市场有序竞争

继续严厉打击非法中介及各种扰乱外派劳务市场秩序的违规、违法现象，要在稳定市场的基础上，探索建立开放和有序的竞争机制，利用新的协调手段和措施，规范市场经营秩序。依法规范对涉外劳务中介的市场准入许可，对现有涉外劳务中介的资质、广告、经营活动进行动态监管。严厉查处打击各类非法外派劳务行为，重点查处打击未经批准无证无照经营对外劳务合作，以旅游、留学、劳务咨询、劳务中介、代办签证等名义变相从事外派劳务、发布虚假违法外派劳务广告，以外派劳务为名从事诈骗活动等违法行为，坚决取缔无证、照经营，严厉查处以职业介绍为名，坑骗求职者财物等严重违反国家法律、法规或者规章，破坏劳务市场正常秩序的行为，进行清理整顿，维护外派劳务市场经营秩序。做好对外派劳务合作项目的确认、信息发布审核工作，有效防范外派劳务人员出境后无劳可务的风险，减少境外劳务纠纷或突发事件。各有关涉外管理机构（如省政府外事办，省公安厅出入境管理处、边防管理局和省商务厅对外投资与经济合作处等部门）应明确职责，加大横向的协作力度，对劳务人员的出境进行有效管理，以阻断非法中介组织派遣劳务的出境渠道等。

5. 强化对外劳务输出的社会服务，建立海外劳务突发事件处理机制

逐步建立和完善对外劳务合作社会服务体系，为务工人员提供多层次、法治化的保护体系。建立外派劳务人员服务体系，包括为出国劳务人员提供医疗和养老保险等社会保障，为归国劳务人员的重新安置就业提供帮助和扶持，设立为劳务人员提供法律、心理和业务服务的附属机构等。海外务工人员权益保护既涉及国内法的适用，又涉及外国法和国际法的适用，加上外派劳务人员整体素质不高，外派企业境外管理成本高、突发事件处理难度大，劳务人员境外援助需求强烈，需要专业法律服务。商务部和外交部于 2009 年发布《防范和处置境外劳务事件的规定》《关于建立境外劳务群体性事件预警机制的通知》，要求各地方建立健全境外劳务群体性事件预警机制。因此河南省要设立"劳务突发事件应急资金"，用于处理劳务突发事件，为身处困境的境外公民及其所需法律援助提供资金支持。

6. 加强信息网络建设，大力拓展境外国外劳务合作的空间

要建立健全对外劳务输出的市场信息网络，加强对外沟通和交流，努力开拓劳务合作的新领域。地方政府应从本地劳务输出实情和需要出发，重视国际劳务市场信息、国外相关法律法规、国家政策和行业规范等信息的搜集和供给，尽快建立地方政府出国务工信息官方供给平台，运用现代化手段，尽快建立统一、高效的海外劳务输出信息交换机构和信息网，建立外派劳务人员信息库、外经企业信息库、国际工程承包信息库、各国招商引资项目库等基础信息资源，提供相关权威信息。及时做好信息的搜集、筛选、整理、传递、发布以及反馈工作。比如，政府发挥职能，通过驻外使（领）馆和联络处收集所在国用工信息并向国内省市传递。省、市的外经贸部门在对外经贸联系中，把了解国外用工信息作为一项重要的内容。通过商会、行业协会等民间组织机构获得信息。同时，还要及时准确掌握省内外劳动力资源的动态变化情况，为企业开拓业务创造条件。

7. 加快对外劳务输出的法治建设，健全保障体系

加快制定全省统一的对外劳务合作管理地方性行政法规，理顺对外劳务合作管理体制，消除多头管理和多头对外局面。要设立专门的劳务输出管理机构，健全外派劳务企业年检制度、境外就业人员强制保险制度（各企业必须为外派人员购买境外人身意外伤害、职业损害、医疗等保险，提高境外人员和机构的抗风险能力）等。要对劳务输出机构准入门槛、外派劳务人员的基本条件、劳务输出中各方当事人的权利义务、行政主管部门以及违法者应承担的法律责任等方面做出明确规定，并严格执行相关制度法规。

8. 加大对劳务输出的扶持力度，促进对外劳务发展

一是建立长期有效的金融支持机制。通过金融支持，鼓励涉外企业加快发展，带动河南的劳务输出；通过对劳务输出公司和机构的资金支持，扩大公司和机构的业务，促进劳务输出；通过资金支持，解决劳务输出人员的相关费用问题。金融部门要采取灵活有效的方式开展涉外劳务个人贷款，在条件允许的情况下，提高贷款额度，扩大贷款范围，解除资金瓶颈制约，让更多的农民能出国创收。二是要加大财政资金投入。财政部门要加大对外派劳务管理工作的扶持力度。要通过各种优惠措施来鼓励促进劳务输出。设立外派劳务奖励基金，对全省外派劳务工作给予扶持，对外派劳务基地县和输出的劳务人员给予奖励。投入资金建立外出人员培训机构和专门对外输出机构，以拓宽劳务输出的途径。

第十二章
河南对外经济技术合作

随着经济全球化和世界经济一体化的趋势不断增强，各个国家在国际分工基础上形成相互联系、相互依赖、共同发展的世界经济体系，任何国家都不能脱离这个体系，独立地存在于世界经济体系之外。河南作为中国的人口经济大省也必须遵循世界经济发展规律，参加国际分工，发展同世界其他国家长期稳定的经济技术合作关系，以保证在未来的国际经济竞争中立于不败之地。

一 对外经济技术合作概述

（一）对外经济技术合作的内涵

对外经济技术合作是指不同国家（地区）政府、国际经济组织和超越国际界限的自然人与法人为了共同利益，在生产领域和流通领域（侧重生产领域）所进行的以生产要素转移和重新合理组合配置为主要内容而进行的较长期的经济协作活动。

通过对外经济技术合作，各国家（地区）可以直接利用其他国家（地区）的生产要素，弥补本国生产要素的不足。通过生产要素在不同国家（地区）间的相互转移，使一种生产要素从具有优势的国家（地区）流向不具优势的国家（地区），与当地具有优势的其他生产要素重新组合与配置，达到生产要素的优化组合。一个国家（地区）可以通过对外经济技术合作活动，输入本国经济发展所必需的各种生产要素，同时输出本国具有优势和丰裕的生产要素，使生产要素在国际转移中得到优化配置，达到发展经济、共同繁荣的目的。另外，各国家（地区）根据比较优势原理参加国际分工和国际经济技术协作活动，取他人之长，补自己之短，实现优势互补，力争获得最佳的经济效益。这样就能够有效地缩小世界经济发展的不平衡，从而推动整个世界经济的共同发展。

（二）对外经济技术合作的形式

1. 对外贸易

对外贸易是指一个国家（地区）同其他国家（地区）之间发生的商品交换活动，是国内商品流通的延伸和补充。对外贸易由出口与进口两方面构成。出口总额大于进口总额称为外贸顺差，出口总额小于进口总额称为外贸逆差，出口总额等于进口总额称为外贸平衡。

2. 对外资金往来

对外资金往来是指一个国家（地区）同其他国家（地区）之间发生的信贷关系和投资活动。对外资金往来包括资金的引进与资金的输出。当前，我国利用外资的主要形式包括：一是外国贷款，包括外国政府贷款、国际金融组织贷款、外国银行贷款、出口信贷。二是外国直接投资，包括中外合资、中外合作、外商独资企业，也包括对外资开放股票市场、投资基金市场。三是商品信贷，包括补偿贸易、对外加工与装配。四是其他形式，包括租赁业务、信托业务、发行债券。除了资金引进外，近年来，我国的资金输出即对外投资也有了较快的发展。

3. 对外技术交流

对外技术交流是指一个国家（地区）同其他国家（地区）之间发生的对先进科学技术的引进和输出。广义地说，先进科学技术一般包括先进设备及其部件，新型和优质材料，新的原理、数据和配方，新的工艺和操作规程，先进经营管理方法。我国引进先进科学技术的主要形式包括购买先进设备、进行技术咨询、开展许可证贸易以及通过合作生产引进先进设备等。除了技术引进外，近年来，我国的对外技术输出，特别是对发展中国家的技术输出也有了较快的发展。

4. 对外劳务合作

对外劳务合作包括对外承包工程与对外提供劳务人员。对外承包工程是指一个国家（地区）的有关公司承揽外国政府、国际组织和企业的建设项目、采购项目等。对外提供劳务人员是指一个国家（地区）的有关公司直接向外国政府、国际组织和企业提供工程技术人员、管理人员、技术工人和其他劳务人员。

（三）对外经济技术合作的特征

1. 对外经济技术合作的主体广泛

对外经济技术合作不仅是主权国家间及国家（地区）间的自然人与法人的经济技术协作活动，还包括主权国家与国际经济组织、国际经济组织之间、国际企业法人与自然人之间乃至主权国家间非法人机构、学术团体之间的合作。因此，国际经济合作所涉及的政治风险、文化背景、国家法律、管理条件等都比国内地区间的经济协作活动复杂得多。

2. 开展对外经济技术合作的前提是国家主权和平等互利

开展对外经济技术合作的基本前提是国家主权与平等互利，在对外经济合作过程中，不论国家（地区）大小强弱，企业规模如何，它们在地位上都是平等的，都有权利享受合作带来的经济利益。

3. 对外经济技术合作是不同国家（地区）在生产领域里的相互协作

现代化的大生产要求在全世界范围内实现生产资源的最优配置，以取得最佳的经济效益。对外经济技术合作就是这种要求在生产领域里的反映，并且，当代的对外经济技术合作已扩展到服务业、金融业等多重领域。

4. 对外经济技术合作是不同国家（地区）间进行的长期经济协作活动

对外经济技术合作业务多以项目形式出现，要求合作各方建立一种长期、稳定的合作关系，共同开展经济技术交往活动。对外经济技术合作项目都有一定周期，这种周期短则3~5年，长则可达数十年。

（四）对外经济技术合作发展概况

新中国成立后，尤其是改革开放以来，中国积极参与国际竞争与国际经济技术合作，使国内与国际经济互补互利，在对外经济技术合作中取得了举世瞩目的成就。

1. 利用外资方面

20 世纪 50 年代，中国已经开始利用外资，但形式单一，规模很小，只有 19 亿美元，其中主要是利用苏联提供低息贷款，用于中国经济建设的 156 个项目。60～70 年代利用外资，主要是通过中国银行在港、澳吸收存款，并通过贸易信贷从西方国家引进工业成套设备。1979 年对外开放以来，中国开始主动利用两种资源、两个市场发展经济，积极、合理、有效地利用外资，随着改革的深化，投资规模迅速扩大，利用外资逐渐成为中国对外经济与合作的重要内容之一。2014 年，中国全年非金融领域新批外商直接投资企业 2.38 万家，同比增长 4.4%，实际使用外商直接投资金额 1196 亿美元，居世界首位。

2. 对外直接投资方面

中国的对外投资涉及多个领域。目前对外投资企业主要有两类，一为主营进出口贸易的贸易型企业，二为非贸易型企业。后者投资涉及的领域包括，资源开发、工农业生产及加工、装配企业、工程承包、交通运输、金融保险、医疗卫生、咨询服务、旅馆旅游及中餐馆等。在国家政策引导下，对外投资的市场布局日趋合理，投资国别发展到 2014 年的 156 个国家和地区，从初期集中在欧美地区开始向亚、非、拉等发展中国家和地区扩展。2014 年，我国境内投资者共对 6128 家境外企业进行了直接投资，对外直接投资额 1160 亿美元，同比增长 11.9%。

3. 对外承包工程方面

中国对外承包工程业务是在既缺资金、又缺人才的情况下开始的。30 年多来，我国从事这一行业的企业奋力开拓、努力经营，发挥自身的优势，克服了国际工程承包市场风云变幻、竞争激烈等种种困难，使对外承包工程业务有了较大发展。中国从事承包工程的队伍由改革开放之初的几家企业发展为一支由 2000 多家企业组成的门类比较齐全、具有较强国际竞争力的队伍，对外承包工程涉及的领域也从劳动力密集的房屋、道路等扩展到电力、冶金、石化、轨道交通和电子通信等高技术含量、高附加值领域，工程总承包成为业务主流形式，国际通行的项目管理承包、公私合营和特许经营等方式均有涉足。1978 年，对外承包工程新签合同额仅为

135 万美元，到 2014 年底我国对外承包工程签订合同额达到 1.4 万亿美元，完成营业额 9351.6 亿美元，比 2013 年增长 11.7%。

4. 对外劳务合作方面

2014 年，我国对外劳务合作平稳增长，全年共派出各类劳务人员 56.2 万人，较上年同期增加 3.5 万人，同比增长 6.6%；其中承包工程项下派出 26.9 万人，劳务合作项下派出 29.3 万人。随着对外劳务管理体制改革稳步推进，市场秩序进一步规范，境外劳务纠纷和突发事件也呈现下降趋势。

二 河南对外经济技术合作的历史和现状分析

(一) 河南对外经济技术合作的主要内容

对外承包工程、对外劳务合作和对外直接投资等三种形式构成了河南省对外经济技术合作的主要内容。

1. 境外承包工程

境外承包工程是指河南省取得对外经济合作经营资格的企业，在境外以总承包、分包等方式承建境外咨询、设计、施工、安装工程，并带动国内设备、零配件出口。

2. 对外劳务合作

对外劳务合作就是组织、培训、选派省内专业技术人员、下岗职工、农民等赴境外从事各类合法工作。

3. 对外直接投资

对外直接投资主要包括三个方面，一是以现有技术、设备为主，到境外投资，带动国内技术、设备、零配件、原材料出口的境外带料加工装配（境外加工贸易）；二是获取境外原油、金、银、铜、铝、铁、铬、镍、钴、钽、铌、木材等重要资源性产品的境外资源开发；三是在境外投资设立以销售河南产品为主，从事零售、批发的境外专业市场，以及在境外投资设立的农业综合开发园区和以加工贸易企业为主的工贸园区。

(二) 河南对外经济技术合作发展历程

河南对外经济技术合作大体上经历了四个发展阶段。

1. 创业阶段 (1984 ~ 1986 年)

这一时期企业对外经济技术合作的主要活动内容以商品与劳务的出口贸易为主，初步在境外设立简单企业，从事工程承包项目等。创业阶段正逢西方国家经济萧条、国际承包劳务市场萎缩之际，而且河南在开展国际承包业务中又面临资金、人才和经营管理经验等很多困难，因此业务规模非常有限。在这一时期，河南省仅在境外设立企业 4 家，中方投资额也只有 43 万美元。

2. 平稳发展阶段 (1987 ~ 1993 年)

这个时期企业对外经济技术合作的主要活动内容从承包工程向专业外贸公司扩展。这个阶段河南省在境外设立企业 59 家，中方投资 935 万美元。

3. 快速发展阶段 (1994 ~ 2002 年)

随着改革开放的不断深入和科学技术的迅速发展，河南省的综合实力不断增强，为企业走向国际市场以及参与国际竞争、分工和合作提供了有力的保证，对外经济技术合作事业进入了快速发展时期。这一时期企业对外经济技术合作的主要活动内容除了商品与劳务出口之外，还有在国外投资建厂生产。这个阶段河南省设立境外企业 107 家，中方投资 2865 万美元。企业主要以贸易公司和对外承包工程企业设立驻外机构为主。开始出现非国有企业参与投资，开始在境外投资设立生产企业。投资领域主要分布在亚洲和东欧。

4. 多元化发展阶段 (2003 年至今)

在这一阶段，尤其是在河南省提出"走出去"发展战略后，企业掀起"走出去"的热潮。这一时期企业对外经济技术合作呈现多元化发展的特征。民营、集体、股份制企业快速发展，国有企业数量下降。对外经济技术合作的主要活动内容在以前发展的基础上又进一步增加了对外资本运营，包括对外直接投资和跨国经营。投资领域也不断扩大，由以贸易企业为主转向以生产企业为主，包括境外资源开发、研发设计、工贸园区、畜牧养殖、农业开发等。

（三）河南对外经济技术合作发展的现状与特点

改革开放以来，在"开放带动战略"推动下，河南省企业"走出去"

取得了明显成效。中央"走出去"战略的提出，也对河南省对外经济技术合作业务的发展起到了极大的促进作用，各项工作取得了突破性进展，呈现出良好的发展局面。

1. 河南对外经济技术合作发展的总体情况

改革开放以来，河南省外经业务从无到有，从小到大，获得了长足的发展。截至 2014 年底，河南省对外承包工程及劳务累计新签合同额 23.97 亿美元，完成营业额 29.97 亿美元，均居中西部地区前列。累计派出劳务 193930 人次；批准设立境外投资企业（非金融类）650 家。2014 年，河南省全年对外承包工程、劳务合作和设计咨询业务新签合同额 42.29 亿美元，比上年增长 4.2%；营业额 47.08 亿美元，同比增长 11.9%。

2. 河南对外经济技术合作发展的特点

（1）对外投资发展迅速（非金融类）。河南对外投资发展迅速表现在以下几点。

第一，河南对外投资的步伐不断加快。1991 年，河南省在外国和中国港澳台地区实际投资额仅为 26.50 万美元，年末已建成投产（开业）企业数为 40 个。到 2000 年，实际投资额和年末已建成投产（开业）企业数分别达到 350 万美元和 117 个。从 2003 年起，对外投资统计范围扩大到民营企业和个体户的对外投资，河南省对外直接投资结束了长期以来的起伏不定和徘徊不前的局面，开始逐年增长。2005 年发展势头更快，核准成立境外企业 33 家，中方直接投资 3491 万美元。"十二五"期间，河南省境外企业由以贸易型企业为主转为以生产企业为主，投资额不断扩大。截至 2014 年底，河南省对外直接投资达到 62614 万美元。

第二，对外投资领域进一步拓宽。目前，河南省企业"走出去"投资的领域已从初期的服务贸易型企业，拓展到资源开发、生产加工、研发中心、商务服务、工贸园区、农业和农产品开发、境外专业市场、旅游餐饮和咨询服务等更广的领域；投资涉及的行业以轻纺、机电等在河南省具有传统优势的产业为主。其中，加工制造业中的皮革、塑料制品、玻璃制品、木器加工、床垫、电子电器、农机、汽配和粮食加工等行业的境外投资企业较为活跃。洛阳一拖、安阳电池、思达高科、河南毅胜、河南国基等具有一定比较优势的企业，以设备、技术等实物在境外办厂，开展加工贸易，生产组装自己的产品，建立自己的销售网络，并逐步培育起了自己的品牌，收到了良好成效。

第三，投资地区开始从发展中国家进入发达国家。河南省企业境外投资地已扩展到亚洲、非洲、大洋洲、美洲的 70 多个国家和地区，投资重点已由中国香港和中国澳门转向亚太、非洲、拉美等地区，主要分布在亚洲和非洲等发展中国家。为合理规避贸易技术壁垒、获取先进技术，河南省企业已开始向欧美等发达国家进行投资。例如，伊川刚玉公司在美国设立的棕刚玉加工企业，方欣生物在美国投资的药物研发企业等，而且这些投资都是采用国际通行的参股、收购方式。

第四，境外资源开发性项目取得有效进展。河南省境外矿产资源开发迅速发展，油气资源、矿产资源的境外投资不断增多。河南省地矿局积极研究参与海外矿产资源的勘查与开发，该局获得 136 个海外矿权，项目涉及地质矿产勘查开发、工程承包、地质技术服务、加工制造以及与之相关的国际贸易等多个领域。三门峡金渠集团在柬埔寨投资 1550 万美元进行黄金开采，目前已进入勘探阶段；中原油田中东公司在苏丹、沙特、也门、阿联酋、阿曼等国进行多个油田区块的石油开采，并连续中标沙特阿美公司 SINO – 5、SINO – 6 的钻、修井项目；豫光金铅等大型采矿企业也开始在境外寻找合适的开发项目。

第五，投资主体向多元化发展。近年来，随着河南省经济体制改革的深入，河南省非公有制经济不断壮大，在全省经济社会发展中的地位和作用大幅度提高，在境外的投资力度逐年加大，其质量、效益和成功率都远远高于国有企业。目前，民营企业在境外的投资额已超过国有企业，形成了国有企业、民营企业和混合所有制企业，大型企业和中小型企业多元投资主体并存的格局。

（2）对外承包工程迈上新台阶。河南省对外承包工程无论是新签合同额还是完成营业额，均呈现出逐年递增之势。2014 年，河南省对外承包工程、劳务合作和设计咨询业务新签合同额 42.29 亿美元，比上年增长 4.2%。从发展特点分析，一是经营主体队伍进一步壮大。二是分布地域广阔。全省对外承包工程业务涵盖世界五大洲 83 个国家和地区，主要集中在非洲和亚洲地区。三是大企业集团逐步形成。如中原对外工程有限公司和中国河南国际合作集团有限公司已跻身世界国际工程承包商 225 强行列。四是新企业异军突起，发展潜力较大。这些企业目前逐渐发展壮大。已成为河南省"走出去"开拓国际市场的中坚力量。五是业务渠道逐渐多样化。对外承包工程涉及的领域已从劳动力密集的房屋、道路等扩展到电力、冶金、石化、电子通信等高技术含量、高附加值领域，工程总承包成为业务主流形式，国际通行的项目管理承包、公私合营和特许经营等方式均有涉足。

（3）对外劳务合作稳步发展。各级地方政府对外派劳务的重视程度空前提高，初步形成了省、市、县及中央公司和省外企业组成的多层次、全方位劳务输出促进和服务体系。2014 年，河南完成对外劳务合作营业额 47.08 亿美元，同比增长 11.9%，派出劳务人员 31660 人，仅次于福建、江苏和湖北 3 省。从劳务结构发展趋势看，河南省对外劳务合作领域开始向多元化发展。当前已涉及的行业有建筑业、石油开采业、道路桥梁业、制造业、水利电力业、电子加工业、水产加工业、缝纫业和远洋渔业等。

三　河南对外经济技术合作制约因素分析

虽然河南省对外经济技术合作取得了长足发展，但应该看到，与沿海先进省份相比还存在不小的差距。

（一）对外经济技术合作低于全国平均水平

从衡量对外经济技术合作的几个重要指标对外投资额、对外承包工程、对外劳务合作等方面可以看出，河南的对外经济技术合作低于全国平均水平。

1. 河南省对外投资水平远远落后于沿海发达省份，低于全国平均水平

2005 年，河南省实际对外投资存量在全国居第 16 位，仅占全国的 0.13%，与居第 1 位的广东省相比，仅占其对外投资水平的 2.5%；与排名第 10 位的重庆市相比，仅占其对外投资水平的 46.9%，这与河南省经济总量居全国第 5 位的位置很不相称。2009 年河南省实际对外投资存量仍居全国第 16 位，仅占全国的 1.89%；2014 年河南省实际对外投资存量在全国居第 15 位，仅占全国的 1.2%，仍然与经济总量居全国第 5 位的位置不相称。

2. 河南省对外承包工程和劳务合作与全国和先进省份相比也较为落后

2014 年，河南省对外承包工程新签合同额居全国第 13 位，完成营业额与沿海发达省份差距很大。2014 年，河南省对外劳务合作累计派出劳务人员居全国第 6 位，低于湖北、福建、江苏、山东等省，这与全国人口第一大省的地位不相称。

（二）对外经济技术合作缺乏竞争力

河南对外投资产业（产品）和技术缺乏竞争力。从对外投资的产业（产品）构成可以看出，河南省对外投资的产业（产品）主要集中在道路桥梁业、制造业、采矿业、农林牧渔业、能源业和批发零售，而这些行业都属于资源密集型和劳动密集型产业，技术含量较低，产品附加值不高，因此创造价值的能力也相应较低。对外投资的回报率偏低减缓了河南企业对外投资的步伐。2014 年，河南省境外企业平均中方投资额仅为 35.5 万美元，远低于全国平均 400 万美元的水平；目前在境外投资设立的企业中，90% 的企业规模在 100 万美元以下；在境外投资的 289 家企业中，正常经营的企业仅有 150 家。河南的境外企业无论在数量、规模上，还是质量、效益上都低于全国平均水平，缺乏应有的市场竞争力。

（三）对外经济技术合作领域有局限性

近年来，随着我国经济发展水平快速提高，资本技术实力迅速增强，我国对外经济技术合作的领域已经是量大面广，但是河南省对外经济技术合作地区结构不合理，河南省对外投资地区过于集中在亚洲和非洲，而在欧洲、北美洲和大洋洲等发达地区的投资则较少。河南省在亚洲投资的企业最多，在非洲的投资比例高于全国平均水平，这主要得益于民营企业在塞拉利昂和尼日利亚的市场开拓。但是，非洲和亚洲是整体经济发展水平较低的地区，由于这些地区的国家本身的经济发展较为落后，吸引外资的配套设施也相应地不够齐全，因此在这些地区投资的增长空间一般不大。

造成河南对外经济技术合作出现上述问题的主要原因有以下几点。

1. 开放意识不强

目前，河南存在重"引进来"轻"走出去"，重国内市场、轻国外市场重进出口贸易轻对外承包工程、投资办厂、劳务输出等倾向，特别是对"走出去"关系全省发展大局和前途的战略意义缺乏认识。在对外经济技术合作的总体战略方面，河南省尚缺乏总体的、宏观层面的指导性规划。

2. 政策支持体系不完善

河南省与国内其他省份相比，还没有建立起自己的对外经济技术合作促进政策体系，对企业"走出去"开展对外投资缺少应有的支持力度。此外，为鼓励和推动企业"走出去"，到境外开展承包工程、直接投资和对外劳务合作，国家出台了一系列优惠扶持政策，但河南在具体落实上还存在不足，手续烦琐，周期太长，企业用起来十分不便，有时甚至因此而放弃使用。2014年河南省开展了"企业对外投资现状及意向调查"工作，并对河南省800余家外经外贸企业的"走出去"现状和国际化经营进行了调查，调查显示，71.9%的企业希望政府加大财税政策对海外投资的支持力度，有47.08%的企业最希望政府加大金融体系对海外投资的支持力度，35.77%的企业希望政府促进对外投资审批手续的简单化和便利化。

3. 管理体制不适应建立社会主义市场经济的要求

河南在管理体制方面，存在"重审批、轻管理监督"的倾向，行政审批、人员出境审批、金融支持政策等审批手续复杂、时间长，导致一些项目贻误最佳投资时间；对民营企业按国有企业的管理办法层层报批，不利于在较大范围放开手脚，开展对外经济技术合作；统计基础工作薄弱，对河南省对外经济技术合作业务走势难以进行科学评估和正确把握。尚未建立起有效的服务机制和保障机制，存在着公共信息服务体系不健全、中介机构不完善、缺乏人才等突出问题。在缺乏信息和服务不到位的情况下，加大了企业"走出去"的盲目性和风险。

4. 企业自身还存在一些问题

国内企业尤其是国有企业决策机制和经营管理机制不够健全，经验不足。在资金上，企业受自身规模及外汇管制的双重约束，难以开展具有一定规模的对外业务。此外，还缺乏熟悉法律、精通业务、懂管理、会外语的复合型人才等。大型企业集团没有形成规模，企业抵御国际市场风险的能力不够强，综合竞争能力相对较弱，无论是境外承包工程企业还是境外企业，其规模普遍偏小，数量上也没有形成群体效应，在质量、效益上也都低于全国平均水平。企业进行海外投资的目的仍不明确，大多数企业尚未将海外投资、跨国经营上升到企业发展的战略高度，往往是随机行事，投资的随意性较强，难以适应国际市场需要。外派人数与河南省人口大省的地位极不相符，劳务结构有待进一步优化，高技术含量劳务人员所占份额太小，派往的国家（地区）分布局限性较大，任何政策变更和地区动荡都会给河南省外派劳务带来巨大影响。

四　加快对外经济技术合作的对策建议

（一）解放思想，提高对对外经济技术合作重要性的认识

各级政府部门和企业要及时更新观念，提高全省上下对对外经济技术合作的认识、胆识和共识，增强紧迫感和机遇意识。要把对外经济技术合作工作当作河南经济和社会发展整体战略的有机组成部分，把对外经济技术合作工作提到与吸引外资、外贸出口同等重要的位置，从社会、经济、外交与国防安全的战略高度，从全省经济社会可持续发展的深度，从全面建成小康社会的广度给予高度重视。同时，要加大对对外经济技术合作工作的宣传力度，充分利用报纸、电视、网络等媒体以及举办讲座、培训班等形式，宣传国家及省内对"走出去"战略的鼓励政策，总结企业"走出去"的典型经验和教训，为企业"走出去"营造良好的舆论氛围。成立省实施"走出去"战略协调领导小组，由分管副省长任组长。建立"走出去"工作目标责任制，将"走出去"各项指标纳入各级外经贸指标考核体系，把鼓励外贸、外资的政策扩大到境外投资、对外承包工程和外派劳务，与外贸、外资指标一起考核、表彰、奖励。形成全省上下高度重视"走出去"战略的良好氛围，有力推动河南对外经济合作的发展。

（二）转变职能，加强对对外经济合作主体的宏观指导和监管

政府部门要转变职能、明确职责、改进管理方式，提高服务意识，为"走出去"企业提供高效、规范的服务。政府有关部门要简化投资审批手

续，放松对资金和外汇贷款、物资和人员出境等方面不合理的限制。遵循政府推动与市场主导相结合的原则，进一步改变政府直接管理企业经营活动的做法，突出规划、指导、服务和监督，为企业"走出去"提供良好的环境。制定关于河南省企业境外投资的短中期规划，为全省企业提供投资国别和市场动态研究，从宏观上统一对跨国经营活动进行指导、管理和协调。建立起与国际惯例接轨的省内政策法规，充分利用国家出台的各项优惠扶持政策，通过多边途径为河南企业开展对外经济合作业务提供支持和保护。要进一步明确和完善鼓励企业进行国际化经营的审批、税收、关税、外汇、投资、金融等方面的相关政策和配套法规，在海关、商务考察、出国参展、贸易洽谈、出入境管理等方面予以便利和支持。加强对国有企业境外投资项目的监管，投资母体企业和政府有关部门要共同负起监管责任，设立专门机构，负责对国有企业境外投资项目的财务审计。建立和完善"走出去"协调机制，为河南企业"走出去"提供支撑与保障。进一步加强"走出去"企业和国际化经营企业的风险防范机制和境外投资管理制度化建设。督促企业遵守驻在国的法律法规和文化习俗，承担社会责任，防止恶性竞争。同时，要进一步加强对"走出去"企业和国际化经营企业的人员安全保障，做好境外突发事件预警和应急处理机制；加强对出境人员的安全教育培训，提高出境人员的安全防范意识和应对危机的本领，设法尽力保护驻外、外派人员的人身安全和合法权益，为各级商务部门和重点"走出去"的企业解决后顾之忧。

（三）科学确定重点行业，提高对外经济技术合作竞争力

明确"走出去"的发展重点，科学确定重点发展行业。合理取舍产业链条，确定经营方向，从河南省产业结构调整、保障经济安全、可持续发展和谋求长期战略性拥有出发，从资源重组、提高效益、增强竞争力出发，以降低成本为基点，开拓海外市场或寻求海外资源和技术，将资源开发、技术开发、耗能高的生产环节和销售环节转向境外相关地区。在产业选择上，不进入企业不熟悉、与企业现有业务发展不相干的领域，更不鼓励企业大规模进入高风险领域。根据现实和动态的比较优势，把河南省未来海外投资集中在中档技术水平的加工组装型制造业以及能提高研究与开

发能力的部分新技术，重点支持具有导向型和带动型的境外加工贸易大项目，包括在条件适合的国家建立开发区和工业园区。积极推动省内具有资金、技术优势的各种所有制企业，特别是具有一定实力的民营企业到境外投资办厂，从事境外加工贸易业务。建立境外生产基地、销售基地和科研设计基地，提高资源配置合理化程度，降低产业调整和升级成本。巩固已有的境外加工贸易项目，鼓励有实力、有潜力的企业到海外开展境外加工贸易，支持企业到海外开展带料加工装配业务，增强出口带动能力。重点鼓励河南省优势产业企业"走出去"开展对外直接投资，包括轻工业、机械工业、电器和电子工业、食品加工业以及纺织工业、磨料、轮胎、轴承、中成药等行业。积极发展对外承包工程和劳务合作。加大开拓国际工程承包市场的力度，实施市场多元化战略，调整并优化经营主体结构，在竞争中形成一批具有较强经济技术实力的对外承包工程企业。鼓励有条件的企业以 BOT、PMC（项目管理总承包）等国际通行方式开展海外工程承包业务。积极拓展合作领域，鼓励企业承揽附加值高、影响力大的交通、电力、通信等基础设施项目。

（四）合理选择投资地区，提高对外经济合作的经济效益

应更多地把目标定位于需要中低档产品的发展中国家，以发展中国家作为河南对外经济合作的主要地区，同时积极发展对发达国家的直接投资。即以亚洲、非洲、拉美为主，中东、东欧和南太平洋并重，积极推进西欧和美、日等国家和地区的投资。要树立大局观，把自身利益与国家利益结合起来，防止在一个国家、一个地区，同一市场、同类产品上一哄而上，避免低水平重复建设、盲目投资及无序竞争。在投资顺序上，要利用已建立海外进出口业务的关系，先产品出口、后对外投资，随着跨国经营经验的积累，从周边地区逐步向其他业务相近的国家和地区扩展，在具备条件后，为获得更复杂、更高层次、更高技术、更高效益的项目，开始迈向发达国家，逐步实现对外投资技术和"走出去"地域的升级。在国家（地区）选择上，一是要根据不同所在国的经济发展水平，人民的消费习惯、消费能力，以及对产品和服务技术含量需求的不同，结合产业和企业实际情况，进行科学的市场定位；二是要以政局稳定、投资环境较好，并

与我国有良好的政治、经济往来关系和经贸合作基础的国家和地区为主；三是要强调与河南省经济的互补性，且合作空间潜力大，有利于产业壮大和升级；四是要根据保护出口市场，发挥生产要素优势，利用国外富有资源，转移过剩生产能力等不同的投资目的，选择不同的目标市场；五是要考虑通过所在国家（地区）对欧美等发达国家（地区）的出口，以避开贸易壁垒。

（五）实施大集团带动战略，努力培育大型跨国企业和企业集团

一是应突出重点，根据国家产业政策及河南省的比较优势，选择10个左右优势突出、发展势头强劲的企业作为重点培育对象，尽快形成一批拥有自主知识产权，竞争力强的跨国企业和大集团。二是加快国有企业改革步伐，建立健全现代企业制度，构建股份多元化的产权结构，以制度创新促核心竞争力增强。三是支持民营企业"走出去"，对民营与其他所有制性质企业一视同仁，享受同一政策，帮助民营企业做大做强。四是发挥市场机制作用，鼓励有条件的企业以名牌产品为龙头，以资本为纽带，在国外进行跨地区和跨国兼并联合、参股、控股和破产收购，提高企业生产集中度，优化企业组织结构。五是为大企业集团的发展创造良好的条件，赋予重点大集团企业在授信额度、授权"走出去"经营等方面更大的自主权。六是发挥大集团的带动作用，加强大中小企业的协调配合，以骨干企业为龙头，联合一批中小企业，在国际市场上进行资源优化组合，实现以技术联合和资源联合扩大企业集团规模，逐步形成以跨国大企业为核心的企业集群，提高河南对外经济技术合作水平。

（六）银企联合，加大对外经济技术合作的金融、税收和外汇支持力度

资金不足和融资困难是影响企业对外投资的普遍因素，应充分利用国家对"走出去"企业的各种金融支持手段，建立银行与企业项目联合协作机制。在与国家开发银行、中国工商银行、中国农业银行、中国银行、中国建设银行以及民生银行签订全面合作协议的基础上，加大与其他银行、保险等金融机构的合作力度，充分利用离岸金融、互联网金融等新兴

金融工具，为企业积极解决项目融资问题，缓解境外企业资金紧张的状况。推进省内各商业银行与中国进出口银行建立代理关系，对企业"走出去"形成金融支持合力。加快相关金融产品的创新。在充分发挥出口信用保险作用的基础上，依托银行、保险和国际商会体系尝试建立风险基金。完善对河南企业的政策性海外投资保险制度，形成风险共担机制。加强对境外投资和承包工程的保险和担保工作，倡导在企业内部设立信用风险管理专职部门，加大对风险的监控、预报体系建设。要在金融风险得到有效控制下，建立快速信贷审批"绿色通道"。对于外向型企业，金融机构应为企业提供专业分析和服务，规避汇率风险；对于国际化经营程度高和有潜力的企业采取多种信贷方式，确保需要。认真执行对境外投资和承包工程带动出口退税等各项税收优惠政策，积极宣传对外税收协定，提供相关服务。对"走出去"的企业加强外汇服务，提高办事效率。鼓励和帮助有条件的企业在国内和国外上市或发行债券，进行直接融资，支持企业"走出去"。

（七）发挥行业组织和中介组织作用，加强信息服务体系建设

应构建以政府服务为基础、中介机构和企业充分参与的信息服务网络，为企业能够在第一时间抓住"走出去"的商机创造条件。严格执行《行政许可法》，把不适合政府部门管理的职责移交给有关行业组织。充分发挥中介组织在协调企业行为、规范市场秩序、增强对外交涉、维护企业权益、加强信息服务等方面的职能。建立健全多种中介服务机构，如企业国际合作协会、海外投资信息中心、从事对外投资业务的会计师事务所和律师事务所等，另外也要加强与我国驻外使（领）馆经商处、派出机构、驻外企业、国外行业中介和国际投资贸易促进机构，以及发展中国家驻我国使馆的联系，建立信息交换机制，了解所在国吸引外资的政策，为企业"走出去"提供及时、准确的信息咨询服务。加强民间商会的纽带作用。利用民间商会加强行业企业间的联系，沟通本行业企业与政府间的关系，协调同行业利益，维护企业的合法权益，促进行业发展。整合现有政府资源，建立国别市场资源、自然资源、投资项目资源数据库，搭建跨

国信息交流平台、采购平台，为企业提供国别市场信息、产业投资环境信息和国外法律体制及市场风险信息，以及商业合作伙伴信息，并推介河南的产品和技术，帮助企业了解所需国家和地区的各类信息，降低企业国际化经营风险。要加强引导和投入，构建"走出去"信息研究和咨询系统及国际市场的双向交流机制。进一步优化对外经济合作网站功能，建立"走出去"项目库、外派劳务人员信息库、储备劳务信息库。

（八）加强人才培训，为企业提供具有国际市场开拓能力的复合型人才

要强化"人才资源是第一资源"的观念，把人才队伍建设作为实施"走出去"战略的首要任务。针对企业缺乏熟悉国际规则和国际化经营管理复合型人才的现状，要培养一批开拓进取、务实高效、清正廉洁的商务领域管理人才和一批精通经济、金融、财会、法律等知识的技术人员。培养人才采取政府资助和企业自费培养相结合，采取建立培训中心、承办培训班、国内深造、国外见习、中短期专业培训和公开招聘人才等方式，重点发挥省内外高校、商（协）会的作用，整合省内培训资源，打造精品课程，根据各地区外向型经济发展的现实需要组织举办比较固定的外语培训基地、有针对性的示范教育培训基地。加强企业外派人员的培训，抓好境外人员的再培训，不断提高其综合素质，努力训练一大批通晓国际经营规则、熟悉国外当地法律法规、适应国际市场激烈竞争、具有国际市场开拓能力、理念先进、业务精湛的复合型人才，为河南企业国际化经营服务。同时，要为人才引进提供便利，要为人才发挥提供环境。通过队伍建设，全面提升企业核心竞争力，为"走出去"持续、快速、协调、健康发展提供强有力的组织保证和人才基础。

第十三章
河南对外工程承包

改革开放以来，河南省积极实施"走出去"战略，大力发展对外承包工程和劳务合作，不断扩大对外承包工程和劳务输出，从无到有、从小到大、从弱到强，进而在竞争激烈的国际工程承包市场上站稳脚跟、持续发展、赢得辉煌，并且正在续写又好又快发展的新篇章。

一　对外工程承包的历史和现状分析

河南对外工程承包事业起步于 20 世纪 80 年代，经过 30 多年的快速发展，已呈现出业务规模持续扩大、业务领域不断拓宽、市场范围不断增大、合作方式趋于多样、企业实力显著增强、项目档次稳步提高的新局面，已成为河南"走出去"的重要力量。

（一）河南对外工程承包的历史演进

纵观 30 年来的发展历程，河南对外承包工程事业主要经历了四个发展阶段。

1. 萌芽阶段（1978～1982 年）。

1978 年召开的党的十一届三中全会做出了实行改革开放的重大决策，拉起了我国对外开放的大幕，同时也为中国企业进入国际工程承包市场开启了大门。在改革开放新的方针政策指引下，国务院于 1979 年 8 月 13 日颁布了 15 项经济改革措施，其中一项明确规定允许出国办企业。在一系列利好政策措施的推动下，一些被赋予"合法法人资格"的专业外贸公司和各地方的经济技术合作公司，闻风而动，走出国门，开拓国际市场。而这一时期，河南省没有企业拥有直接对外承包工程的经营权，各工程实施单位主要以中央各部委对外公司名义转包、分包项目。

2. 起步阶段（1983～1990年）

随着改革开放的不断深入，政府逐渐放宽了政策限制，既扩大了境外投资的主体范围，又下放了审批权限、简化了审批手续。这为更多的企业走出国门提供了重要机会。1983年，河南省成立第一家对外承包工程企业——河南国际经济技术公司（现为河南国际合作集团），拉开了河南企业对外承包工程与劳务输出的序幕。自此，河南开始在国际承包工程市场上独立签约、自主经营、自负盈亏实施承包工程项目。据统计，1986～1990年，河南省对外承包工程和劳务合作累计新签合同额1.6亿美元，完成营业额1.4亿美元。这一时期，河南省从事对外承包工程和劳务合作的企业较少，承揽的项目较少，数量和规模都不大，大多是分包项目和发展中国家的井上工程、修建公路、桥梁等中小型土建项目。

3. 稳步发展阶段（1991～2002年）

1992年初，邓小平同志"南方谈话"及党的十四大召开，把中国对外开放推向新时期，经济全球化浪潮也助力中国企业加大力度开发国内国外两个市场、利用国内国外两种资源。在这一大背景下，河南省高度重视对外开放工作，于1991年、1998年和2001年，召开了三次全省对外开放工作会议，形成了《中共河南省委 河南省人民政府加快全省对外开放工作的决定》《中共河南省委 河南省人民政府关于提高利用外资水平，进一步扩大对外开放的意见》《中共河南省委河南省人民政府关于进一步扩大对外开放的决定》等重要文件，明确了对外开放的指导思想和目标，深化了对外开放的广度和深度。这一时期，河南省全面实施开放带动战略，着力完善地方性涉外经济法规和政策体系，加强涉外管理和服务，努力改善投资的软硬环境，不断提高对外开放水平。在开放带动战略推动下，河南省对外承包工程和劳务合作也取得了显著进展，1991～2002年，累计新签合同额16.0亿美元，完成营业额9.2亿美元。

4. 快速发展阶段（2003年至今）

20世纪末，基于加入WTO和对外开放新形势，我国提出了"走出去"战略,并从财政、信贷、外汇、税收等方面积极支持中国企业在"引进来"的基础上更多地"走出去",推动了中国对外承包工程事业的快速发展。这一时期,为推动河南省外向型经济的快速发展,河南省委、省政府相继召开了全省第四次、第五次、第六次对外开放工作会议,出台了《中共河南省委河南省人民政府关于加快发展开放型经济的若干意见》《河南省加快实施开放带动主战略指导意见》等指导性文件,为河南开放型经济发展注入了新的生机与活力。在政策措施推动下,河南省外向型经济发展也取得了显著成效,呈现出全方位、多层次、宽领域的开放格局。这一时期,河南正式提出实施"走出去"战略,积极采取措施不断开拓国际市场,积极为具备条件的外经企业申报对外承包工程经营权,对外承包工程业务不断得到发展。据统计,2011~2013年,全省对外承包工程及劳务合作签订合同数 785 个,签订合同额 104.6 亿美元,完成营业额 111.2 亿美元,外派劳务 11.7 万人次。

(二) 河南对外工程承包现状分析

近年来,随着河南对外改革开放力度的加大以及"走出去"战略的积极推行,河南省对外经济合作实现了跨越式的增长,对外承包工程一直保持快速增长的势头,业务规模快速扩大,合作领域不断拓宽,市场范围不断扩大,合作方式趋于多样,企业实力现状增强,项目档次稳步提高,已成为河南省对外经济合作的重要力量。

1. 业务规模持续扩大

改革开放以来,随着国家改革开放的深入推进和河南省对外开放的深入发展,河南省对外承包工程事业也取得了显著成效,无论是新签合同额还是完成营业额,均呈现出逐年递增之势。"七五"期间累计新签合同额 1.6 亿美元,完成营业额 1.4 亿美元;"八五"期间累计新签合同额 3.7 亿美元,完成营业额 2.4 亿美元;"九五"期间,进入较快增长阶段,累计新签合同额 6.6 亿美元,完成营业额 3.9 亿美元;"十五"期间开始高速发展,累计新签合同额 20.6 亿美元,完成营业额 12.6 亿美元;"十一五"期间,受国际金融危机的影响,我国对外工程承包虽受到一些影响,但河南省对外工程承包业务逆势增长,各类指标仍然保持上升势头,保持了年均30%以上的增长速度。截至2013年底，河南省对外工程承包新签合同额40.6亿美元，完成营业额34.7亿美元。

2. 业务领域不断拓宽

近年来，随着河南对外承包工程事业的快速发展以及对外承包企业集团化和多样化，河南对外承包工程业务范围日益扩大，业务领域不断拓宽，已从初期的承包普通建筑、筑路项目发展到一些技术性较强的石油化工、电力、交通、水利、铁路、煤炭等多个领域的项目。近年来，又进一步向计算机软件设计与应用、工程设计与咨询等高科技领域拓展。

3. 市场范围不断增大

1983年，第一家对外承包工程企业成立，拉开了河南对外承包工程的大幕，河南企业开始走向国际市场承揽工程项目。经过30多年的发展，河南对外工程承包业务范围已发展到以非洲和亚洲为主体的世界83个国家和地区。目前，无论是从项目合同额来看，还是从项目完成额来看，亚非地区仍是河南对外承包工程主要市场，两者占河南对外承包工程市场份额的80%以上。与此同时，随着市场多元化进程进一步加快，河南对外承包工程在巩固亚非传统市场的同时，已开始进入拉美、中东等新市场，在南美洲的合同额超亿元的火电站建设项目已开工建设。

4. 合作方式趋于多样

河南外经企业初期承揽的项目，大多是分包项目和发展中国家的井上工程、修建公路、桥梁等中小型土建项目。随着企业在资金、技术、管理、人才等方面实力的增强，河南对外承包工程的层次也不断提高。河南企业现在不仅能以施工总承包、施工分包的方式承揽项目，也可以根据项目具体情况提供带资承包，既能独立承揽项目，也有能力与有条件的企业进行联合。目前，以工程总承包方式进行的大型基础设施项目和大型成套设备工程已经分别占全省对外承包合同总额的90%和70%以上。同时，项目实施能力的增强，尤其在工程施工能力和配套能力上，承揽500万美元以上大型的及上亿美元特大型的项目能力有了较大幅度提高，开始跟踪、实施的项目已经从几千万美元上升到上亿美元的大项目。

5. 企业实力显著增强

随着河南省"走出去"战略深入实施以及通过国际承包市场激烈竞争的洗礼，河南对外工程承包企业逐渐发展壮大，企业实力显著增强，市场竞争能力显著提高，已成为中国外经企业中的重要力量和河南省开拓海外市场的主导力量。2013 年，中国有 55 家企业入选美国《工程新闻记录》（ENR）统计的"全球 225 家最大国际工程承包商"行列，河南两家企业跻身其中，分别是中国河南国际合作集团有限公司和中国中原对外工程有限公司，分列第 147 位和第 161 位。与此同时，一些大型企业集团，如中信重工机械股份有限公司、河南省水利电力对外公司、洛阳浮法玻璃集团等企业，获得对外承包经营资格后，也纷纷走向国际市场，迅速站稳脚跟，逐渐发展壮大，已成为河南省"走出去"开拓国际市场的中坚力量。

6. 项目档次稳步提高

近年来，随着对外承包工程企业实力显著提高，以及更多大型企业集团走向国际市场，河南省对外承包工程项目档次逐步提高，承揽的大型、特大型项目日渐增多，如河南国际合作集团承担了塞内加尔工业园区 2.1 亿美元的工程项目，实现了从境外单一办厂到建设工业园区连片开发的提升；中机新能源公司在南美洲成功签订了 4.5 亿美元的电厂工程项目，实施后可带动机电设备出口近 5 亿美元。此外，还有一些企业通过参与区域规划、勘探和设计咨询获得项目，通过探索海外企业并购等方式开拓发达国家市场，从而推动了对外承包工程业务向高端发展。

二　对外工程承包存在的主要问题和矛盾

近年来，河南省对外承包工程保持了快速增长的发展势头，呈现出又好又快的发展局面，但是在发展过程中仍存在着一些突出矛盾和问题，需要认真对待和加以破解。

（一）存在的主要问题

目前，河南省对外工程承包还存在着诸如市场份额小、市场范围过于集中、企业融资能力差、企业创新能力不强、复合型人才缺乏、信息渠道不畅等一些突出问题。

1. 市场份额小

美国《工程新闻记录》（ENR）统计的全球最大225家国际承包商前20名国际市场营业额平均在50亿美元左右。而河南对外承包工程企业国际市场营业额都比较低，2014年，中国中原对外工程有限公司对外承包工程业务完成营业额6.3亿美元，中国河南国际合作集团有限公司对外承包工程业务完成营业额6.2亿美元，与国际大型国际承包商存在着很大的差距。河南省对外承包工程营业额2013年占全国比例仅为2.0%，与河南作为中西部大省的地位很不相称。在2014年中国对外承包工程业务完成营业额前50名的企业中，中国中原对外工程有限公司和中国河南国际合作集团分列第36位和第39位，均在前10名以外，与排在第1位的华为技术有限公司（2014年完成营业额达97.2亿美元）有巨大的差距。

2. 市场范围过于集中

近年来，随着河南对外工程承包事业的快速发展以及更多的"豫"字头企业走出去，河南对外工程承包业务范围逐渐扩大，已发展到涵盖世界五大洲83个国家和地区，但仍主要集中在亚洲地区和非洲地区。在亚洲地区，也主要集中在中国香港、中国台湾、新加坡、巴基斯坦等国家和地区；在非洲地区，主要集中在塞内加尔、几内亚、科特迪瓦等一些国家和地区。对外工程承包市场的相对集中，大大增加了对外经营的风险性和波动性，也反映出河南对外工程承包具有很大的区域局限性，在欧美国家缺乏市场竞争力。

3. 企业融资能力差

河南对外工程承包企业融资能力普遍较弱，已成为承包国际大型工程项目的瓶颈。一方面企业资产总规模偏小，资产负债率较高，银行很难为其提供保函，导致其融资能力有限；另一方面是融资渠道狭窄，除国家进出口银行外，一般商业银行尚未建立起企业对外工程承包风险评估和融资服务体系。即使是国家进出口银行，为企业发展海外业务的条件限制也比较多，审批手续复杂。如中原石油勘探局拥有先进的石油钻井勘探技术，在国际市场上建立了良好的信誉并积累了丰富的经验，完全有能力在国际市场上拿到更多的项目。但有时由于无法获得足够的贷款,很多能拿到的项目也不得不放弃。国内金融服务体制不太完善,企业难以得到银行贷款,成为制约企业"走出去"的瓶颈。

4. 企业创新能力不强

与国际大型工程承包集团相比,河南对外承包工程企业的技术创新不强。在承包工程类别方面,多数公司以承接一般土建项目、房屋住宅项目及分包基础设施工程为主,只有极少数公司能够涉足技术难度较高的工程,如机电设备安装、石油化工建设等技术含量高、专业性强的综合性项目;在施工技术方面,缺少专利技术和专有技术,对国际上最新建筑技术、建筑材料、建筑机械应用不多。在机电安装、使用先进设备的大型高难度土木工程等专业领域存在着技术差距;在国际采购网络系统方面,在项目中标后往往要采用发达国家的材料设备,而国内的机电设备及建筑材料较难进入国际市场。

5. 复合型人才缺乏

人才缺乏,尤其是复合型人才缺乏,一直是影响河南对外工程承包的主要问题,也是河南企业与国际大承包商之间存在较大差距的重要原因。目前,河南对外承包工程人才缺乏主要表现在两个方面:一方面缺乏精通国际商务、国际法律、国际金融和语言等知识的复合型人才,另一方面缺乏具有跨国公司管理经验和一定知识水平的操作型人才。就拿语言来讲,语言障碍成为承揽境外工程的劣势之一,如在孟加拉国的工程项目,由于语言沟通问题,业主表示自己出钱给我方员工培训英语,项目曾一度被停止;在中东的钻井项目,由于司钻不能用英语进行正常交流,不得不从其他国家高薪聘请相关人员。

6. 信息渠道不畅

企业要到海外承包工程,需要了解相关国家的投资环境和投资政策,但无固定可靠的国际市场信息来源,无法了解全球范围的投资环境和市场需求。目前,国家有关部门对境外市场的信息介绍太简单且不及时,在行业指导上仅提出产品大类,不够翔实,指导性不强。这成为国内企业开拓国外市场的一大障碍。一些国家(如韩国、新加坡等)的政府帮助企业开拓海外市场是通过设在世界各国的办事处或促进机构为企业提供大量信息来予以引导，而我国在海外设立为企业开展对外承包工程提供信息和市场导向服务的专门机构，尚处于初级阶段。由于信息渠道不通畅，导致一些企业无法详细了解国际市场行情，在开拓国际承包劳务市场方面显得茫然被动、无所适从，从而影响企业的发展，这也是河南对外工程承包快速发展中存在的主要问题。

(二) 存在问题的原因分析

河南省对外承包工程事业之所以出现一些问题，主要原因归结于以下几个方面。

1. 思想观念问题

思想观念问题主要表现为对外经业务的重要性认识不足，重视不够，河南省上下普遍存在着重外贸外资、轻外经，抓外贸外资较硬、抓外经较软的现象，部分领导、部分地区甚至把发展外向型经济等同于发展对外贸易，把外向带动战略等同于外贸带动战略。因而在对外承包劳务合作方面，缺少总体的规划与战略部署，长期打"遭遇战"和"游击战"。在落实外经政策措施方面也不像对待外贸那样扎实得力。具体的对策和基础性研究工作更显得贫乏单调。

2. 企业经营机制僵化

经营机制落后，不适应新形势下市场经济体制的要求。由于长期受计划经济时代政策保护影响，许多外经企业仍然沿用脱离市场的经营机制，缺少成本意识、风险意识和竞争意识，导致企业资金使用浪费、人员结构不合理、管理水平低下和决策随意盲目。并且，很多企业还没有从单位的商品经营、项目经营转变到以资产经营为龙头的综合经营轨道上来。

3. 技术和管理经验落后

在一些专业领域存在着技术差距，如机电安装、使用先进设备的大型高难度工程等。缺乏国际通行的项目管理经验，如石油化工、电力建设等大型国际工程项目往往采用 PMC（项目管理总承包）的模式，而我们的企业对此比较陌生。缺乏先进的国际承包市场信息体系，造成企业在投标和竞标等环节信息不畅。缺乏国际采购网络系统和国际采购经验。在项目中标之后往往要高价采用发达国家的机电设备，造成成本增加、利润减少。

4. 缺乏应有的金融扶持

在对外承包工程中，由于工程项目较大，需要较多的流动资金，而河南企业自有资金较少不能满足承包大型国际项目流动资金的需要；在国际承包中往往要求承包商出具投标保函、履约保函等，但由于一些企业资产负债率高，银行很难为其提供保函；国际承包市场由原先的分包、转包向工程总承包即 EPC（设计—采购—建造）、PMC（项目管理总承包）、BOT（承建—运营—转让）等方式转变，因而对承包商的融资能力提出了更高要求，而银行对企业的信贷额度也不适应承接国际工程的需要；政府控制外汇信贷规模、审批程序复杂、审批时间长，从而影响了企业在承包国际工程项目上的竞争力。

5. 缺乏市场知名度

由于生产技术和管理水平的落后，在国际承包市场尚未树立较高的知名度和美誉度，因而普遍存在企业实力被轻视的现象，使企业在国际工程招投标中处于不利的地位。

（三）存在的主要矛盾

整体来看，河南对外承包工程行业已经具备了相当的规模，具有一定的国际市场竞争力。但河南对外承包工程行业要保持高速增长下的可持续发展，仍存在着一些矛盾。

1. 市场规模的快速增大与赢利能力不高的矛盾

河南对外承包工程长期处于行业的低端，所从事的承包工作主要是技术含量较低的工程，大型项目中的专利技术少，有能力为业主提供包括项目规划、咨询、设计、管理等在内的综合服务的企业数量很少，所提供的此类服务在国际市场所占份额非常小。企业综合服务能力不足与国际市场上设计、采购、建造一体化趋势之间产生了极大的矛盾，使得河南对外承包工程行业的经济效益远远低于国际的平均水平。

2. 带资承包、融资项目增多与出口基金少的矛盾

在国际工程市场上，承包商的融资能力逐渐成为国际竞争中的关键因素。D－B 承包、EPC 交钥匙、BOT、PPP、PFI 等工程建设模式逐步成为国际工程承包市场的主流，必然要求企业实行带资承包或外商直接投资。河南对外工程承包企业融资能力虽然近年来有所改善，但仍然总体较弱，一方面融资渠道窄，另一方面政策性银行对国际工程承包企业的支持力度有限。

3. 企业决策链过长与国际工程管理决策迅速的矛盾

河南对外承包工程行业的主体是国有企业。改革开放以来，国有企业的管理体制已经进行了多次改革，但内部的管理结构仍然比较复杂。对国际承包工程而言，复杂的管理结构使得企业的决策链过长，难以适应国际工程市场瞬息万变的竞争态势。

4. 国际政治经济安全风险加大与企业危机管理机制不健全的矛盾

近年来，国际政治经济安全风险加大，恐怖主义等不确定因素增多，部分国家和地区社会治安状况不良，各类突发事件波及范围扩大，河南对外承包工程企业将面临诸多风险和挑战。虽然河南对外承包工程企业初步建立了应急预案，但功能健全、运行效果良好的危机管理机制尚未建立。

5. 产业集中度低与国际工程公司大型化趋势的矛盾

在河南对外承包工程行业的营业额和合同额高速增长的同时，河南对外承包工程的产业集中度与国际水平比较有很大的差距，而且河南对外承包工程行业经过多年的发展，产业集中度不但没有提高，还有了降低的趋势，这与国际工程公司大型化的趋势极不相符。

6. 专业人才缺乏与培养机制层次不完善的矛盾

人才是决定企业业务发展的关键因素。由于历史的原因，河南工程技术人才总体素质比较高，但最缺乏的是复合性高水平的国际工程管理人才，特别是优秀项目经理、合同管理专家、采购专家、项目融资专家等。河南公司在开拓国际工程市场过程中培养了一批人才，但数量和质量均有较大差距，远远跟不上市场要求。部分对外承包工程公司甚至在中标后面临着无人可派的尴尬局面，当前人才短缺已经成为束缚企业快速发展的主要瓶颈之一。目前，在人才培养机制中，对外承包企业的人才培训总体投入太低，而且国内能进行高层次国际工程管理培训机构的专业化程度也比较低。

三 扩大对外工程承包的对策建议

在经济全球化趋势日益增强和区域经济一体化深入发展的背景下，实施"走出去"战略，努力在利用国内外"两种资源、两个市场"方面有新的突破，是中国现代化建设和改革开放进入新阶段的必然趋势。近年来，随着国家改革开放战略的深入实施，河南省开放型经济发展迅速，"走出去"也取得了显著成效，但是在对外工程承包的发展上，与东部和南部沿海地区的上海、江苏、广东、浙江、山东等省份相比还有明显的差距。河南省应继续加大"走出去"战略的实施力度，大力拓展新的发展空间，在对外工程承包事业发展上再上新台阶，再创新辉煌。笔者认为，加快河南对外承包工程事业的快速发展，要从政府、行业组织和企业三个层面来考虑和推进。

（一）政府层面对策建议

推动河南对外承包工程事业的快速发展，应积极发挥政府的宏观引导调控作用，建立健全公共服务体系和社会保障体系，为对外工程承包企业提供优良的制度环境和服务环境，提供优惠的政策措施，从而促进行业的健康、稳定发展。

1. 加强制度创新

良好的制度环境是实施"走出去"战略的重要基础，也是推动外经企业快速发展的重要保障。推动河南省对外承包工程事业的快速发展，一定要把制度创新放在突出位置，切实加强政治制度、经济制度、社会制度、管理制度等方面创新，完善制度保障，构筑良好的制度环境，推动外经企业快速发展和壮大。

（1）加强立法工作。加快建立健全河南省对外工程承包的有关法律、法规，加大力度整顿市场经营秩序，为促进河南对外工程承包业务的进一步发展创造条件。同时，要通过加强立法和完善监管措施，对经营企业实行优胜劣汰的动态管理，维护公平有序的竞争环境。

（2）强化制度创新。根据市场经济和形势发展的要求，不断更新和完善促进行业发展的各种制度，如经济制度、管理制度等，为对外工程承包企业提供优越的制度环境。同时，要制定鼓励政策和优惠措施，支持对外工程承包企业经营管理制度和业务创新，不断壮大企业规模和竞争实力。

（3）建立健全外经企业的奖励机制。建立和完善外经企业奖励机制，制定有针对性的奖励措施，建立外经外贸专项引导资金和奖励资金，对已经"走出去"以及想"走出去"的企业进行奖励。

2. 强化政策支持

近年来，虽然河南省对外工程承包事业获得了快速发展，但和我国沿海发达地区的江苏、浙江等省份相比，还有很大的差距，存在着一些突出矛盾和问题。因此，要推动河南对外承包工程事业快速发展，政府要进一步完善相关政策，建立有助于对外工程承包事业发展的政策支持体系，特别是在税务、金融、保险等方面，加大政策支持力度，鼓励工程咨询设计、工程管理、BOT 等经营模式的发展，重点支持开发大型、特大型国际承包工程，打造和培育一批竞争能力较强、发展潜力较大的大型企业集团，促进河南对外承包工程业务升级、快速发展。尤其是在当前美欧债务危机愈演愈烈、世界经济可能二次探底的情况下，世界经济发展形势不容乐观，国际工程承包市场也面临较大困难，给我国对外承包事业发展带来很大影响。为了保证对外承包项目的稳步发展，政府应该适度放宽当下的贷款政策和审批程序，并在汇率风险和社会风险等方面给予一定的补贴，在税收方面给予一定的优惠。同时，还应在技术、融资和其他方面给予一定的帮助，使得河南企业在国际竞标当中更加有信心、有实力。

3. 完善服务体系

为推动河南对外承包工程事业的快速发展，政府和相关管理服务部门，要根据发展的新形势，通过指导监督和政策支持，进一步完善公共服务体系和社会保障体系，为企业创造良好的发展环境，提供优质的服务。

（1）完善金融服务体系。应加大对对外承包工程行业的金融支持力度，尽快设立河南省对外承包工程保函风险专项资金和专项保险基金。积极推动金融机构与对外承包工程企业的合作，引导金融机构加大为对外工程承包服务的力度，提高对外工程承包企业融资能力。鼓励金融机构积极开展金融创新，探索新的服务模式，提供适合对外工程承包的新金融产品。

（2）加强信息服务体系建设。要加强与外事、旅游、外贸、侨联等涉外部门之间的联系和信息交流，为开展对外承包劳务工作提供信息和牵线搭桥。强化与驻外使（领）馆、境外机构和河南已有境外企业的沟通，建立河南省对外经济技术合作企业库、国际工程承包市场信息库和各国招商引资项目库，为对外承包工程提供及时、准确的信息。要创造条件吸引国内外法律、财务、环保等企业为对外工程承包提供市场化服务，以提高对外承包工程企业的综合竞争实力。

4. 打造大型企业集团

对外承包工程企业是参与国际市场竞争的主体，也是推动河南对外承包工程事业快速发展的关键。因此，加快河南对外承包工程事业的快速发展，政府主管部门应因势利导，在自愿的基础上，通过各种形式的联合、重组和兼并，打造一批有竞争优势和实力的大型企业集团，不断提升企业参与国际竞争的能力。

（1）以省内大型企业集团为"龙头"，实行省内跨行业的战略性重组，培育若干资金、技术、人才密集，科研、设计、施工总承包能力较强，具有国际竞争力的综合型企业集团。

（2）推动外经与省外、甚至国外的工业、农业、建筑、设计、咨询、金融企业的联合，将局部优势结合为整体竞争优势。

（3）在利益共享、风险同担的原则下，鼓励中小企业主动与龙头企业联合，通过以老带新，解决资金短缺、信息不畅、业务发展不平衡的现象。

（4）积极做好承包工程经营权申报工作，壮大主体队伍，提高河南企业开拓海外市场的整体能力。

5. 加强人才培训工作

市场经济的竞争从一定意义上讲归根结底是人才的竞争，所以必须要有计划、有目的和有步骤地加强外经人才的培训工作。一是抓好对现有人员的培训和知识更新，二是抓好对外派劳务人员的培训，三是抓好对未来外经人才的培养。对外派人员除了进行外语和专业技术的强化培训外，还包括涉外知识、所在国法律、风俗习惯等的培训，以提高外派劳务人员的政治和业务素质。对经过培训人员可建立人才储备库，按专业和工种建立他们的档案，以便需要时，招之即来，来之能战。培训工作不能只从眼前利益出发，更要着眼于未来，为企业将来的发展打下良好基础。就目前来说，培训工作的主要任务是组建外派劳务培训中心和确定专门机构来组织实施这项工作。要大力加强与相关院校的沟通联系与协作。协助高等院校对未来外经人才的培养。在某种程度上说，外经事业兴衰成败的关键在人。必须要尽快造就一支懂业务、会外语、善管理、德才兼备、勇于开拓的外经贸企业经营管理队伍。

（二）行业组织层面的对策建议

行业组织是企业利益的维护者和代表者，是具有自我规范和自我管理职能的民间性、非营利性的社会团体，是政府贯彻国家方针政策、维护行业秩序可以借助的重要力量。面对日益复杂的国际承包市场新形势，要充分发挥行业组织的积极作用，推动对外承包工程行业更加有序、协调、稳定地发展。

1. 加强制度建设

行业制度是行业组织赖以存在并正常运转的基础保障，也是各组织成员必须维护和遵守的规章制度。近年来，随着我国对外承包工程事业的快速发展，对外工程承包的行业组织也获得了快速发展。但也存在很多问题。除一些环境因素和外部制约外，一个重要原因就是行业组织自身存在着制度缺陷。因此，当务之急是各行业组织应加强自身制度建设，构建完善的组织和运行制度。

（1）加强行业组织章程制定。行业组织章程是整个内部制度建设的核心。全面加强行业组织制度建设，章程的作用非常关键。

（2）健全行业协会组织结构。要设立完备的、相互制衡的内部组织机构，建立民主、规范的内部运行机制，完善组织的法人治理结构，实现行业组织合理运作和有序发展。

（3）规范行业协会财务制度，完善行业协会人事制度。

（4）完善协调制度。要在尊重市场规律和企业主体地位的基础上，建立规范、动态的协调制度，推动行业信用制度建设，形成完善的行业诚信自律机制和体系。

2. 发挥协调功能

行业组织建设目的就是维护行业经营秩序，推动整个行业的健康有序发展，其主要功能就是起到沟通协调作用。因此，行业组织应利用其作为政府与对外工程承包企业之间联系桥梁的作用，发挥协调功能和自律作用。

（1）充分发挥行业组织在"提供服务、反映诉求、规范行为"方面的作用，避免组织内企业在国际工程招标中出现竞相压价、恶性低价竞争的状况。

（2）强化行业组织的协调功能，发挥行业组织协调报价与联合报价方面的作用，使对外承包工程企业针对自己的优势参与国际工程承包，扩大本领域的对外承包工程合作。

（3）加大项目协调力度，加速推进行业自律，促进省内外企业的优势互补、互利共惠，在国际市场竞标中联合竞标提升企业的竞争力。

（4）优化行业整体环境，形成良好的行业经营秩序。

3. 提供优质服务

行业组织代表企业、行业的利益，要为企业提供专业化指导、咨询、协调和服务。因此，行业组织应坚持服务性、民主性、公正性、自律性的工作准则，着眼于行业的发展，把为大多数企业服务作为工作的根本出发点。

（1）完善信息服务体系建设。完善国际工程数据库系统，建立专业信息发布平台，充当信息提供、加工、整理、交流者的角色，为对外承包工程企业提供信息支撑。专业信息发布平台应包括以下信息：各国建设法规、建筑业基本情况、市场准入条件、国际工程信息、技术标准规范、咨询与培训等内容。

（2）发挥行业组织专家委员会优势，为企业提供高端咨询服务。

（3）发挥行业组织的优势，联合高校，大力培训行业紧缺人才，形成行业发展的人才储备。

4. 强化研究工作

（1）加强对行业发展面临的突出矛盾和问题、发展战略和发展态势等进行深入研究，为政府制定有关政策措施提供有参考价值的政策建议，为推动河南乃至全国对外承包工程事业的发展提供重要参考依据。

（2）要加强研究，全面把握国际承包工程行业的发展特点和趋势，发挥行业组织对行业建设和市场发展的引导作用，引导和帮助企业向高端业务和高端市场发展。

（3）加强国家风险问题的针对性研究。为了适应对外工程承包企业"走出去"的需要，亟须建立为企业服务的国家风险分析、预警与报告系统，尤其是针对某些国家时常出现的不利于我国企业跨国经营的政府政策、社会抵制行为等现象，大力加强服务于企业跨国经营的海外国家风险研究。

（三）企业层面的对策建议

面对经济全球化，对外工程承包企业必须正确认识面临的困难，努力提高科技含量和管理水平，努力提升自身实力和竞争能力，向资金密集、技术密集、设计施工一体化、投资建设一体化、国内国外一体化的方向发展，主动迎接挑战，克服金融危机带来的困难，以立于国际市场竞争的不败之地。

1. 加强企业管理

对企业而言，管理是永恒的主题，它与资本、科学技术、劳动力、经济信息等一样，是构成生产力的重要因素。加强企业的管理，不仅是深化外经企业改革、建立现代企业制度的基本要求，也是外经企业获得生存发展的当务之急。当前，河南省外经企业中大多数是国有企业，而国有企业体制不活、管理滞后等通病在外经企业中屡见不鲜，直接影响企业的发展。因此，河南省各外经企业应认真梳理、分析，找出企业管理中存在的突出矛盾和问题，深化企业改革，加强企业管理，建立健全现代企业制度，不断提升企业管理水平和经营水平。深化改革，转换企业经营机制，形成一个与企业发展目标相适应，并与国际接轨的良好的管理体制和经营运行机制，使员工素质、经营管理、技术水平和业务运行适应国际工程承包的需要是新形势的要求。加强现代企业制度建设，在内部决策机制、企业组织结构、权益利润的配置方式、人事用工分配制度、成本核算、质量管理和财务管理制度等方面，进行大胆探索，逐步建立和完善企业内部竞争、激励和约束机制。加快企业信息化建设，在产品设计开发、生产制造、物资采购、市场营销等环节，采用现代信息技术手段和企业资源计划等计算机管理系统，全面提升企业运营效率和管理水平。加强企业文化建设，打造独具特色的企业文化。

2. 合理选择企业发展战略

近年来，随着世界政治经济形势的变化，国际工程承包市场也发生了巨大的变化，呈现出工程项目的大型化、建设模式的一体化等新趋势。国际承包市场环境的变化客观上要求对外承包工程企业也要适当调整，跟上形势的发展和适应环境的变化，并结合各行业的实际情况，进行发展战略的规划设计和强化动态管理。因此，河南省对外承包工程企业也要根据国际承包市场新变化，不断调整发展战略。具体来说，有以下几种战略可供选择。

（1）差异化战略。差异化战略，是指企业在生产经营过程中，充分发挥和运用其产品或服务独特的某一部分直至全部不同于其他企业的产品或服务的优势，作为指导企业持续稳定发展的方向。在当今的许多产业领域，差异化已成为一些企业跻身市场的制胜法宝。国际承包工程企业也应认真审视自身的资源情况和竞争力条件，运用差异化理论有针对性地配置资源，对接目标市场，争取效益的最大化；研究市场细分格局，找准市场定位，发挥各自的核心竞争力和相对优势，走差异化竞争之路。

（2）模式升级战略。模式升级战略，就是随着国际承包工程市场承包方式、承包模式等的变化，企业承包业务能力、管理模式也要相应提升和升级，具体来说又可分为业务升级、管理升级和发展方向升级。

（3）合作共赢战略。合作共赢战略，就是企业随着国际承包工程模式变化，通过联盟、联营、兼并、重组等形式推动企业间的资源整合，实现发挥整体合力，从而提升企业的融资、设计、施工、运营的一体化的能力，进一步开拓国际市场。

3. 培育核心竞争力

核心竞争力是企业能够长期获得竞争优势的能力，是企业所特有的、能够经得起时间考验的、具有延展性的，并且是竞争对手难以模仿的技术或能力。企业的竞争往往是企业核心能力的竞争。要在复杂多变的市场和激烈的竞争中求得生存和发展，关键是要培育有别于竞争对手的核心竞争能力，国际大型承包商如福斯特惠勒公司等，其多元化的经营主要体现在依托主业而开展的经营，其发展依托的仍然是核心竞争力。相比国内外一些大型企业，河南的对外承包工程企业竞争能力较弱，尤其是技术研发能力最为薄弱。因此，河南对外承包工程企业要围绕企业发展重点，以市场为导向，适时加大科技投入，逐步提高科技投入比重，在不断完善企业核心技术的基础上，发展具有自主知识产权的专利技术，提高工程承包的高技术含量，全面增强技术优势，提升企业核心竞争能力。要加强技术开发，吸收和推广国际先进技术，改善和提高技术装备水平，强化参与市场竞争的技术优势。要通过项目设计分包途径，使用具有世界先进技术水平的设计分包商，引进国际先进技术，加以消化吸收，形成自有技术，提升核心竞争力。

4. 加强企业之间的联合与合作

当前，面对国际工程承包市场竞争激烈的形势，国际承包商普遍重视联合与合作，既可分散风险，减少竞争对手，又可增强竞争力，提高获胜概率。因此，河南省各对外承包工程企业要加强与其相关企业之间的合作，以增强和发挥整体优势，有效提高国际竞争力。

（1）要搞好集团内部的联合与合作，有效配置公司资源，形成集团的整体优势。

（2）按照国际惯例和现代企业标准，以能提供设计、咨询、施工、安装一条龙服务为目标，进行企业与企业之间的合作或改组兼并，实现工程承包公司之间、工程承包公司与制造商之间及设计单位之间的强强联合，利用双方的优势互补，增强公司的资金实力、技术能力和人力资源，提高公司的整体竞争能力，提升对外工程承包的档次。

（3）根据企业的现状，要重视与国际知名承包商的联合。特别是进入发达国家市场，有国际知名承包商带领进入比较容易。条件成熟的，可选择 1~2 个国际著名工程公司建立战略联盟，建立稳定的合作关系，共同开拓国际市场。

（4）推动银企结合和银企贸结合，缓解对外工程承包的资金短缺和融资能力差的问题，解决实物还贷和产品返销的困难问题。

5. 加强人力资源的开发与管理

企业的国际竞争不但表现在产品上的竞争，更进一步表现在要素市场上的竞争，而且更加激烈，特别是人力资源的竞争。因此，河南省对外承包工程企业要根据本行业发展的要求，全面加强人力资源的开发和管理，充实和建设好与企业发展目标相适应的专业技术与管理人员队伍，争取用较短时间基本解决人才不足和素质偏低的矛盾。

（1）加强人才培训和引进工程。加强人才培养工作，强化外语、营销、国际商务、工程建设、项目管理等方面业务知识的培训，定期派送人员到国际工程管理公司学习先进的管理知识和技术知识，培养锻炼一批高素质的复合型、外向型和开拓型的国际工程管理人才，使企业的发展有强大的人力资源保证。在做好人才培养工作的同时，还要积极引进一批高水平的技术和管理高级人才，形成自己的专家队伍。

（2）建立健全激励与约束并重的人力资源管理体制。建立有效的激励与约束机制和新型的弹性用人机制，完善用工制度、培训制度、工资制度和业绩考核制度，坚持"以人为本"，吸引人才、用好人才、留住人才，形成"事业留人、待遇留人、感情留人、文化氛围留人"的企业大环境，实现人才的优势互补和优胜劣汰。

6. 加强属地化经营

属地化管理是跨国公司成功的一项重要经验。通过属地化经营策略，企业可以尽快融入当地社会，利用当地承包商和工程技术人员的力量，进行资源的优化配置，降低成本和减少承包工程中的困难。由于我国对外工程承包企业在实施"走出去"战略中，主观意识上对属地化不重视，造成了不熟悉当地法律、法规和技术规范的现实，致使经营活动局面难以打开。因此，河南省对外工程承包企业要加强属地化经营和管理，实施"本地化"战略。对此，应该从三个方面着手实施。

（1）待遇奖惩属地化。河南对外承包工程企业要在竞争激烈的国际市场中占有一席之地，必须大胆选拔、引进、吸收、留住国内和国际上的优秀人才，使天下英才为我所用。笔者认为，境外企业在保证经济效益增长的前提下，应允许参照当地企业的分配机制，逐步向当地收入标准靠拢。

（2）管理方式属地化。必须改变用行政手段经营管理境外公司的惯性思维，按所在国市场经济的规章制度和运作方式规范操作。

（3）企业文化属地化。要改善与当地政府和主管机构的关系，通过多种形式向社会公众展示企业本地化的诚意和决心，积极参与所在国的各种活动，融入当地社会中，成为所在国政府和人民认可的、不可缺失的一分子。

第十四章
河南开放发展的制度创新

改革开放 30 年来，我国经济社会获得了较快的发展，取得了令人瞩目的成就，并在未来一个时期仍将保持这样的发展势头。出现这样的经济增长速度和发展势头，其根本原因在于，制度创新是我国实现经济增长的内在因素。和全国一样，改革开放以来，在制度创新的推动下，河南省经济社会也获得了快速发展，经济实力和区域影响力显著增强，已成为中部崛起的重要力量和带动国家经济发展的重要板块。现阶段，河南省已进入经济发展的关键期、改革开放的攻坚期、社会矛盾的凸显期和各种社会问题的积累期，与此同时，全省经济社会发展中也出现了一些新情况和新问题。这在客观上要求我们进一步改革开放，破除影响经济社会发展的体制机制障碍，强化制度创新，为河南的开放发展、中原崛起和河南振兴提供充足动力。

一 制度创新理论分析

制度创新理论是指导地方政府进行制度创新的基础和依据。推动河南开放发展，要充分发挥理论的基础作用、指导作用和参考作用，为制度创新提供重要的理论支撑。

（一）制度创新概念与内涵

1. 制度创新概念
创新的概念和创新理论是由熊彼特在 1912 年出版的《经济发展理论》

一书中首次提出和阐发的。在熊彼特看来，所谓创新，就是建立一种新的生产函数，也就是说，把一种从来没有过的关于生产要素和生产条件的"新组合"引入生产体系。熊彼特认为创新包括产品创新、技术创新、组织创新和市场创新等。美国经济学家戴维斯和诺思在 1971 年出版的《制度变革和美国经济增长》一书中，继承了熊彼特的创新理论，研究了制度变革的原因和过程，并提出了制度创新模型，补充和发展了熊彼特的制度创新学说。在该书中他们指出，制度首先是指"制度环境"，即"一系列用来确定生产、交换与分配基础的政治制度与法律规则"，其次是制度安排，即"支配经济单位之间可能合作与竞争的方式的一种制度安排"。前者相对稳定，可作为制度创新模型的外生变量，制度创新则主要指制度安排的变化。

所谓制度创新就是提供一种新的制度安排，使人们获得一种在现有的制度安排下无法获得的额外收益（经济利润或精神满足）。制度创新既包括根本制度的变革，也包括在根本制度不变的前提下具体运行体制模式的转换。本文所论述的制度创新是指在既定的宪法秩序和规范性行为准则下制度供给主体解决制度供给不足，从而扩大制度供给获取潜在收益的行为，使创新者获得追加利益而对现行制度进行变革的种种措施与对策。制度创新是制度变迁过程中的一个关键环节，制度变迁实际上就是一个又一个的以制度僵滞、制度创新、制度均衡阶段组成的循环过程。从某种意义上说制度创新和制度变迁是一致的。

2. 制度创新的条件

制度创新的条件。任何一项制度创新都是在现存的制度安排处于制度僵滞状态，不能适应变化着的环境及技术发展等，致使人们追求利益（经济利益和社会利益）最大化努力的行为受到抑制甚至是扭曲的条件下实施的。因此，每项制度创新都包括以下几个必不可少的条件。

（1）现有制度安排处于制度僵滞状态，阻碍经济社会发展是制度创新的先决条件。由于环境的变化和不确定性，原来适宜的制度安排，会逐渐成为经济社会发展的桎梏，那么作为上层建筑的制度安排必须进行改革和创新才能适应经济基础的发展要求。

（2）贴现的预期收益超过预期成本是制度创新的必要条件。经济制度之所以发生创新是因为在社会中的个人、集团或政府看来承担这些制度安排的成本是有利可图的，其目的在于创新者能够获取一些在旧的制度安排下不可能得到的利润。只有这一个条件被满足时我们才希望试图改变一个社会中既存的制度结构和产权结构。

（3）"第一行动集团"的出现是制度创新的前提条件。所谓"第一行动集团"是指那些能预见到潜在市场经济利益，并认识到只要进行制度创新就能获得这种潜在利益的人。他们是制度创新的决策者、首创者和推动者，他们中至少有一个成员是熊彼特所说的那种敢于冒风险的、有敏锐观察力和组织能力的"企业家"。因为只有在政府、集团和个人这三个制度创新主体中出现一个"第一行动集团"，制度创新活动才能得以发起。此外，制度创新还受"第二行动集团"协同努力、产品和要素相对价格、宪法秩序、技术和市场规模等条件的制约。

3. 制度创新的原则

要达到合理的制度变革，实现制度创新，就必须遵循以下原则。

（1）一致性原则。即制度的最初设计或变革方案必须从社会发展的实际出发，必须尽可能地与社会发展的实际相一致，唯有如此，才能保证制度实施的可行性。制度变革与社会发展不一致存在两种情况：一是制度安排落后于社会发展的实际，二是制度安排超前于社会发展的实际。这两种情况都不利于社会的发展，因而也是一种不合理的制度变革。

（2）激励机制与约束机制相结合原则。理性的个人追求自身利益最大化是经济社会发展的原动力，是传统经济学理论和新制度经济学理论的一个基本前提假设，同时也是各项有效制度得以创建和实施的不竭动力。人的机会主义倾向又是新制度经济学关于人的行为的又一个前提假设，意思是说人具有随机应变、投机取巧、为自己谋取更大利益的倾向，往往会做出损人利己的事。人的机会主义行为倾向也是人类社会各种制度产生的一个重要来源，而制度又可以在一定程度上约束人的机会主义行为倾向。任何一项有效制度都同时具有激励功能和约束功能，所以在制度创新过程中必须很好地把激励机制和约束机制有机结合起来。

（3）预期收益最大化原则。政府、组织或市场主体，无论哪一个制度创新主体在进行一项制度创新之前，都会做一个成本收益分析，在所有可供选择的制度安排体系中，选择一个成本最小收益最大的制度安排作为制度创新的目标。只不过各个创新主体考虑的侧重点有所不同，政府多从社会大多数人的社会收益和政府的政治收益（增强各级政府的政治影响力和中央政府的权威等）方面考虑，而组织和市场主体更多的是考虑经济利益最大化。不论是从社会、政治角度考虑，还是从经济利益角度考虑，每一项有效制度创新的进行必然遵循预期收益最大化原则，否则制度创新就不可能产生。

（4）公平与效率原则。各项制度创新无不考虑该项制度所涉及的大多数人的利益，而不能是只为少数人谋福利的工具和途径，即公平性。体现公平性，是社会各项制度演进的必然趋势。然而，只有公平性是远远不够的，如果一项制度没有了效率，仅剩公平性，那么这项制度也就只是人们理想化的虚无缥缈的一种不切实际的设想而已，注定会被无情的社会现实所遗弃。因为没有效率的制度安排无法激励人们投入创造性的生产活动中去，会成为经济社会发展的障碍，最终要被新的有效的制度安排所取代。正如新中国成立初期直到改革开放前实行的单一所有制形式和"大锅饭"式的分配制度，终将随着经济社会的发展慢慢淡出。

4. 制度创新内容分类

根据文森特·奥斯特罗姆的观点，制度创新可以分为三个层次：立宪层次、集体行动层次、操作层次。在立宪层次上，主要是形成对经济体制转型的一般性认识及重大的战略决策方针和进行宪法性法律的创新。在集体行动层次上，主要是实现上述战略决策的基本规则及政策措施。在操作层次上，主要是实施经济体制转型的具体制度创新活动。与制度创新的三个层次划分相对应，应该有三组不同的参与主体。在我国，中央政府、地方政府和市场力量是三个主要的制度创新主体。中央政府、利益独立化的地方政府和逐渐成熟的市场主体作为三个相对独立的制度创新主体，分别在特定的时期和特定的领域扮演着推动制度创新的"第一行动集团"的角色。

从制度创新的主体来考察，制度创新又可以分为需求诱致性制度创新和强制性制度创新两种类型。需求诱致性制度创新来自地方政府和微观经济主体对潜在利润的追求，改革主体来自基层，程序为自下而上，具有边际革命和增量调整性质。强制性制度创新是国家在追求租金最大化和产出最大化目标下，通过政策法令实施的，它以政府为制度创新的主体，程序是自上而下的激进性质的存量革命。

按照制度创新的层次划分，又可分为基础性制度安排与次级制度安排。基础性制度安排是指一系列用来建立生产、交换与分配基础的政治、社会和法律基础规则，如支配选举、产权和合约权利的规则就是构成经济环境的基本规则。基础性制度安排也可称为制度环境。一般而言，制度环境的改变相对缓慢，而具体制度安排则是不断发展变化的。

(二) 地方政府制度创新

1. 地方政府制度创新概念

地方政府作为依法管理地区公共事务的行政机关，促进本地公共利益的发展是地方政府首要的责任和义务。地方政府制度创新是指地方政府在响应社会需求和准确预测社会发展趋势的基础上，以新的观念为指导，通过制定新的行为规范，调整主体间的权利平等关系，为了本地利益最大化，在既定的制度环境下自主地提供新的制度安排的过程。地方政府制度创新包括行政管理体制创新、经济管理体制创新、社会管理体制创新等方面。

2. 地方政府创新行为方式类型

关于地方政府制度创新的行为方式类型问题，学者陈天祥、傅大友、芮国强等都进行了系统论述，认为地方政府制度创新主要有以下三种类型。

(1) 中央政府授权的制度创新行为。在这种制度创新行为中，中央政府是制度创新的发起人和新制度方案的制定者，是制度创新的第一行动集团，中央政府往往通过法律、法规和行政命令等手段限制地方政府和微观制度主体的制度进入权，同时也会有选择地放松一些制度进入限制。在这种制度创新行为中，地方政府只是新制度的具体组织者和实施者，其地位不具有主动性，不是其固有的职权范围内的制度创新行为，而是在中央政府的许可或授权下所从事的制度创新行为。因此，地方政府扮演的仅仅是一种代理人的角色。中央政府授权的地方政府制度创新行为的优点是改革的风险小、成本低，但其形式单一、领域狭窄，地方政府的制度创新能力受到约束，知识积累速度较慢等。

（2）地方政府自主的制度创新行为。改革开放以来，随着我国立法秩序、权力结构和意识形态环境等制度环境的变化，地方政府作为制度创新主体的地位无论是在理论上还是在实践中都得以真正确立。另外，随着放权让利改革和"分灶吃饭"财政体制的推行，地方政府摆脱了传统体制下依赖中央政府的被动局面，获得了独立处理地方范围内公共事务的权力，并且地方经济的发展使地方政府有能力承担制度创新所需的费用。上述几个方面的共同作用使地方政府具备了发动自主制度创新的内在动机和物质基础。因此，20世纪90年代中后期以来，地方政府开始结合本地区的实际需要，多角度、多层面地开展自主制度创新行为，如地方在行政改革中根据本地的实际采取不同的策略和模式。在地方政府自主的制度创新行为中，地方政府是制度创新的发起人和新方案的制订者、组织者和实施者，是在其自己固有的职权范围内主动进行的制度创新行为，地方政府充当了制度创新的第一行动集团，其主体地位得以充分彰显，创新能力得以有效提升。但是，在我国目前的政治架构下，地方政府自主的制度创新往往面临着被中央政府"事后追认"的政治风险。

（3）地方政府与微观主体合作进行的制度创新行为。由于微观主体（团体和个人）和地方政府之间存在很多的利益共同点，地方政府就可能对微观主体的制度创新活动予以政策上的鼓励和扶持，从而实现制度创新。这一制度创新行为我们称之为"地方政府与微观主体合作进行的制度创新行为"。在这种制度创新行为中，地方政府充当了微观主体（第一行动集团）的保护者，即第二行动集团，利用自身的组织优势，助微观主体一臂之力，使其实现制度创新，从而实现本区域公共福利的最大化。改革开放以来我国私营企业的蓬勃发展就是地方政府与微观主体合作进行制度创新行为的生动体现。

3. 地方政府创新的主要内容

虽然地方政府在市场化和发展的程序上各不相同，但其制度创新行为都是在中央政府既定的目标和约束条件下，在宪法秩序所规定的框架内进行的，所以各地的制度创新在较深的层次上存在着共性。

（1）以市场化为导向的经济制度创新。具体包括两个方面，第一，培育市场主体，促进市场体系发育。地方政府为使本地在制度安排与资源配置中居于有利地位，力图通过讨价还价促使中央政府做出有利于本地经济发展的制度安排和政策制定，经常通过以下途径实现本地收益最大化的制度创新活动：一是通过正式渠道或非正式渠道向中央政府传递本地利益的制度创新需求，并力图使这一需求转变为中央政府的正式制度供给方案，从而直接进入；二是没有获得制度创新进入权的地方政府会通过"变通"的方式，在"用足用活中央政策"的名义下解释中央政策，既不与中央政策明显冲突，又有利于本地利益，或另辟蹊径突破壁垒，获取潜在的制度收益。地理位置、自然资源、历史积累条件等因素的不同在理论上也为地方政府发挥更积极的影响提供了依据。低层级政府的主动支持以及高层级政府的保护性默许，在理论和政策跟不上实践发展的情况下，客观上促进了市场主体和市场体系的发育。第二，推动区域经济一体化。随着体制改革的逐步深化，产权制度对经济发展的束缚逐渐减弱，特别是党的十六大之后，各种微观产权形式都得到了正式制度的认可，而被扭曲了的市场交易制度便成为这一阶段制度改革的首要任务。经过多年的发展，微观经济主体已经粗具规模且数量可观，产品市场形态已由卖方转向了买方。此阶段中微观经济主体面临的问题已不是设法获得正式制度的认可，而是如何在竞争激烈的市场中取胜。因此，地区外部产品市场和生产要素市场的可获得性对微观经济主体的发展至关重要。优化资源配置和实现区域经济融合的"区域经济一体化"便成为经济体内生的制度变迁需求。

（2）以提高行政效率、完善公共服务为主的行政管理制度创新。市场经济的发展要求地方政府行政管理体制发生相应的转变。从宏观层面上看，计划经济向市场经济的转型要求政府机构设置和职能定位相应转变，政府的经济职能主要是经济调节和市场监管，政府机构要进行相应的改革，一些计划经济的管理部门需要撤销或者转变为中介组织，新的经济领域的产生需要设立新的行政管理部门，一些部门需要调整或合并以适应综合管理的需要。从微观层面上看，作为市场经济主体的企业为了追求利润，不断提高生产效率，同时对政府管理效率提出了要求，地方政府为了吸引投资不得不从改善投资环境的角度出发，为提高政府行政效率进行自我改革。市场经济发展和企业经营管理深刻地影响着地方政府行政和管理，政府试图运用市场化手段改善公共管理，提高行政效率，降低行政成本，优化政府办公资源管理，这是与西方的新公共管理运动相吻合的。

（3）公共服务是地方政府职能的主要特征与内容。地方政府职能的设置与履行，从本质上说是为国家、社会和民众服务。而且，随着我国社会主义市场经济体制的发展完善和政府纵向分权改革的开展，我国地方政府的自我利益意识也不断觉醒。为了增强本地区的综合竞争力和提升政府绩效水平，各地和各级地方政府在政府自身建设过程中更有动力进行各项制度创新，尤其是行政管理制度创新，从而更自觉地充分开发和利用本地公共服务资源，进一步完善公共服务。

（4）以民主化为主导的政治制度创新。政治制度改革涉及政治权力的产生和运行，具有一定的敏感性，十分复杂，改革者应当慎重，这种形式的制度创新更多的是在基层地方层面进行试点。从大量的地方政府改革创新的实际情况来看，中国地方政治改革是在现行宪法所确立的基本政治制度或政治框架内进行的。例如，近几年涌现出来的四川省遂宁市"公推公选"乡（镇）党委书记和乡（镇）长，浙江省温岭市"民主恳谈"、湖北省广水市"两票制"选举村党支部书记为代表的政治制度创新行为。

（5）基层民主的创新大大改善了基层党组织的政治生活环境，由"少数人在少数人中选人"转变为"由多数人在多数人中选人"，从根本制度上防止用人上的腐败，保障了党员的选举权利，基层党组织负责人改变了只对上负责不对下负责的情况，而是对上负责和对下负责相结合，密切了党群关系，增强了基层党组织的凝聚力和战斗力，增强了基层党组织核心地位的合法性。基层党内民主的实践将改善基层政治生态，改善基层党政机构及其负责人对待党员群众的态度，使得基层政府真正面向群众的需求，有利于调整基层政府的职能，改善公共服务。从长远来看，基层民主制度的创新必将为国家政治民主打下最坚实的基础。

总的来说，地方政府通过积极的制度创新，使本地区经济得以长足发展，经济实力显著增强，地区财政收入实现最大化，地区公共产品大幅度增加，人民获得更大的物质利益和社会福利，民主权利得到进一步保障，因而其制度创新得到了地方人民的普遍支持和认可。

（三）制度创新与经济发展

制度创新会促进经济发展，其促进作用主要是通过改变对经济主体的激励机制，降低经济主体的协调成本和不确定性、促进社会分工和专业化水平的提高、扩大寻求和抓住经济机会的自由度，从而促进经济发展。具体来说，主要体现在两个方面：一方面制度创新本身是一种生产力；另一方面制度创新可以降低技术进步和技术转化为生产力的成本，从而促进生产力的发展。

1. 降低交易成本

新古典经济学学者认为制度是"自然状态"的一部分，是无关紧要的外生变量。只要是新古典模型，必然暗含着完全信息、无摩擦交易等假设。然而，现实的经济活动中，交易成本不可能为零，只要存在交易过程，就会产生交易成本和交易摩擦。可见，交易成本的高低直接影响经济绩效。这样，交易制度的设计就在交易中发挥极其重要的作用。制度可以降低交易成本，但制度本身也需要不断创新去适应新的资源和市场规模等条件。制度创新的作用就是用一种更有效的制度去替代低效率制度，降低旧制度下的交易成本。例如，作为一种制度创新，企业制度的产生就是由于企业制度能够降低市场制度的不确定性，抑制经济主体的机会主义行为倾向，从而降低交易成本。

2. "润滑"交易行为

市场经济的基本特征是依靠市场配置社会资源。然而，社会资源完全依靠市场机制去配置并不能保证有序的市场交易规则自发地建立起来，需要依靠制度不断地"创新"加以完善。在我国，由于产权制度、市场壁垒、金融及价格制度等方面的原因，进入市场的交易主体的信息是非对称的、交易地位是不平等的，信用制度自然就建立起来了。信用制度的一个主要功能就是减少经济活动中的不确定性，帮助人们形成稳定、可靠的预期，减少信息成本和不确定性，把阻碍交易进行的因素减少到最低限度。可见，信用制度作为一种交易规则是制度不断发展和完善的结果。简言之，交易的效率取决于制度创新的效率。

3. 提供激励机制

道格拉斯·C. 诺斯在分析西方世界兴起的原因时指出，有效率的经济组织是经济发展的关键因素；西方世界兴起的原因就在于发展一种有效率的经济组织。有效率的组织需要建立制度化的设施，并确立财产所有权，把个人的经济能力不断引向一种社会性的活动，使个人的收益率不断接近社会收益率。而所谓的个人收益率不断接近社会收益率，实质是使经济主体所付出的成本与所得的收益呈正相关，避免"搭便车"现象发生。有效率的产权制度是使个人收益率接近社会收益率的基本条件。以知识产权为例，保密制度、奖金制度、版权制度、专利权制度的不断出现，促使个人不断努力、不断创新，这就是制度创新的激励功能。

4. 推动创新体系建设

制度既体现了一定的生产关系和社会关系，同时又构成了一切生产活动和社会活动的具体框架。在任何一个国家和地区，一定的制度安排都是经济和社会发展的必要条件，技术、资本的作用还需要一定的制度安排才能实现。制度创新可以为经济主体的技术创新提供激励，使经济主体在技术创新过程中所付出的成本低于收益。制度创新对技术创新的影响主要是对技术创新收益或成本的影响，在不同的社会制度下，创新者会对技术创新的收益和成本形成不同的预期，从而影响社会的技术创新水平。因此，制度创新处于整个创新体系的基础和核心位置。各国的经济发展实践充分表明，无论是技术创新还是知识创新，如果不与制度创新相结合、协调动作，其效果往往是事倍功半的。

5. 加快区域经济发展

一个地区的制度质量、制度效率越高，则该地区的制度越有竞争力，且这种高效的制度安排越能持久，在这种体制推动下的经济增长则会有制度上的基本保障而不受人治因素影响。改革开放以来，我国东部地区的广东、江苏、浙江等沿海省份除了凭借优越的区位优势外，还在所有制结构、企业制度、产权制度、分配制度、政府宏观调控制度等方面，加强制度创新，取得了制度创新的先发优势，而这种优势一经形成便具有自我强化的趋势，最终推动区域经济的快速发展。相反，由于中西部地区传统体制根深蒂固，并体现出一种自我强化的反馈机制，使制度创新非常困难，甚至"锁定"在某种落后状态，难以有所作为，从而导致地区的制度创新滞后。因此，从根本上说，中西部地区的落后是制度创新的滞后，关键是要提高制度创新能力。

二 河南制度创新历程演变

纵观改革开放30多年的发展历程，河南制度创新大致可划分为三个时期，即起步时期、展开时期和深化时期。

(一) 起步时期 (1979～1991年)

1978年12月，中共中央召开十一届三中全会，做出了把全党工作重点转移到社会主义现代化建设上来的战略决策，重新确立了党的实事求是的思想路线，制定了以经济建设为中心的政治路线，提出了经济体制改革、对外开放、健全社会主义民主和加强社会主义法制等一系列重要方针政策，实现了党的工作重心的历史性转折，突破了僵化旧体制，开始了制度创新的探索。在十一届三中全会精神的指导下，河南全省上下坚持党的解放思想、实事求是的思想路线，坚持以邓小平理论为指导，大胆探索和创新，从百废待兴中破冰起航。制度创新从农村迅速推向城市，从经济领域推向政治、科技、教育、文化等领域。从1979年开始，全省各地农村出现了多种形式的农村责任制，如定额包干、联产到劳、大包干等，最后普遍实行了以家庭联产承包为主要形式的责任制。在很短时间内完成了由政社合一的高度集中向以家庭联产承包责任制为基础的双层经营模式的转变，撤销了"三级所有、队为基础"的人民公社体制，建立乡（镇）人民政府。

在农村改革的影响和推动下，城市改革也逐步展开。1984年12月，中共河南省委制定了《关于认真贯彻〈中共中央关于经济体制改革的决定〉的意见》（以下简称《决定》），在《决定》的指导下，河南以城市为重点的经济体制改革全面展开。按照国务院的要求，河南将省属企业下放给属地城市，把属于企业的权力交给企业，扩大企业生产计划权、产品销售权、资金使用权、劳动人事权等。在深化企业改革的同时，还进行了整个经济体制的配套改革。按照有计划的商品经济的要求，河南对计划、价格、财政、税收、金融、物资、外贸、商业流通等管理体制进行了不同程度的改革，使宏观管理开始从以直接调控为主向以间接调控为主过渡。

以"六五"时期国民经济调整与发展取得良好成效为背景，"七五"时期，经济体制改革不断加快，以生产资料价格逐渐放开为主要内容的"双轨制"开始实行；长期困扰国民经济发展的"条块"分割、政企不分的格局开始在理论上与实践中被打破；乡镇企业异军突起，开始在全省经济生活中扮演重要角色；商品市场发育迅速，要素市场开始尝试，产业结构良性化的趋势加快。但在自上而下盲目乐观的情绪和急于求成思想的指导下，投资、消费出现了双膨胀，供给与需求、积累与消费之间的矛盾以新的形式再次趋于激化，不得不在20世纪80年代末期开始了"治理整顿"，"政府调控市场，市场引导企业"调控经济的新思路付诸实施。

总体来看，这一时期的改革或者制度创新，对河南经济的发展起到了积极的促进作用，全省的国民经济发展发生了重要变化。一是"重工业优先发展"的路线在理论上和实践上都得到了纠正，积累和消费间的关系趋于协调；二是制定了以"翻两番"为基本目标的新一轮国民经济长期发展规划，其中人民生活改善明确成为经济发展的重要战略目标之一；三是实行对诸如能源、交通、通信等国民经济发展的"瓶颈"产业给予政策倾斜；四是改革开放正式成为经济发展的战略措施，国民经济开始发生由封闭型向开放型的转变；五是在农村实施了"家庭联产承包责任制"，并取得重大成效；六是在"有计划的商品经济"理论取得突破的情况下，市场经济规律开始在全省国民经济发展中发挥日益显著的作用，工农两大产业之间以及轻重工业之间的关系趋于协调，国民经济向良性化转变。

（二）展开时期（1992~2002年）

1992年，邓小平的"南方谈话"和中共十四大的召开，确立了社会主义市场经济的改革方向，即由过去突破旧体制转向侧重于建立新体制、由政策调整转向制度创新、由单项改革转向综合配套改革、由重点突破转向整体推进和重点突破相结合，标志着中国社会主义改革开放和现代化建设事业进入新的发展阶段。在新的改革方针指引下，河南制度创新逐步展开。从1993年开始，在全省建立政策性投资和竞争性投资分别管理、投资主体和投资风险责任明确的投资体制。在省与中央财政实行分税制的基础上，省对市地财政开始实行双轨并行的分税制。以扩大企业直接融资为重点，河南证券市场从20世纪90年代开始探索和发展。在各项改革举措的引导下，全省经济全面高涨，但随着开发区热、房地产热的不断升温，经济发展中的"泡沫"成分不断加大，"泡沫经济"超前显现，金融秩序出现混乱局面。治理经济过热、抑制通货膨胀再度成为宏观调控首要任务。中央和省采取了积极的方针，不再搞全面紧缩，灵活运用利率、税率、价格和法律等手段，同时注意把加强宏观调控和深化改革有机地结合起来，既抑制了通货膨胀，又保持了经济稳定增长，实现了"软着陆"。

在经济体制改革的同时，河南行政体制改革也不断展开。中共河南省委五届八次全会通过了《关于贯彻〈中共中央关于建立社会主义市场经济体制若干问题的决定〉的实施意见》，强调在行政改革方面，重点是转变政府职能，建立以间接手段为主的宏观调控体系。1996年，河南国有企业开始试点进行劳动人事和分配制度改革，取消企业行政级别，打破工人和干部的界限，变身份管理为岗位管理。1998年，按照党的十五大的有关精神，河南省实施了以转变政府职能、调整机构设置、调整地区建置、精简机构和人员编制等为改革目标和主要内容的行政体制改革。

这一时期，河南经济体制开始向社会主义市场经济转变，资源投向、结构调整、产业振兴、区域发展、对外开放和体制改革等方面的目标更具体，更符合河南实际。这一阶段河南制度创新的重点主要侧重于以下几个方面：一是转换国有企业特别是大中型企业的经营机制，把企业推向市场，增强它们的活力，提高它们的素质；二是加快市场体系的培育，加强市场制度的法规建设，加快改革步伐，积极理顺价格关系，建立起以市场形成价格为主的价格机制；三是深化分配制度和社会保障制度的改革，逐步形成利税分流和分税制等制度；四是加快政府职能转变，实行政企分开，健全宏观调控体系；五是进一步扩大对外开放，深化外贸体制改革；六是深化农村经济体制和经营机制的改革。

（三）深化时期（2003年至今）

中共十六大以来，科学发展观和构建和谐社会等重要理论与发展思路相继提出，为完善社会主义市场经济体制提供了理论指导，党的十八届三中全会提出全面深化改革，我国体制改革进入深水区。在一系列方针政策的指引下，河南的改革逐步深化。以河南省第八次党代会提出了加快由经济大省向经济强省跨越，加快由文化资源大省向文化强省跨越，努力推进和谐中原建设，全面推进党的建设新的伟大工程为标志，中原崛起战略全面实施。期间，河南积极推动以乡（镇）机构、义务教育、县乡财政管理体制等为主要内容的农村综合改革，农业税、特产税、牧业税适时取消。以国有大中型企业公司制改革、上市公司股权分置改革、省属企业产权结构多元化改革等为突破口，积极推进国有经济布局和国有企业战略性重组。以文化强省为目标，全面推进文化体制改革。以强化公共服务职能为重点，不断推进行政管理体制改革。以建立落实科学发展观的体制机制为重点，全面推进矿产资源整合，在全国率先启动了煤炭、铝土矿资源整合，着力推动资源向骨干企业配置。此外，价格管理体制改革力度不断加大，投资管理体制积极推进，财税管理体制不断深化，金融体制加快创新，社会主义市场经济体制得到进一步完善。大力实施中心城市带动战略，着力加快中原城市群和县域经济发展，努力形成城乡经济社会发展一体化新格局。主动适应我国加入 WTO 后的新形势，积极承接国内外的产业转移，河南开放型经济进入一个新阶段。2004 年以后，全国经济出现了煤电油运紧张、部分地区和行业投资增长过快、经济泡沫不断加大的现象和苗头，国家实行稳健的财政政策和从紧的货币政策，河南坚持在发展中主动适应调控，在调控中谋求更好更快发展的思路，努力保持经济社会又好又快发展的态势。

这一时期，是河南完善社会主义市场经济体制阶段，是制度创新的深化时期。这一阶段河南制度创新主要体现在以下领域：一是推动农村综合改革，二是实施了重点服务型政府建设，三是推进国有经济布局和国有企业战略性重组，四是深入推进文化体制、投资管理体制、财税管理体制、金融体制等方面改革，等等。

三 河南开放发展制度创新的重要性

实践表明，谋求区域开放发展是一个社会系统工程，由制度创新、结构优化、科技进步等系列工程构成。在这一社会系统工程中，制度创新是最为根本的工程。开放发展必须以制度创新为本。因此，加快河南开放发展，必须要强化制度创新的作用，加强制度创新，为开放型经济发展提供制度保障和重要动力。

（一）对外开放的内在要求

国外经济发展以及我国 30 多年改革开放的经验表明，对外开放不仅本身意味着一种制度变迁，而且极大地加速了旧制度向新制度的调整过程，即制度创新的过程。可以说，开放是制度变迁的强制力量，制度创新是开放的源泉和动力。开放与改革的辩证关系是：一方面改革以开放为先导，改革要靠开放来启动；另一方面开放的本身就是改革的一部分，开放要以改革为本，开放的成功与否最终取决于制度创新。从内容上看，对外开放是一个国家或地区在商品、劳务、资本等方面与别国的双向交流；从本质上看，对外开放作为一种经济活动，本身就是制度安排的结果，是在经济活动中实行双向交往制度，它的实质就是制度创新。首先，制度创新是对外开放的起点。任何一个国家或地区的经济从封闭走向开放，无不是从制度的变革、政策的改变起步的，没有制度上的创新就不能进行经济上的对外开放。其次，经济开放的程度受制度创新的制约。制度创新的进程决定着对外开放的广度，一国比较优势的培育及其吸引外资环境的塑造，都与制度创新存在着非常紧密的联系。只有实行广泛的制度创新，才会出现全面的对外开放。最后，制度创新是经济长期开放的基础，它制约着对外开放的变动趋势。只有实现了制度变革之后，开放才会成为一国经济发展中不可逆转的趋势，对外贸易增长才会稳定地持续下去。

（二）河南开放发展的内在动力

改革开放以来，在对外开放战略的带动下，河南省经济社会发展取得了令人瞩目的成就，经济实力和竞争能力显著增强，经济总量居全国第 5 位、中西部地区第 1 位。然而，和沿海地区的广东、山东、江苏等省份相比，还存在的很大的差距。究其原因，在中国改革开放过程中，河南省与沿海发达省份在制度安排上一直存在着非均衡性。沿海地区之所以发达，一方面除区位条件优越外，还拥有许多特殊的地区性政策，使得地区制度对全国统一制度补充的程度高；另一方面沿海地区在所有制结构、企业制度、产权制度、分配制度、政府宏观调控制度及法律制度等方面都较早地实现了突破，制度创新的速度快。而持续性的制度创新又确立了大量高效率的制度运行规则，扩大了制度容量，降低了交易费用，提高了资源配置效率，同时也促使政府积极为经济发展创造条件，提高行政效率，推动了人才、资金、信息和技术等经济要素的流入和升级，区域技术创新有了实现基础并最终推动区域经济的快速发展。与沿海地区相比，河南省制度创新比较滞后，并且制度创新都是以供给上的强制性制度为主，政府的政治目标大于经济目标，制度创新的政治成本很高，不得不以牺牲效率作为代价。所以，河南落后，不是资源、技术、人才短缺的问题，而是落后在制度改革方面，即制度短缺的问题。因此，推动河南的开放发展，一定要充分借鉴沿海地区制度创新的经验，强化制度创新，为开放型经济发展提供制度保障和内在动力。

（三）全方位打造内陆开放高地的客观要求

当前，在国际资本向中国流动、沿海产业向内地转移、大型央企向中西部地区布局的大趋势下，中西部各省份纷纷采取强力措施承接产业转移，竞争态势咄咄逼人。在新一轮竞争中，谁能在大开放中快人一步、胜人一筹，谁就能抢占先机，赢得主动，率先发展；相反，就会错失良机，落后于人。因此，推进大开放刻不容缓。加快河南开放发展，必须要继续深入实施开放带动主战略，全方位打造内陆开放高地，在更宽舞台、更高平台上参与竞争，更多地分享经济资源和发展机会，赢得竞争优势，实现"率先"发展。打造内陆开放高地，我们有许多工作要做，其中最为重要的一条就是要强化制度创新。只有把制度和环境搞好了，取得制度优势地位，才能抵消固有劣势，才能吸引更多的国外资本、民间资本参与进来，才能吸引更多的人才参与进来，才能承接更多东部沿海地区的产业转移，才能更好地实现经济和社会的良性循环，最终实现中原崛起的根本目的。

四　河南开放发展制度创新的主要内容

当前，加快河南开放发展，在制度创新方面，应着重加强以下几个方面的工作。

（一）政治制度创新

1. 建设服务型政府

要以转变政府职能、转变工作作风，提高行政效能、提高公务员素质的"两转两提"为重点，大力推进服务理念、服务内容、服务方式和服务手段的全面创新，切实解决好政府职能存在的"错位""越位""缺位""不到位"的问题，强化政府的社会管理和公共服务职能，把政府经济管理职能转变到主要为市场主体服务和创造良好发展环境上来，努力在服务中实现管理，在管理中体现服务。要做到这一点，关键是必须处理好政府与市场、企业和社会的关系。

（1）处理好政府与市场的关系。政府与市场的关系是地方政府职能定位中的一个基本问题，也是地方政府制度创新最重要的突破口。地方政府要逐渐从代替市场到退出市场，即凡是市场能调节的领域交由市场去调节，由市场主体根据需求自主实施制度创新，政府则主要是发挥市场秩序维护者的作用。

（2）正确处理政府与企业的关系，深化国有资产管理体制改革。要进一步实行政企分开，实行所有权与经营权分离，使企业自主经营、自负盈亏，实现国有资产的保值增值。

（3）正确处理政府与社会的关系，进一步做到政事分开。要在整顿、规范社会中介组织的同时，充分发挥它们的作用。要按照政事分开的原则，加强事业单位管理体制改革。

2. 完善政府决策机制

政府决策是政府管理的核心和关键。决策质量的好坏直接关系地方经济发展的质量和效益。因此，加快河南省开放型经济的发展，当务之急就是完善政府决策机制，不断提高政府决策的科学性和有效性。

（1）要健全各类决策咨询机构。一是将政策咨询机构、部分政府办事机构纳入决策层，保持现有的机构与编制，实行公务员管理，赋予较大的调查研究权。二是在决策机构内设置若干岗位，实行聘用合约制，邀请各类专家学者任职，实行定期轮换，以便政府部门更好地适应日新月异的科技发展对决策带来的挑战。三是进一步发展各部门、各行业的咨询机构，形成咨询网络，多渠道为政府提供咨询意见。尤其要健全重点行业的咨询组织建设，重点培育和扶持城市管理、金融证券、交通运输、高新技术、工商物价、房地产等行业以及战略性咨询组织。

（2）设立决策审议机构。一是充分发挥政府议事机构对政府决策的审议作用；二是吸纳专家学者、企业家、民众以及社会中介组织等对政府决策进行审议。当前要逐步完善听证制等形式，不断拓宽民众参与的渠道。

（3）严明决策程序。对决策的研究、论证、审议必须按程序办，每个环节都制定相应的规则，逐步使政府决策程序化、公开化。

（4）建立决策协调机制。每项决策必须着眼于全局和整体，各部门的决策不能只限于自身的工作范围，部门之间需建立有效的决策协调制度。

（5）制定和完善对政府决策的评价和对决策者的责任追究制度。制定和完善科学的评价机制和责任追究制度，将这些制度作用于政府决策的各个阶段，以保证政府决策的科学性。

3. 完善考核与监督机制

在开放发展的过程中，一些地方政府在巨大利益诱惑面前难免做出有悖政府公共职能的行为，这些行为的结果将是少数人获益，多数人利益受损，使社会总体福利降低。因此，加快河南省开放发展，一定要完善考核与监督机制，强化对地方政府行为的规范和引导，使之朝着正确的方向发展。

（1）健全考核评价体系。建立健全地方政府绩效评估制度和地方官员绩效评价体系，鼓励地方政府大胆探索政府绩效管理和考评的新模式，实现政府绩效评估的制度化和法治化。在制定地方政府绩效评价体系时，应把握以下两个原则。一是对一个地方政府政绩的评价应该把该地方社会经济发展与其历史状况及长远发展有机结合，尤其要注重该地方的可持续发展的能力；二是对地方政府官员的考核、评价应该取向于一个综合的指标体系，而不应仅仅局限于发展经济的能力。

（2）完善监督机制。要在进一步健全和完善党内监督、行政监督、司法监督的同时，积极探索人民群众的民主监督的途径，增强监督的合力和实效，真正做到坚持用制度管权、管事、管人，建立健全决策权、执行权、监督权既相互制约又相互协调的权力结构和运行机制。

4. 加强政策促进体系建设

要加快政策体系建设，进一步修订、完善有关吸引外资、扩大出口、促进对外经济等方面的具体政策。加强对重点行业和重点区域的引导，对目前合作较少但潜力或风险大的境外项目，给予特殊的优惠政策。制定科学、详细的产业指导目录，针对不同产业采取不同政策，及时提供最新的投资环境、国别政策、法律法规、优惠政策等信息，完善"走出去"服务体系和金融促进政策，积极稳妥地推进境外投资。加强涉外经济法律法规体系建设和管理体制改革，加快建立内外统一的市场体系和市场主体，完善覆盖重点产业、重点区域的产业损害预警监测体系。

（二）经济制度创新

1. 深化产权制度改革

区域产权制度安排的合理与否，将直接影响区域经济的发展。我国东部地区的快速发展，得益于在维持社会主义生产资料公有制这一根本产权制度不变的前提下，采取了多种更适宜于本地区经济发展的具体产权制度，变原来的单一产权制度为目前的多元化产权制度。因此，推动河南省开放发展，要学习和借鉴东部地区在产权制度改革中一些成功的做法，进行制度移植或者制度创新，深化多元化产权制度改革，为地区经济发展提供合理的制度安排。为此，要重点做好以下两个方面的工作。

（1）要深化国有企业改革。一是推进国有经济战略性调整。健全国有资本有进有退、合理流动机制，引导国有资本从一般竞争性行业退出，有选择地向战略性新兴产业、融资性非金融机构、现代服务业等领域发展。积极引入世界和中国500强企业、行业优势企业等战略投资者，以省管企业为重点，实施开放型重组、专业化重组、资源型重组、产业链重组，在煤炭、有色、钢铁、化工、装备等优势行业和领域，打造一批资产规模超千亿元的大型企业集团。抓住国家建立完善军民结合、寓军于民的军工装备科研生产体系的机遇，积极推进军工企业的改制步伐，大力发展军民结合产业。二是深化国有企业股份制改革。健全权责统一、运转协调、制衡有效的法人治理结构，完善董事会科学决策、经理层高效执行、监事会有力监督的运行机制，落实董事会集体决策及个人责任可追溯的决策制度。完善国有资产监管体制。坚持政企分开、政资分开，实现社会公共管理职能与出资人职能分开。健全国有资本经营预算和收益分享制度，加强业绩考核、激励和约束等制度建设，实现国有资产保值增值。

（2）要大力发展非公有制经济。进一步消除制约非公有制经济发展的体制性障碍和政策性因素，营造依法平等使用生产要素、公平参与市场竞争、同等受到法律保护的体制环境。落实完善促进民间投资的政策措施，放宽市场准入，打破行业壁垒，充分发挥多种金融工具服务民间投资的作用，拓宽民间投融资渠道。鼓励支持非公有制企业通过多种方式进入基础设施、市政公用事业、政策性住房、社会事业和金融服务等领域。建立健全企业信用体系和中小企业信用担保体系，健全非公有制企业项目对接、筹资融资、市场开拓、技术支持、对外合作、人才培训等的服务体系，帮助解决发展中遇到的困难和问题。推动中小企业与大企业建立稳定的分工合作关系。支持非公有制企业参与国有企业改制，鼓励非公有制企业开展生产、技术、资本的联合、重组，扶持培育一批竞争力强的大企业集团。积极引导民营企业依法经营，诚实守信，维护职工的合法权益。

2. 完善生产要素市场制度体系

生产要素市场体系是包括金融市场、人才市场、技术市场、能源和原材料市场等多个专业市场的一个有机整体，生产要素尤其是资金、人才、技术在区域经济发展中至关重要。河南省有丰富的自然资源、充足的劳动力等生产要素，却严重缺乏资金、技术、人才等高级生产要素，因此河南省要加强要素市场改革，完善生产要素市场制度体系，加快生产要素的市场化进程。

（1）完善要素市场改革。完善要素市场体系，健全土地、资本、劳动力、技术、产权、信息等要素市场，建立完善金融资产、环境权益产品等要素交易市场，更好地发挥市场配置资源的基础性作用。建设大市场、搞活大流通、发展大贸易，形成管理有效、运转协调、运行顺畅的现代市场体系。整顿和规范市场经济秩序，严厉打击制假售假、商业欺诈等违法犯罪行为。

（2）深化资源性产品价格改革。理顺煤、电、油、气、水和矿产等资源类产品价格关系，完善重要商品、服务、要素价格形成机制。开展竞价上网试点，鼓励大用户与发电企业协商确定电价。积极推行居民用电、用水、用气阶梯价格改革。理顺天然气与可替代能源的比价关系。按照"污染者付费"原则，提高排污费征收标准和征收率。深化收费制度改革，规范行政事业性收费，加强经营服务性收费监管。完善价格听证制度。

3. 推进财税、金融体制改革

积极构建有利于开放型经济发展的财税体制，为满足社会公共产品和服务提供财力保障。

（1）在合理界定事权基础上，按照财力与事权相匹配的要求，进一步理顺各级政府间财政分配关系。健全统一规范透明的财政转移支付制度，加强县级政府提供基本公共服务的财力保障能力。

（2）完善预算编制和执行管理制度，强化政府性基金预算管理，深化部门预算、国库集中收付、政府采购和收支两条线管理制度改革，健全科学完整、结构优化、有机衔接、公开透明的政府预算体系。

（3）优化财政支出结构，严格控制一般性支出，保障"三农"、科技、教育、社会保障、改善民生等重点支出，加大对结构调整和产业升级的支持力度，完善财政支持农村金融体系发展和促进中小企业融资的长效机制。按照国家统一部署，稳步推进税制改革，逐步健全地方税体系，创造公平的市场竞争环境。

（4）推进金融体制改革，发展各类金融市场，形成多种所有制和多种经营形式、结构合理、功能完善、高效安全的现代金融体系。提高银行业、证券业、保险业竞争力。优化资本市场结构，多渠道提高直接融资比重。加强和改进金融监管，防范和化解金融风险。

4. 加强投资体制改革

实行谁投资谁决策、谁受益谁承担风险的原则，弱化并消除投资冲动的体制基础。

（1）按照国务院关于投资体制改革的决定要求，转变政府管理职能，确立企业投资的主体地位，落实企业投资的自主权；合理界定政府的投资范围，提高政府的投资效益；拓宽企业投资项目的融资渠道，努力扩大社会投资；加强和改善投资宏观调控，加强和改进投资的监督管理等环节，积极稳妥地推进河南省投资体制改革。要结合河南省实际，尽快出台相关的配套政策，完善和规范投资项目核准制和备案制。

（2）进一步确立企业的投资主体地位，落实企业投资自主权，引导和鼓励社会资金进入投资领域；明确政府投资范围，规范政府投资行为，完善政府投资监管项目办法，逐步实行政府投资项目公示制和重大投资项目后评价制度。培育规范的投资中介服务组织，提高投资咨询评估的质量和效率，实现投资决策的科学化和民主化。

（3）进一步加强对社会投资活动的宏观调控，合理引导社会资金投向，防止盲目投资和重复建设，杜绝在一些领域的过度投资，优化资源配置，提高投资效益。政府要从对竞争性项目的经济管制及时转向社会性管制，即制定政策、发布信息等。政府对具体的事项，如资源利用、环境保护、安全与土地使用等进行社会性审查。建立起市场引导投资、企业自主决策、银行独立审贷、融资方式多样、中介服务规范的社会性管制的新型投资体制。

（三）社会制度创新

1. 加强户籍制度创新

推动河南开放型经济发展，要改革现行的户籍管理制度，尽快建立以居住地或职业划分城镇、农村人口的户籍登记制度，促进城乡人口合理流动，优化人口空间布局，推进人口城镇化进程。要加快城镇户籍制度改革，以把符合落户条件的农业转移人口逐步转化为城市居民为重点，全面放开县城以下中小城市户籍限制。积极创造条件放开中等以上城市户籍限制，同步解决进城务工人员的就业、住房、子女就学、社会保障等问题。

鼓励将符合条件的农民工纳入城镇住房保障体系，逐步使进城落户农民真正变成市民，享有平等权益。整户转为城市居民的农村居民，允许其继续保留承包地、宅基地及农房的收益权或使用权，做好农村社保与城市社保的衔接转换。鼓励进城农民将土地承包经营权、宅基地采取转包、租赁、互换、转让等方式进行流转。同时，要以户籍制度改革为突破口，创新人才引进、培养机制，逐步打破地域、学历等限制，形成人才柔性流动机制和智力资源优势，为开放型经济发展提供更好的智力支持。

2. 强化教育制度创新

教育不仅能为开放型经济培养合格的劳动者，而且能提高人的素养，形成良好的地区人文环境。为此，推进河南开放型经济发展，要改革现有教育制度，建立健全市场竞争机制，提高教育效率，实现教育均等化。

（1）要全面推进素质教育，坚持德育为先、能力为重，深化教学内容、方法和评价制度改革，促进学生德、智、体、美、劳全面发展，增强学生创业和创新能力。

（2）改革教学质量评价机制，严格教师资质管理，完善教师绩效考核机制，加强师德师风建设，提高校长和教师专业化水平。

（3）创新教育投入机制，大幅度增加教育投入，保证教育财政拨款增长明显高于财政经常性收入增长，保证教师工资和学生人均公用经费逐步增长。创新财政教育拨款机制，探索财政投入按学生数量、毕业生质量的拨款新方式，采用民办公助、以奖代补等形式鼓励支持教育发展。健全国家资助制度，扶助家庭经济困难学生完成学业。进一步完善和规范高校筹资机制，逐步化解高校债务问题。

（4）大力发展民办教育，完善财政、税收、金融、收费、土地等优惠政策，保障民办学校公平待遇，鼓励和引导社会力量出资办学。加快建立现代学校制度，推进政校分开、管办分离，取消行政级别和行政化管理模式，落实和扩大学校办学的自主权。

3. 完善就业制度创新

要坚持城乡统筹就业的改革方向，加强政府引导，创新就业制度，完善市场就业机制，实施积极的就业政策，扩大就业规模，实现劳动力充分就业。

（1）实施更加积极的就业政策。大力发展服务业、劳动密集型产业，采取信贷、税收优惠政策扶持小型企业发展，多形式、多渠道开发就业岗位。建立健全重大项目建设带动就业机制。完善税费减免、岗位补贴、培训补贴、社会保险补贴、技能鉴定补贴等政策，鼓励企业吸纳更多的劳动者就业。深入推进全民创业，完善和落实小额担保贷款、财政贴息、场地安排等鼓励自主创业政策，健全创业服务体系。

（2）做好重点群体的就业工作。加强高校毕业生就业服务和政策扶持，畅通大学生到城乡基层、中小企业和自主创业的就业渠道。加快产业集聚区、专业园区建设，发展农村的第二、第三产业，推动农副产品加工业向产区集中布局，促进农村劳动力就地就近就业。做好城镇就业困难人员、退役军人就业工作，强化就业服务和援助，实施公益性岗位安置计划。

（3）大力开展劳动技能培训。健全面向全体劳动者的职业培训制度，紧密围绕产业结构调整和承接产业转移需要，以培养高素质产业技能人才为重点，大规模开展职业技能培训，全面提升劳动者就业、创业能力。

（4）加强公共就业服务。健全统一规范灵活的人力资源市场，加强县（市）、乡（镇）基层就业服务设施建设，建成覆盖城乡的公共就业服务体系。完善劳动就业监测体系，健全失业监测预警制度。全面推行劳动合同制度，加强劳动定额标准管理，加强劳动争议调解仲裁，加大劳动保障监察执法，切实维护劳动者权益。发挥政府、工会和企业的作用，努力形成企业和职工利益共享机制，构建和谐劳动关系。

4. 推进社会保障制度创新

坚持"广覆盖、保基本、多层次、可持续"的方针，加强社会保障制度创新，加快推进覆盖城乡居民的社会保障体系建设。

（1）扩大社会保障覆盖范围。重点做好非公有制经济从业人员、农民工、灵活就业人员参保工作，实现应保尽保。实现新型农村社会养老保险制度全覆盖，完善实施城镇职工和居民养老保险制度，积极配合做好基础养老金全国统筹。以最低生活保障为基础，实现城乡社会救助全覆盖。以扶老、助残、救孤、济困为重点，逐步拓展社会福利保障范围，推动社会福利由补缺型向适度普惠型转变，逐步提高福利水平。大力发展慈善事业。

（2）提高社会保障水平。加大公共财政对社会保障的投入，多渠道充实社会保障基金，逐步做实个人账户。健全企业退休人员基本养老金、失业保险金标准正常增长机制。健全低保标准动态调整机制，合理提高低保标准和补助水平。做好城乡低保与最低工资、失业保险和扶贫政策的衔接平衡工作。提高农村"五保户"供养水平。加强优抚安置工作。健全灾害突发等临时救助制度。加强社会保险基金监管，建立健全社会保险基金预决算制度，实现基金保值增值。

（3）完善社会保障体制机制。完善各项社会保险关系跨区域转移接续政策。全面推进医疗、失业、工伤、生育保险市级统筹，建立完善省级调剂制度。推动机关事业单位养老保险制度改革。发展企业年金、职业年金，发挥商业保险的补充作用。完善落实被征地农民补偿机制和社会保障制度。

第十五章

营造开放发展的良好环境

良好的环境是生产要素聚集的洼地、人才向往的高地。哪里的环境好，哪里就会聚集更多的生产要素，环境建设对于地区经济发展有着巨大的牵引作用和重要的基础作用。加快河南开放发展，要坚持把环境营造作为扩大开放的坚实基础，作为承接产业转移和招商引资的关键点与生命线，努力营造重商、亲商、富商、安商的良好氛围。

一　人文环境

（一）人文环境概念与内涵

1. 概念与内涵

人文环境有广义和狭义之分。广义的人文环境通常指人类社会的各种文化现象，是人类在改造自然和改造社会过程中所创造的一切物质文明成果和精神文明成果的总和；狭义的人文环境，特指人类的语言、文化及各种意识形态领域的活动所形成的物质和精神的环境和氛围，它是人类精神文化产品中的一部分。本文所谈的人文环境，主要是指狭义人文环境，是社会环境的一部分。而人文环境的优化主要是指以解放思想、更新观念为先导，以全面提高人的素质为重点，以文化创新为手段，以营造一个宽松、和谐、有序的投资环境为目标的精神文明创建活动。区域人文环境是人文环境的区域体现，一个区域人文环境的形成往往受区域内外的各种因素影响，但起决定作用的是区域本身各要素的相互作用。

区域人文环境也叫本土人文环境，综合理论界的观点大体包括两方面内容，一是区域文化精神、风格、价值观念、经济伦理、职业道德以及相应的生活和文化氛围，二是区域人的素质、心态、地域性格等因素。两者构成特定区域的人文环境，生成独特的人文动力。由于人创造了文化，文化又塑造了人，因此一定的区域文化也就代表了一定区域的人文环境。

人文环境是一个地区经济发展的精神动力，它直接影响一个地区经济的快速发展和社会的全面进步。如果一个地区没有良好的人文环境，就不会具有独特的区域精神和区域凝聚力，就引不来项目、资金和人才。可以说，市场经济绝不是单纯的经济范畴，它蕴含着大量的人文因素，并且随着现代化建设的进程，人文环境在市场经济发展中的作用越来越突出，从这种意义上来说，市场经济也是一种人文现象。

2. 主要内容

随着社会文明的发展，人文环境的内涵和外延都得到了不同程度的扩张，但其主要内容仍包括思想观念、制度文化、伦理道德、风俗习惯、宗教信仰等。

（1）思想观念。思想观念是相对于感觉和印象的一种认识成果，是对客观事物的一种理性认识。毛泽东说："感性认识的材料积累的多了就会产生一个飞跃，变成理性认识，这就是思想。"思想观念的范围极其宽泛，既包括社会政治思想、法律思想，也包括哲学思想、逻辑思想、文学思想、科学思想、美学思想、教育思想等。由于受经济条件和自然条件等客观存在的制约，一定的地区和一定的民族都有特定的思想观念和民族心理，构成特有的思想观念环境，其中某些思想观念和民族心理起到推动社会发展的作用，但某些思想观念和民族心理已经落后于经济生活，起到相反的作用。

（2）制度文化。所谓制度就是"为人类设计的，构造着政治、经济和社会相互关系的一系列约束"。从广义上来说，它由道德约束力、禁忌、习惯、传统和行为准则等非正式约束和正式的法规组成，具体包括社会制度、政治制度、家庭制度、法律制度、经济制度、教育制度等。制度也有主流制度和非主流制度之分，在一定的社会通过法律、法规取得支配地位的政治制度、法律制度、经济制度等是主流制度；在一定的地域还存在的没有法律依据的制度，如家族制度、某些管理部门存在的与社会主义民主政治制度相抵触的家长制、形形色色的专制制度、禁忌、习惯、传统等则是非主流制度。评价制度优劣的根本标准在于：制度文化是否有利于调动大多数人的积极性、主动性、创造性，是否有利于充分发挥广大实践主体的创造能力，是否有利于培养和提高人的文化素质。换言之，是否有利于促进人本身全面而自由的发展。

（3）社会心理。社会心理是在一个特定的民族文化中，大多数人具有的社会心理特征。社会心理是人文环境的一个重要方面，是导致地区经济发展不平衡的重要变量。社会心理现象主要包括个体社会心理、群体社会心理、大众社会心理。社会心理涉及特定民族的个体、群体和大众的社会动机、社会认识、社会态度、社会化、人际关系；从众行为、侵犯行为、利他行为等社会心理和社会行为，对国家、民族和地区的社会经济发展既有积极的作用也有消极的作用。例如，在社会形成良好道德风尚的情况下，利用从众行为和流行，就会形成强大的社会心理气氛，有助于社会秩序的维护和经济发展；但在社会形成贪污受贿、奢侈浪费的社会风气的情况下，如果不对大众行为和流行加以控制和引导，社会成员就会互相模仿、感染，使社会风气越变越坏，导致社会发展停滞。如果一个地区形成群体内聚力，社会成员就会产生认同感、归属感和有力感的心理感受，就会心情舒畅，干劲十足，服从领导，从而同心同德把地区经济发展起来。

（4）风俗习惯。习俗是指人们在群体生活中逐渐形成并且共同遵守的习惯和风俗，是人们在日常活动中世代沿袭和传承的社会行为模式。不同民族、不同地区各异的习俗构成了独特的风俗习惯环境。在原始社会时期，人们之间的相互关系以及共同的生活基本秩序，最初全靠习俗来调整和维持。习俗包括风俗和习惯。习惯指动机不受社会期待所影响的个人行为方式，风俗是一个群体历代沿袭、积久而成的风尚；习惯具有个体性，而风俗具有群体性；习惯虽然以个体表现出来，但以传统为先决条件的习惯也受群体规范的制约；习俗构成一个民族的民风、涉及社会成员遵守或违禁的规范，一个地区和民族的传统文化大量地显现在习俗当中。习俗首先源于人类满足生存需求的活动，它最早是人们适应自然环境、获取饱暖的文化模式，一定的习俗是由自然条件和社会条件两种因素决定的。由于自然条件不同形成的习惯性行为模式被称为"风";由于社会环境不同而形成的习惯行为模式则被称为"俗"。由于气候、地貌、资源等自然条件的差异以及社会经济状况的不同,则会形成完全不同的风俗。习俗的内容极其丰富,它渗透到人类社会活动的各个领域,表现在物质文化和精神文化生活的各个方面。

(5)伦理道德。所谓道德是人们共同生活及其行为的准则和规范,是评价人们行为善与恶、美与丑、正义与非正义、光荣与耻辱的标准。一定地域内约束人们的一系列行为准则和规范构成该地区的道德环境。道德出现的时间早且持续时间长。道德早在原始社会就产生了,劳动不仅创造了人本身,而且创造了人的社会关系和人的意识,随着人类生产实践和人际关系的复杂化,为道德产生准备了客观条件。道德是依靠社会舆论、人们的信念、习惯、传统和教育等精神力量来维持和起作用的,这是道德的根本特点。社会舆论和内心信念是道德评价与维护社会道德的两种精神力量。一个社会要保持良好的秩序和高效率的运转,主要依靠公民崇高的道德修养和完备的法律约束。其中,道德是自律,调节的范围广;法律是他律,调节的范围小,道德约束有不可替代的作用。如果一个社会道德失范,实践道德的社会环境不佳,必定导致社会秩序混乱。职业道德缺乏,经济信用缺失,就无法使市场经济正常运行,反而会使人人自危,影响社会经济发展和社会整体进步。

(6)宗教信仰。宗教是社会意识形态的重要组成部分,是受物质生活的生产方式制约,并随着社会物质生活条件和社会经济制度的变化而变化的精神文化。恩格斯认为,"一切宗教都不过是支配着人们日常生活的外部力量在人们头脑中的幻想的反映,在这种反映中,人间的力量采取了超人间的力量的形式"。宗教作为相信并崇拜超自然的神灵的社会意识形态,是自然力量和社会力量在人们意识中的一种虚幻的、歪曲的反映。宗教对世界的反映总是附着在某种文化实体上,通过一定的文化系列,如道德、哲学、文学、艺术、习俗等对人类发生实际作用,影响着人们的思想情趣和行为方式,成为人类社会精神文化的一个重要组成部分。

各个人文环境不是孤立存在的,它们之间是互相影响、互相制约的,其中某一种人文环境的变化必然引起其他人文环境的改变，某一种人文环境的落后会制约其他人文环境的发展。因为特定地区的思想观念、宗教信仰、制度文化、伦理道德、风俗习惯都是互相渗透的。以宗教为例，宗教信仰包含着一定的思想观念、道德要求和风俗习惯，可以说，宗教是以宗教形式出现的各种精神文化的复合体，宗教的变化必然引起思想观念、伦理道德、风俗习惯的变化。同样，思想观念的变化也会导致宗教信仰、伦理道德和风俗习惯的变化。所以，在考察一种人文环境时，必须与其他人文环境结合起来综合考虑，同时改善人文环境也要从整体着手。

3. 人文环境的主要特征

（1）民族性。不同的民族有着不同的人文环境，人类是特定的历史时期产生的，自然地形成了人种和民族。民族是人们在历史上经过长期发展而形成的有着共同语言、共同地域、共同经济生活以及表现在共同文化上的共同心理素质的稳定的共同体。其中，共同的文化是民族的重要标志。在一定时空条件下的民族必定创造出一定民族的文化，同一个民族大致有着共同的人文环境，从宗教信仰来看，除了众多民族信仰的世界性宗教以外，各民族在宗教信仰方面也是不同的。一个民族及其人文环境在发展中必然也要形成独特的文化传统和文化生态，这种文化传统和文化生态世代影响着该民族群体及其每个成员，而一个民族群体又靠这种传统文化和文化生态紧紧地凝聚在一起。因此，民族传统文化构成的人文环境一方面表现为本民族全体成员所共有，另一方面又与其他民族相区别。在当今世界，文化及其构成的人文环境都是民族的，民族是文化及其构成人文环境的载体。

（2）区域性。不同的地域存在着不同的人文环境。人文环境的区域性与民族性密切地联系在一起，民族群体总是在一定的地域中生活，这使民族文化及其文化构成的人文环境带上了特定的地域特征。不同民族所处的经济生活和地理环境不同，使人文环境呈现出鲜明的区域特色：大山里的民族创造出山神庙宇，大河边的民族幻想出河神偶像；北方草原上的民族在辽阔的草原上养成了豪放的性格，南方水乡的民族养成了纤柔的性格；林区的人民习惯于狩猎，靠海的人民习惯于捕鱼。由此可见，人们在什么样的地理和生态环境中从事物质生产，就会产生什么样的物质生活和精神生活以及由此形成的文化形态，共同地域是同一民族文化产生的基础条件，所以文化具有区域性的特征。

（3）历史继承性。人文环境的发展具有历史继承性。每一时期特有的人文环境，除了受本时期经济生活和社会生活的制约外，还要继承自己领域中以前时代积累的材料和成果。任何人文环境都不是凭空产生的，都和以前历史时期的宗教信仰、思想观念、风俗习惯、伦理道德、制度文化、社会心理有着或多或少的继承关系。一定历史阶段表现出的人文环境，其内容都有两个来源：一个是对本时期的社会生活和经济生活的反映；另一个是历史上形成的反映过去社会存在的某些成果和材料。所以，研究现存人文环境，不能仅仅从现在的社会生活和经济生活中得到解释，还必须从以往的社会生活和经济生活中寻找其根源。

（4）相对独立性。人文环境作为一种复杂的精神文化现象，有自身独特的发展规律。它是具体的社会生活和经济生活的反映，依赖于具体的物质生产过程。但是，这种依赖并不像"影之随行"那样机械地同物质生产过程的发展保持绝对的一致和平衡。精神文化的主体是具有思维的个人，但某种思想、观念、理论、信仰一经产生，它就脱离了思维着的个人而用于社会，它不再随着个人在社会生活中的消失而消失。同时，精神文化通过语言、文字和其他形式表现出来以后，也会脱离思维着的个人而传扬于社会，并传给后代，显示出其明显的独立性。人文环境的相对独立性具体表现在：人文环境的发展变化与社会物质生产过程的发展变化不完全同步，人文环境的发展水平同社会经济的发展水平有时并不平衡。

（二）人文环境对区域经济发展的作用

人类社会是一个能自我适应的活的有机体。为了适应自身的存在，社会组织的每一部分都具有一定的合乎目的性的功能，如效力、作用、关联等，而执行一定功能的各个部分，组成了社会结构。社会系统之所以处于平衡状态，就是因为存在着系统内部结构关系和功能过程以及系统与环境之间的相互作用。精神文化及其构成的人文环境作为社会组织的重要组成部分，在社会结构中起着非常重要的作用。通过对精神文化及其构成的人文环境的功能分析，就可以揭示精神文化及其构成的人文环境给整个社会或局部运动带来的结果，从而有目的地改善人类所处的人文环境，促进一定地区和一定民族的社会经济发展。人文环境对社会经济发展来说，其功能可以分为积极功能和消极功能，也可以称为正向功能和反向功能。符合现代化要求的精神文化对社会经济发展起着积极作用，而不符合现代化要求的精神文化对社会经济发展则起着消极作用。

1. 积极作用

（1）整合功能。整合功能是人文环境最重要的功能，也可以称之为凝聚功能。精神文化及其构成的人文环境的整合功能具体表现在价值整合、结构整合、规范整合及意见和行动整合四个方面。

第一，价值整合。一个民族、一个地区只有价值一致，才有结构和行为的协调，使社会的内聚力得到增强。处在一个具体社会中的人们，价值观往往存在着差异，但经过相同的人文环境精神文化的熏陶，必定在社会生活的基本方面形成大体一致的价值观念，从而使一个民族和一个地区的社会结构趋于协调，也使属于同一民族或处在同一地域的人们行动趋于一致。

第二，结构整合。社会是一个多元的结构，所有制的多元化和分配制度的多元化，导致阶级结构的多元化，社会分工的扩大，也使社会群体所从事的职业多元化。社会多元化的程度越强，社会的异质性也就越强，分化的程度也就越高。因此，多元结构越复杂，精神文化的整合功能就越显得重要。一个复杂的多元社会，是由众多的互相分离又互相联结的部分和单位组成的，每一个部分和单位都有其独特的功能，但这种功能的发挥，必须和其他部分的功能联结起来才能实现，才能对整个社会的运行发挥作用，达到功能互补。

第三，规范整合。规范是因为价值的需要而产生的。规范整合就是通过精神文化的整合使规范系统化和协调一致，并使规范内化为个人的行为准则，进而把社会成员的行为纳入一定的轨道和模式，以维持一定的社会秩序。如法律作为一种重要的制度文化，通过对法律的宣传和执行，使公民懂得什么是合法的，什么是不合法的，什么能做，什么不能做，从而把自己的行为纳入法律的轨道，以保持社会的安定和有序化。

第四，意见和行动的整合。有了统一的价值观和统一的规范，加上结构的协调一致，必然带来社会成员意见和行动的高度一致。因此，精神文化组成的人文环境也有整合一定团队成员意见和行动的作用。

（2）导进功能。如果说精神文化及其构成的人文环境的社会整合功能主要表现为维护社会秩序、加强团结，那么精神文化及其构成的人文环境的导进功能则主要表现为推进社会进步。每个社会的精神文化都形成了自己的导进系统，如决策系统、管理系统、计划系统、科学研究系统、教育系统、医疗卫生系统等，共同推动社会的发展与进步。精神文化在社会中的导进功能具体表现为以下三个方面。

第一，引导方向。社会必然要沿着一定的方向发展、前进，选择什么样的前进方向，取决于文化的引导。如社会主义精神文明建设理论的提出，就为中国社会主义现代化建设指明了前进的方向，我们不但要建设高度的社会主义物质文明，也要建立高度的社会主义精神文明，这才是发展全面的社会主义。江泽民"三个代表"重要思想的提出，为处于执政党地位的中国共产党指明了建党的正确方向，也为中国社会指明了前进的方向。我们必须走共同富裕的道路，始终做先进社会生产力发展要求的代表，做中国先进文化前进方向的代表，做最广大的人民群众根本利益的忠实代表。

第二，提供知识。社会的前进必须以新的知识为动力，而新的知识，包括新的理论、新的方法、新的科学技术，都依赖于精神文化上的发明、发现和进步。也就是说，社会的进步必须以精神文化的进步为前提。如1978年关于真理标准问题的讨论，极大地解放了思想，给人们提供了一种新思维、新理论，促使人们的思想观念发生了变化，推动了以家庭联产承包责任制为主要内容的农村经济体制改革，初步解放了中国的农民问题和农村问题，加快了中国改革开放的步伐和社会的整体进步。社会主义市场经济理论的确立，预见了社会存在的发展趋势，正确地指导了人民群众的社会主义现代化建设实践。

第三，调适社会系统。有计划地推动社会进步是一项巨大的社会系统工程，包括决策、规划、组织、实施四个阶段。在总体系统工程中又包括了许多子系统。

各阶段和各子系统必须协调配合，这也有赖于文化的调适。一是目标调适。要使社会全体成员认可社会导进的总目标和分阶段目标，使个人目标和群体目标与社会导进的总目标一致起来。二是机构和制度的调适。为了达到社会导进的目标，必须建立起有效的机构和制度，因此要对旧的机构和制度进行革新。三是行为调适。通过精神文化使社会成员在行为上协调一致，共同完成社会导进的目标。

（3）约束功能。精神文化及其构成的人文环境起着塑造个人人格、实现社会化的功能，对个人行为和社会团体行为的约束是其功能的重要表现。任何社会为了保持良好的社会秩序，都有一套必要的社会规范——社会向全体成员提出的行为准则或要求人们的行为遵从的一定规则和方式。这些约束性的文化表现为法律法规、团体纪律、伦理道德、风俗习惯等不同方面，是个人和社会互相协调的主要力量。对每一个社会成员来说，要做一个合格的成员，都必须遵守一定的社会规范；从社会整体而言，社会结构中的每个职位和每个方面都有一套行为模式，这是维持社会结构完整和社会秩序的必要条件。约束个人行为是精神文化通过暗示与模仿从小灌输和培养的。一个人出生以后，会不断接受本民族的文化以及文化中包容的来自各方面的各种规范的训练和影响，而且最早是接受典范的模仿、训练和影响，社会依据精神文化对个人逐渐给予说明和解释，然后进行系统的灌输。随着年龄的增长和实践经验的丰富，个人就会懂得应该做什么，不应该做什么，并形成一些思想、观念、方法、手段、习惯。掌握不同形式和不同内容的行为规范，以保持个人与社会的协调。

（4）激励功能。这是精神文化及其构成的人文环境实现个人社会化功能的又一个具体表现。通过精神文化的激励功能可以激发人的内在驱动力，锻炼和发挥人的能力。符合社会发展要求的、反映物质生产过程的精神文化总是不断激励人们创造发明、积极向上，呈现出学、帮、赶的社会风气。人的内驱动力是人的个性心理的重要特征，是由自我意识所推动的实现特定目标的一种动力。由人的内在驱动力驱使竞争，最终达到自我实现的满足感。因此，竞争对于人的个性心理的成长有相当的好处。但是竞争意识的培养有赖于精神文化的激励功能。长期生活在激励的人文环境中，人的自我意识就强，意志坚定，聪明能干，心灵手巧；反之，长期生活在非激励的人文环境中，则容易产生懈怠心理，造就懒散的行为方式，不但对个性成长不利，而且最终会影响社会的发展与进步。以制度文化为例，中共十一届三中全会之后，我国在分配体制上打破了平均主义"大锅饭"，极大地调动起广大人民建设社会主义现代化的积极性，使社会生产力获得飞速发展，说明精神文化及其构成的人文环境有着重要的激励功能。

2. 消极功能或反向功能

人文环境不仅有积极功能，即正向功能，而且也有反向功能，也称为负面功能。考察各种社会现象，社会并不是一直处于整合状态，非整合状态也经常发生。在某些时候，社会成员或社会群体并不总是遵守社会规范，而违反社会规范的现象也是非常普遍的，这说明人文环境还有非整合功能。社会的机会结构是一种文化安排，这种机会结构使一部分人通过合法的方式和途径去追求自己的目标，这是文化整合功能的表现；但也有一部分人通过非法的方式和途径去追求自己的目标，这是文化反向功能的表现。

（1）离散功能。与人文环境的整合功能相反，人文环境中存在的滞后文化和反文化离散功能的发挥，使社会成员和社会群体不能团结、凝聚起来，而是呈离散趋势。人文环境中存在的滞后文化和反文化首先影响的是社会群体价值观的统一，使社会成员价值观的差异越来越大，社会规范形同空文，社会成员和社会团体各行其是，社会经济秩序和社会生活秩序混乱，社会各个结构功能不能协调，最终导致民族的不团结和国家的四分五裂。

（2）迟滞功能。人文环境中存在的滞后文化和反文化对社会进步起不到促进作用，相反却起着阻碍作用，被称为人文环境的迟滞功能。滞后文化和反文化是通过以下几个途径阻碍社会发展的：一是向社会提供错误的知识或过时的知识，使社会前进缺乏动力；二是破坏社会进步中各阶层和各系统的协调以及有效机构和有效制度的建立；三是阻碍社会成员之间的协调关系而建立；四是引导社会向错误的方向发展。

（3）抑制功能。这是人文环境中存在的滞后文化和反文化消灭人的内在驱动力的反向功能的反映。人文环境中存在的滞后文化和反文化不是促使人们积极向上、创造发明，而是弱化甚至反对竞争，抑制人们的进取之心。处在这样一个人文环境中，人们之间不但缺乏竞争，同时也缺乏合作。由于人的活动领域和能力有限，因此人们在竞争的过程中，为了获得更大的利益，往往要合作。但是不良的人文环境常常带来的不是合作，而是内耗，社会成员之间形不成合力，个人的才能得不到发挥，极大地抑制了人的积极性和创造性。

（三）河南省人文环境建设的途径分析

人文环境是一个城市发展的生命线，是一个城市最重要的内涵。一个城市的后续发展力主要取决于人文环境，没有良好的人文环境作为基础，再好的硬环境也有可能发展乏力，再好的优势也有可能丧失殆尽。一种多元的、开放的、文明的人文社会环境有利于吸引投资。在一个多元文化的社会里，能满足来自不同国度投资者的文化生活的需要，使他们有一种不是生活在异国他乡的感觉。为了创造良好的投资条件，我们要不断改善自然的、社会的和人文的生态环境。当前，河南省人文环境的营造，还存在诸多问题和不足，其对引进外资企业而带来的影响也不容忽视，甚至有些外商认为人文环境的不足已成为制约河南省进一步发展的最大"瓶颈"。改善河南省人文环境，首先要从传承文明、面向未来、融入世界的角度，科学定位城市的人文发展战略，并以此谋篇布局，培育富有河南特色的人文环境。

1. 实施人才战略

总体上讲，河南省是一个人力资源的大省，但还不是人力资源强省。目前人才还处于缺口状态中，尤其是缺乏高技术工人，这会对产业结构升级形成制约。人才最主要的追求是工作生活的愉快，因此要围绕这个核心问题下功夫采取各种积极措施。河南省一方面应加大本地科技人才和管理人才的培养投入，健全完善专业技能培训体系，重点强化对高级企业管理人员、高级技术研发人员、高级投资分析人员、高级技术工人的培训；另一方面要针对高级技术和高级管理人才缺乏的现状，制定和落实有关吸引国内外高层次专门人才的政策，利用自身优势和灵活机制加快引进外来人才的步伐，特别是对人才团队的吸引。河南省还可以利用其优越的自然条件有意识地引入一些高校，或和其他城市的知名高校建立人才合作培养计划，提升人才储备。引入、培养人才是关键，但更为关键的是留住人才，切实优化技术人才和管理人才的创业和生活环境，把河南省建成适于居住发展的宜居城市，切实解决高层次人才的后顾之忧。当河南省以高层次人才蓄水池形象出现在海内外，展现在外商面前时，它一定会成为中部地区吸引外资的热点。

2. 建立一个终身教育的环境

要积极鼓励社会投资教育，在发展基础教育的同时，尽快实现高中教育普及化、高等教育大众化。支持技工学校建设，大力发展在职教育、社会教育和网络教育，营造终身教育的学习环境。无论是政府公务员还是企业的经营管理者与工程技术人员，无论是常住人口还是外来劳务工人员，都需要通过终身教育跟上河南省发展的进程，迎接知识经济和 WTO 带来的挑战。营造城市的学习氛围，要把终身教育的理念引入学校、机关、企事业单位、社区和家庭，建立学习型机关、学习型企业、学习型社区、学习型家庭等，形成一个学习型的城市，使城市人口素质在教育中持续提高。

3. 积极改善人居环境

投资者在河南省长期从事生产经营活动，融入当地生活的愿望比较强烈。河南省要在提高城市规划建设管理水平上下功夫，按照规划科学化、建设集约化、管理精细化的原则，坚持依托老城区、建设新城区以及组团发展、形成各具特色城市群的思路，加快构建"一主三辅多组团"的城市框架，使城市功能更加完善、更加体现以人为本、更加适宜居住。大力营造中原特色、最适合人居的新型生态住宅，依托科技进步，积极采用无害或低害新工艺、新技术，大力降低建筑材料和能源的消耗，加强城市的绿化，达到建筑宜人、富有亲和力，不断完善社区功能，增设相应的教育、医疗、文娱、体育等设施，为外来投资者提供配套完备、文明和谐、安全舒适的生活环境。营造城市文化特色，培养和发扬独具特色的都市文化，并赋予新的时代内涵，努力提升整个都市文化档次。

4. 提高城市文明形象

城市市民的综合素质即人文表现，体现着城市的个性和魅力，是竞争力和吸引力的核心。河南省要塑造的文明形象，从根本上说，就是人的文明，只要有了人的文明，就会有物质文明和精神文明。因此，河南省要将文明城市创建活动与构建和谐社会紧密结合起来，不断提升市民整体素质和城市文明程度。要深入挖掘城市文化内涵，营造艰苦奋斗、勇于创业、积极向上、敢为人先、诚实守信、文明和谐的浓厚氛围。

5. 创新城市管理理念和机制

近年来，河南省大力整治城市环境，取得了显著成效，但由于城市管理的理念、体制、手段与评价标准相对落后，交通违规、违章建筑、治安混乱等问题仍不同程度地存在，影响了城市的形象。为此，河南省要进一步创新城市管理理念和体制机制，推进城市管理信息化建设，提高城管执法效率，完善长效管理机制，实现精细化、人性化管理，营造最佳人居、创业和发展环境。

6. 营造良好的舆论氛围

在注意保护新闻媒体及其记者采访权和舆论监督权的同时，要相应加强对新闻媒体及其记者的教育管理，提高新闻从业人员的职业道德素质，始终坚持正确的舆论导向，扬善抑恶，催人奋进，坚决防止出现针对台资企业捕风捉影的失实报道和恶意炒作。同时，积极宣传河南省日益改善的投资环境，积极推荐政府优先引导和发展的产业方向，广泛宣传各项优惠政策，积极报道政府服务外商的实际行动和做法，使外商更全面真实地了解河南、热爱河南、走进河南，实现河南省与对外经济互补，合作共赢。

二　法治环境

（一）法治环境的内涵及建设的必要性

1. 内涵

法治环境指存在法治主体之外，直接或间接地作用和影响法治建设、法治过程与效果的各种因素的总和。从一定意义上说，法治环境的塑造和建设，实际上也就是法治建设的主要内容和核心所在。

环境和法治环境的关系是，环境包含法治环境，法治环境是大环境的一部分或一个子系统。与法治相关的活动离不开环境，这一点是不以任何人的意志为转移的。环境以各种形态展现出来，有物质的和精神的，有有形的和无形的，有自然的和社会的，有宏观的和微观的。环境确实作用于与法治相关的一切活动，既给我们带来积极影响，也会产生消极的作用。为此，建设良好的城市法治环境要择其善者而从之，尽最大可能利用有利环境，改造不利环境，为城市法治建设创造良好的条件和环境。

2. 法治环境的特征

法治建设的有效进行，既要明确与之关系密切的法治环境的基本范围，又要充分认识法治环境的特征。一般而言，法治环境的基本特征有以下几点。

（1）复杂性。法治环境是一个庞大的国家工程和社会工程，各种环境构成因素通过各种方式直接或间接地影响着法治建设。因此，在法治建设中要充分认识这一点。尤其是在进行重大决策时，要考虑到城市的自然条件、公众反应、法治主体态度、经济基础和基本国情等。稍有不慎，就可能在某些环节或因素方面出问题，造成不良影响和严重后果。

（2）层次性。虽然法治建设受多种环境因素的影响，但是这种影响作用在程度上是不同的。有些环境因素的作用和影响更直接、更重要，甚至在特定条件下具有决定性；有些环境因素的作用和影响则是间接的、次要的，甚至在特定条件下可忽略不计。这就使复杂的法治环境系统呈现出一定的层次性。如法治环境中的政治、经济因素，对法治建设的间接影响十分重要，但人权保障等因素对法治环境建设的作用更为直接，这一特点告诉我们对待法治环境的影响要分清主次，抓关键的影响因素，集中精力考虑解决。

（3）变异性。环境的因素并非固定不变，它们将随着时间、空间以及其他因素的变化而变化。各种环境因素经常处于变化之中，这是绝对的。例如，社会生产力的发展变化必然引起经济环境的变化，而经济环境的变化又导致上层建筑的变化，即政治环境、文化环境、人的观念意识等方面的变化，最终影响到法治环境状况。随着法治主体社会实践活动的不断扩大和深化，又会引起法治环境的变化，这个过程不会终结。

（4）综合性。法治环境的各组成要素之间都不是孤立的，而是相互联系影响的。因此，法治建设不可能只受单一环境因素的影响，而是受多种因素的共同作用和影响。这种影响不是某一环境因素所独有的，而是各种因素的综合作用。

3. 河南省法治环境的现状

市场经济是一种以法治为前提的多元化利益主体和多元化市场主体自主经营、自主决策的经济。依法治市，既体现在依法行政、依法治理社会上，也体现在依法管理经济上。因此，法治环境是投资环境中的核心内容，是投资者关心的根本问题之一。然而，河南省构建开放型经济体系还面临着一系列的问题。

（1）执法检查过多。省市多头执法、重复检查严重，企业为应付检查，浪费大量的精力。

（2）执法行为有待进一步规范。个别执法部门受部门利益的驱使，不能公正执法，甚至知法违法，把执法当作一种产业来经营，变相发展"执法产业"。一些中介机构在评估、审计、验资、仲裁等服务过程中存在有失公正的行为，缺乏法律追究等监督措施。从行政执法的过程来看显得随意性太大，存在"办事凭感情，宽严凭心情"的现象。并且，在执法中"吃、拿、卡、要"的问题还有所存在，个别执法人员甚至是野蛮执法、徇私枉法。

（3）司法效率和公正还有差距。部分外资企业认为河南省司法部门的办案水平还比较差。一些并不复杂的经济纠纷案往往也要花上很长的时间审理，并且存在一些幕后交易行为，判决后又常常由于诸多因素，一拖再拖，无法执行。企业花费大量金钱、时间、精力，要么无法讨回公道，要么讨回一张"法律白条"。司法方面的审理不公、久拖不决、执行难等问题，虽然是局部的个别的现象，但作为当事人的外商，感觉到损害了他们的合法权益，伤害了他们在河南省继续发展的信心。

（4）外资企业合法权益保护不力。河南省虽然建立了专门的外商投诉受理机制，但在实际运行中存在投诉处理力度不够、人手不足，投诉受理应急机制不灵等问题，常使外商投诉难得到及时妥善解决。外商在豫投资的合法权益保护不力，外商用其在海外创造的技术和商业品牌到豫生产，常有伪劣假冒产品跟进，扰乱正常销售和市场，而政府部门打假不力，知识产权受到严重侵害。

（5）依法治市水平有待提高。一些外商认为河南省一些区（县、市）存在"法规不如会议纪要，更抵不上领导批示"的现象，久而久之，就养成了遇事找领导搞特事特办的习惯，法律规定反而并不重要，这也使他们有时很难把握。在税收方面，监督约束制度还不够完善，偷税漏税现象较为严重，而外商受国际商业习惯影响，一般纳税意识较强，企业中也没有与税务部门"勾兑"人际关系的习惯，因此处处感到吃亏，在同类产品的竞争上处于劣势地位。

4. 河南省建立文明法治环境的必要性

（1）吸引外资的各项措施。经济要发展，法治须保障。经济持续、快速发展是河南地区经济、社会、文化发展的中心环节，随着河南地区投资发展新趋势对整个地区经济发展的有力推动，投资的积极作用将会更加显著，投资法治环境建设尤为重要。

第一，建立投资法治环境的宏观依据。

从接轨国际惯例、吸引外资的角度来看，现代化的经济区域实行依法治理是约定俗成的，是国际上通用的行之有效的做法。法律手段是调整涉外经济活动中复杂的经济法律关系的重要工具，也是进行国际经济合作的重要条件之一。现代化经济区域不仅向一体化方向发展，而且将更为广泛和深入地参与国际市场竞争，随着我国加入WTO，势必要求各地区在更深程度和更高层次上与国际惯例接轨，要求区域内具备统一协调的法治环境，按国际惯例依法管理和引导投资行为，规范和促进开放型经济体系的发展。

从河南省自身发展与区域产业结构调整和产业创新的需求来看，有效、合理而合法地利用本区域优良的自然和社会资源、劳动力等优势，有利于河南省经济发展大局，有利于河南省资源和生产力要素的合理配置和产业创新的进一步发展。因此，为投资者提供最好的投资环境是十分必要的，如提供水、电、气、交通、通信的便利。投资法治环境建设又是投资环境建设中的一项重要任务。因为优良的投资环境不是简单地通过行政手段所能奏效的，必须通过具有一定权威性、有一定强制力和规范性的法律法规来实现，因此河南省应充分考虑合理地开发利用本区域的各类资源，需要协调健全的中央法律和地方性法规来规范和引导，当投资者的行为与本国利益和其经济区域所设定的目标相违背时，也只能用法律法规予以制约并做出相应的处罚，而不能以行政命令取代法律。对投资者的管理和对整个投资环境的管理也要通过一定的管理机构来依法实现，管理人员的素质、工作效率也要通过法律法规来约束，严格依法行政。

从投资者的利益实现和保障的要求来看，特别是对于外国投资者来说，他们共同的期望是，所投资的区域应有比较健全开放并与国际接轨的法律法规；应有相对稳定的明确投资者权利与义务的规定；人身财产安全能得到保证；能尽量减少与地方政府机构的接触；拥有运转快捷有效的交通等系统。

第二，建立投资法治环境的迫切性。

如前文所述，河南投资领域出现的三大新趋势也同样迫切需要投资法治环境建设的积极推动和引导。

良好的投资法治环境有利于吸引大量外来投资。在河南省经济发展的进程中，积极引导外来投资为河南省经济发展做出积极贡献十分重要。而投资者在进行投资时首要考虑的问题就是投资环境问题，最为关注的就是区域法治环境建设的健全程度和各项法律法规的实现程度，良好的投资法治环境对投资者必然具有较大的吸引力。健全、完备的法律制度和法治环境能够通过明确投资者的权利和义务，切实保障投资者的合法权益，从而实现投资在整个经济发展中的良性循环。近年来，国内很多省份开始重视本区域投资法治环境的研究建设，不遗余力地创造各种条件和机会吸引投资者到本区域投资，无形之中对河南省引资优势形成挑战，因此要建立河南省的引资优势，不断健全和改善投资法治环境就显得十分必要且迫在眉睫了。

健全的投治法制环境有利于各种形式投资，尤其是外资的战略性投资在整个区域经济发展中的合理配置和良性循环。2005 年 2 月 24 日，商务部公布的《2005－2007 年跨国公司对华产业投资趋势调研报告》显示，61％的跨国公司明确表示在今后三年内将继续扩大对华 R&D（研究与开发）的投资。主要特点为，大多数跨国公司的 R&D 网络仍然处于本国中心型的发展阶段，即虽然跨国公司的中心试验室 R&D 的职能向外扩散，但其核心部分仍保留在母国。跨国公司在中国 R&D 的投资方式开始由战略技术联盟向跨国并购过渡。在生产方面投资倾向于独资新建。对于河南省来说，一方面规范而优良的投资法治环境有助于增强投资者投资的信心，使投资者对投资的回报形成合理的预期，同时保证投资者的资金安全。由于外资在战略性投资领域的进一步拓展，稳定而完备的法治环境对于合理引导外资流向，优化资本结构，吸引并留住外来资金至关重要；另一方面外资的战略性投资也是一把双刃剑，稳定的战略性投资和独资化趋势对于引资区域来说极易造成负面影响，导致外资垄断化经营加剧，造成区域经济核心技术的缺失，从而导致整个区域经济在国际和国内市场核心竞争力的实际下降，影响本土产业经济的发展。如果没有合理的法律规制和引导，跨国公司只会将商品生产中最没有附加利润的部分，比如组装环节，最耗费能源和原材料、最易造成环境污染的环节放在中国。而公司的利润和新创造财富的绝大部分将会被跨国公司拿走。在国际产业分工的总体格局中，引资国和引资区域就只能充当打工者的角色。

由于投资结构的创新导致的产业结构创新，需要法律的有效引导和规制。改革开放后，河南省大力发展集体经济和私营经济、混合经济、外资经济等非国有经济，产业结构得到极大改善，取得了明显成效。进入新世纪后，顺应改革开放的大潮，河南省经济体制改革不断深入，投资领域作为经济变化的直接载体，也随之发生了深刻的变化，形成了国资、民资、外资"三足鼎立"的投资主体结构，并呈现国有经济投资总量扩大、比重下降，中国港、澳、台及外商投资稳步增长，民间投资长足发展的格局。投资结构的创新和产业结构的调整需要有效地规范和引导投资结构的合理构建，营造公平竞争的投资环境，切实保障各种类型投资主体的合法权益，依法规范各类投资行为，切实推动产业结构的合理调整和技术创新的进一步升级。因此，投资法治环境的建设对于河南省整体经济体制的变革具有重要现实意义。

（2）对外直接投资的措施。为推动对外投资的顺利开展，有效鼓励中国企业对海外投资的积极性，保障中国企业"走出去"的权益，尽快改变中国企业"走出去"无法可依的局面，政府必须建立和完善符合国际惯例的对外投资的法律体系，即以《对外直接投资法》作为基本法，以《对外直接投资审核法》《对外直接投资外汇管理法》《对外直接投资企业所得税法》《对外直接投资保险法》等单行法为配套立法，国内法与国际法相协调，程序法与实体法相衔接，法律法规及行政规章相补充的完备详尽的法律体系。《对外直接投资法》应该总揽全局，为对外直接投资实践做出宏观的导向性规定。具体应包括立法的目的、依据和法律原则；对外直接投资的概念、性质及其在国民经济中的地位；对外直接投资的总体战略、促进和保护制度；海外企业与国内企业及政府主管部门的权利义务关系特别是境外投资项目的审批、组织形式、资金筹集、税收制度、外汇管理、财务管理、各个管理部门的权责等。针对投资主体，国有、私营及合资等各种类型的企业，应将其平等地纳入法律中。

（二）文明法治环境建设的途径

在投资系统中，法治环境起着调整投资关系、保障投资者利益和安全、调节投资行为的作用。健全的法律制度不仅可以规范投资行为，降低经济活动中的交易成本，而且可以使投资者形成合理的经济预期，增强投资信心。外来投资者对中国法治环境尤为关注，普遍认为中国的法治环境是外资企业营运中一项主要障碍，欺诈和侵权是外商投资面对的最大风险。因此，河南省要吸引外商投资，必须致力于解决外商最为关注的问题，不断健全完善政策法规体系，依法规范市场行为，严格执法，热情服务，为外资企业来河南省发展创造一个公正高效的法治环境。

1. 切实提高依法行政水平

社会主义市场经济在一定意义上说是法治经济。只有加强法治建设，才能保护投资者在市场竞争中的平等、有序、有效，才能保护投资者的自主权和利益。地方政府应规范政府规章和政策措施的制定程序，进一步完善政府规章和行政措施，做好政府规章的制定、修改、废止工作。及时清理不利于优化发展环境的政府规章和行政措施，以适应形势发展需要和投资者的合理要求。

2. 严格规范行政机关的行政执法行为

县级以上政府法治机构按照有关规定对行政执法主体及其执法依据进行认定，并将认定的行政执法主体及依据及时向社会公布。各级行政机关在行政管理活动中，不得任意设置行政处罚或行政限制行为。探索实行行政执法审批和公告制度、执法告知制度，严格规范执法行为。企业或者个人的行为，凡是法律、法规和规章没有明文禁止的，行政机关不得追究。

在行政执法过程中，公平对待各类市场主体。完善行政执法中的工作标准、规范、程序和相应的责任制度，规范行政执法的自由裁量行为，杜绝行政执法人员滥用自由裁量权，防止行政执法的任意性和随意性。对企业和个人的任何罚款处罚，执法人员必须出示和说明处罚依据和标准，否则企业和个人有权拒罚。进一步推行和完善行政执法责任制，加强对行政执法部门的执法监督和过错追究，严肃查处执法犯法、徇私枉法的行为。

3. 依法规范各种检查行为

集中全面清理河南省的各种检查行为，对无法律依据的检查一律取消，如确有需要的，要报请政府批准方可进行。对法定检查实行公告制度，由河南省政府定期向外资企业告知法定检查的内容、时间和要求。实行执法持证检查制度，任何单位和个人没有执法证不得进入企业进行检查。建立科学的检查制度，统筹安排检查工作，积极探索实行合并检查与联合检查方式，严格控制检查次数，避免多头和重复检查，干扰企业的正常生产经营活动，增加企业的额外负担。

4. 保护外来投资者的合法权益

当前，要不断加强河南省的政法工作改革，特别是要对审判职能进行科学定位，深化以证据规则为核心的诉讼制度改革、庭审方式改革，加强审判监督，严肃查处办人情案、关系案的腐败行为。加强河南省司法队伍素质建设，加强对法官的业务和能力培训。严格实行职业准入制度。对国家法律、法规规定的外来投资者享有的权益，以及市、区（县、市）两级政府依法准许外来投资者享有优惠政策所获得的权益，都要依法予以保护；对侵害外来投资者合法权益的行为，司法机关要依法及时处理或制裁；对侵犯外来投资者人身、财产权益的犯罪行为，司法机关要依法予以惩处。要营造良好的社会治安环境，特别是对外来投资企业相对聚集的工业园区的治安环境进行重点整治，加强人防、物防和技防，落实防范措施，深入推进"平安河南"建设，狠抓社会治安综合治理，为投资者营造一个稳定和谐的社会环境和公正高效的法治环境。

5. 重视保护知识产权

当前，知识产权的国际保护对于推动国际投资的发展具有极其重要的意义，而知识产权的保护又是各国法律的重要组成部分，对外国投资和外国投资者的认可和保护是涉及外资待遇的一个重要问题，也是一国投资软环境好坏的重要评判标准。因此，知识产权保护不力往往被投资者看作是贸易壁垒和投资障碍。目前，在引进外资方面，河南省缺少高科技大项目，究其原因主要是在一些区（县、市）对知识产权保护不力，大搞地方保护主义，纵容当地企业"仿冒"名牌产品，为一己私利侵犯了外商的合法权益，阻碍了引进先进技术和产品，影响了外商投资的规模和水平。因此，河南省必须不断强化外商投资者的知识产权保护，提高知识产权保护水平。一是强化知识产权保护意识。在河南省领导干部和公务员队伍中推广普及知识产权基本知识教育，系统培养选拔大批知识产权方面的专门人才，积极营造一个有利于实施知识产权战略的社会氛围和环境。二是加大政府对知识产权保护投入，建立专项资金。用于增加知识产权行政执法专项经费，加大对知识产权公共信息网络建设和服务的投入；支持外资企业重大技术申请国际专利，积极帮助他们占领国际专利市场。三是严厉打击侵犯台资企业知识产权的违法行为。坚决纠正只看重眼前利益不注重长远利益、全局利益的狭隘利益观，切实消除地方保护主义，对假冒伪劣、侵犯外商企业知识产权的违法行为，予以严厉打击，调动好、保护好外商自主开发知识产权的积极性和主动性。

三 舆论环境

（一）舆论环境的内涵与特征

1. 舆论环境的概念与内涵

所谓舆论，是社会大众或组织对现实社会各种人物、事件、现象和问题，通过一定的传播载体，表达的一种意见或建议、观点或情绪的总和，具有时间和空间上的相对一致性、普遍性、持续性和激烈程度，它以理智或非理智的作用力影响事态及社会的进展。卢梭曾充分肯定了舆论的巨大力量，认为它是正规法律以外的法律，"既不是铭刻在大理石上，也不是铭刻在铜表上，而是铭刻在公民的内心里；它形成了国家的真正宪法；它每天都在获得新的力量；当其他的法律衰老或消亡的时候，它可以复活那些法律或代替那些法律，它可保持一个民族的创新精神，而且可以不知不觉地以习惯的力量代替权威的力量"。

所谓舆论环境，是指在大致相对集中的时空内，不同群体、不同层次、不同类别的众多具体舆论相互影响、相互融合的有机整体，它影响和制约着各种具体舆论的形成和发展，同时也调适不同的个人、群体和社会组织间的相互关系，它既是对社会经济环境和政治环境的反映，同时也是社会环境的重要组成部分。在经济社会发展的进程中，它是一项重要的基础建设。舆论的形成受到多种因素的影响，非利好因素将会导致舆论导向的偏差和舆论环境的缩水。北川隆吉在《现代社会学》中指出，"舆论的形成过程受到下面诸因素的影响：心理的歪曲、感情的反映、陈旧的想法等个人标准在这里起着作用，传统、大众媒介常有的偏见、政治权力的干涉、提供给人们的信息的质和量的制约作用，其中以报纸为代表的大众媒介的商业性、新闻记者的认识错误等造成的报道不正确、读者大众作为局外人对公共事务的不大关心等也在这里起作用"。

2. 舆论环境的主要特征

（1）和谐的舆论环境是一种既有主流舆论正确引导，又融合了多元诉求的舆论环境。它既强调唱响和谐社会的时代主旋律，彰显主流话语，又强调畅通公众意见的表达渠道，尊重不同阶层、不同群体的利益表达诉求，兼容各类非主流舆论和不同的社会思潮。从这个意义上说，和谐的舆论环境不是众口一词的"舆论一律"，不是某一种声音的单调独鸣，而是多声部的协调合奏。和谐的舆论环境能够充分包容社会利益的多元取向，最大限度地满足广大人民群众的多层次、多样化的利益诉求和意见表达需要的舆论环境。

（2）和谐的舆论环境是一种既相对稳定、有序、可控，又富有动感和弹性的舆论环境。它既能使公众意见从原发的无序状态转化为均衡、融合、有序的状态，又能做到静态与动态的统一，保持适度的弹性和张力，使社会舆论平和而不偏激、有序而不紊乱、鲜活而不呆板、发展而不僵化。在实际操作中，营造和谐的舆论环境，要求舆论总体表现为和风细雨、动静相宜的平稳状态，而不能是暴风骤雨、惊涛骇浪的激烈状态。

（3）和谐的舆论环境是一种充分体现着人文精神，大力促进人与自然、人与人、人与社会和谐相处的舆论环境。其强调以人为本，注重维护、实现和发展好最广大人民群众的根本利益，协调人与自然、社会的多维关系，既教育人、引导人、鼓舞人、鞭策人，又尊重人、理解人、关心人、帮助人。在很大程度上，和谐的舆论环境是一种有助于人们团结和睦、诚实守信、友善合作、亲近自然的舆论氛围，是一种温暖人、振奋人、凝聚人、益于人的内心和谐的舆论氛围。

（二）舆论环境的重要作用

1. 深化实施对外开放战略的重要保障

营造一个好的开放环境对一个国家或地区来说至关重要。环境不仅是生产力，而且是资源，是竞争力。只有好的对外开放环境，才会吸引更多的外资，也才能提高对外开放的效率。如果没有好的对外开放环境，再大的优势也会被抵消，再好的机遇也可能丧失。我国改革开放以来取得了巨大成就，不仅得益于我国实施的对外开放的制度安排，而且在很大程度上取决于环境的改善和营造上。一个地区的对外开放环境是该地区各个方面的主、客观条件和因素的综合反映。一般包括自然条件、地理资源、基础设施等物质形态的"硬环境"和制度环境、法治环境、舆论环境等非物质的"软环境"，是两者有机结合的统一体。"硬环境"与"软环境"的建设相辅相成，密不可分，"硬环境"建设是有形的，"软环境"建设是无形的。"硬环境"建设是"软环境"建设的支撑，"软环境"建设是"硬环境"建设的灵魂。因此，一个地区要营造良好的环境，不但要改善"硬环境"建设，更要改善"软环境"的建设。舆论环境是"软环境"的重要组成部分。正确的舆论导向有助于培养全体社会成员对改革开放的共识，有效的舆论监督能防止在对外开放的过程中走弯路，舆论环境越健康、越平稳，就越有利于对外开放战略的顺利实施，有利于吸引更多的资源、资金发展地方经济。

2. 推动经济社会平稳较快发展的重要基础

随着信息传播技术的迅猛发展，舆论环境在经济社会发展中的作用愈加重大，日益成为影响国家发展、社会稳定和人们思想状况的重要因素。当前，我国正处于经济社会发展的转型期，在多元利益主体和多元所有制形式的条件下，人与自然之间、经济与社会发展之间、城乡之间、区域之间、社会分配的公平与效率之间、经济增长与就业之间，出现了许多新矛盾、新问题。矛盾和问题的复杂性影响到意识形态领域，人们的价值取向、思维方式、道德标准以及精神需求等方面，形成了一种更为错综复杂的局面，呈现出"独立性、选择性、多变性、差异性"的趋势。同时，随着网络信息技术的快速发展，信息来源、传播渠道及其内容繁杂纷呈，各种观念大量涌现，正确的思想和错误的思想相互交织，进步的观念与落后的观念相互影响，意识形态领域面临着前所未有的挑战。社会生产生活和意识形态领域矛盾和问题的复杂性，导致了社会舆论环境出现了许多新特点和新倾向。这些新特点和新倾向主要表现为：价值取向上的多元性和矛盾性倾向，情感上的情绪化倾向，结构上的分离化、分散化倾向，等等。面对舆论环境的新问题和新特点，如果没有合理的引导，将直接影响我国经济社会的进一步发展。因此，营造和谐的舆论环境，不仅是推动我国改革开放深入发展的重要保障，同时也是促进我国经济社会平稳较快发展的重要基础。

3. 构建社会主义和谐社会的重要内容

和谐的舆论环境所表现出来的特征与和谐社会的内在规定性是相互协调和统一的。

（1）舆论环境的和谐是指社会舆论适应社会发展的需要，与社会发展目标相一致，与社会发展战略相协调，从而能够引导和推动各种领域发展的和谐、各个建设力量的和谐、各种思想观念的和谐、各种利益关系的和谐，为社会发展创造良好的舆论环境。舆论环境的和谐可分为国内舆论环境的和谐与国际舆论环境的和谐。

（2）和谐的舆论环境至少具有两个重要特征：一是舆论总体上积极健康向上，主流舆论积极传播社会共同的信仰、规范和价值观，凝聚社会的各方面力量，在整体上维护社会的平衡和稳定，促进社会的发展；二是社会舆论系统内部的平衡发展，舆论工具之间相互协调而不是彼此对立，数量、质量合乎时代和社会发展需要，整体发展态势良好，实现媒介生态平衡。我们所要建立的社会主义和谐社会，包括以人为中心的社会关系的和谐以及人与自然的和谐两大方面，其中各类社会关系的和谐是基本的方面。人是社会发展的主体，社会发展是人的自觉活动的结果，人与社会在发展中实现良性互动，协调共进，是和谐社会首要的规定性。因此，从和谐舆论环境的基本特征和属性以及社会主义和谐社会的内在规定性来看，和谐的舆论环境不仅是和谐社会的重要内容，而且与和谐社会是相互协调和统一的。

4. 促进社会文明进步的重要条件

和谐的舆论环境是促进社会文明进步的重要条件。具体而言，舆论环境在促进社会文明进步过程中的主要作用，主要表现在它对社会民主法治建设的重大意义。

（1）和谐的舆论环境能够促进民众在立法工作和政府决策中的民主参与。立法与政府决策的过程实际上就是把社会各种正当的利益要求输入到法律、政策的制定体系中，并将其转化为法律、政策输出的过程。和谐的舆论环境表现出更多的公众性及广泛的民主性，是民众多元利益和价值判断的表达形式，因此成为民众利益表达的重要途径。

（2）和谐的舆论环境能促进民众多元权利对公共权力的监督与制衡。孟德斯鸠曾经说过："一切有权力的人都容易滥用权力，这是万古不易的一条经验。有权力的人们使用权力一直到遇有界限的地方才休止。"构建民主法治的社会主义和谐社会，关键是确立对公共权力的监督与制衡。社会民众多元的权利诉求对公共权力提供了一种体制外的制约机制，弥补了体制内权力对权力监督的软弱性，这在一定程度上能够防止政府权力的变异和滥用，维护自身的合法权益和社会的整体利益。

（三）河南省营造舆论环境的主要途径

1. 营造开放发展的舆论氛围

（1）要以中原经济区建设为契机，充分利用报纸、电视、广播、互联网等各种传媒，采取多种形式，广泛宣传河南开放带动主战略，宣传河南省扩大对外开放的新举措，宣传河南省优秀的外商投资企业、企业家和发展开放型经济的先进典型，宣传河南省经济社会发展的成就和良好的投资环境，展示河南对外开放的新形象。

（2）要大力营造继续解放思想的浓厚氛围，认真组织和深入开展解放思想的学习讨论活动，宣传广大干部群众勇于冲破思想束缚和体制机制障碍的观念创新和实践探索，在全社会形成坚持解放思想、勇于变革创新、永不僵化停滞、不为任何风险所惧、不被任何干扰所惑的氛围，引导干部群众把改革开放事业推向前进。

（3）要创新理论宣传、时事政策宣传、成就宣传和典型宣传等主题宣传形式和方法，研究受众心理，把握新闻传播规律，增强主题宣传的吸引力和感染力，增强宣传效果，形成主流舆论强势，使开放发展真正深入人心。同时，要抓住组团参加重大涉外经贸活动的时机，进行广泛宣传，扩大河南的知名度，为河南经济社会发展创造良好的舆论环境。

2. 强化舆论监督功能

舆论监督是人民群众通过新闻媒体对党和政府的工作、公务员及社会生活施行的监督，是人民群众参与国家事务管理、参政议政的主要途径。舆论监督是新闻媒体的基本职能，它在整个社会监督机制中具有不可替代的地位与作用。其职责是保证公共权力的正确行使，促成并维护依法治国的社会机制，从源头上遏制腐败的滋生和蔓延。在营造开放发展的舆论环境过程中，我们应着重强化主流媒体舆论监督的预警功能，充分发挥舆论监督在针砭时弊、扶正祛邪、关注民生等方面的作用，使以党报为主的主流媒体，时时刻刻对开放发展过程中存在的突出矛盾和问题，保持一种高度的敏感性，并通过新闻事实的真实报道，将开放发展中的丑恶现象与不和谐因素揭示在公众面前，并以正确的价值理念对其加以鞭辟入里的分析和评判，从而更好地推动改革开放的顺利实施。

3. 强化舆论引导工作

舆论导向正确，是党和人民之福；舆论导向错误，是党和人民之祸。营造良好的舆论环境，我们必须重视和做好舆论引导工作。

（1）必须坚持团结、稳定、鼓劲以正面宣传为主的方针，积极宣传改革开放的大政方针，努力营造开放发展的良好氛围。

（2）要紧紧围绕干部群众普遍关心的社会热点问题，针对人们的思想疑虑，主动做好解释说服工作，引导社会舆论沿着理智、健康的轨道发展。

（3）要进一步健全应对突发事件的新闻报道机制，进一步加强新闻发布和新闻发言人制度建设，及时发布准确信息，表明政府的立场态度、处置意见，最大限度地压缩噪音、杂音的传播空间。

（4）要按照有利于反映群众意见和呼声、有利于维护党和政府形象、有利于维护社会稳定的要求，加强和改进舆论监督，坚持科学监督、依法监督、建设性监督，坚持针砭时弊、弘扬正气。

（5）要适应媒体大众化、对象化的新趋势，坚持以党报党刊、电台电视台为核心，有效整合都市类媒体、网络媒体等多种资源，努力构建定位明确、功能互补、覆盖广泛的舆论引导新格局，不断提高舆论引导能力。

4. 打造一支高素质的新闻工作队伍

营造和谐舆论环境，推进开放发展的顺利实施，需要有一支政治强、业务精、纪律严、作风正的新闻工作队伍。和谐舆论环境的营造，需要报纸、广播、电视、网络各种形式的媒体共同努力、通力协作，需要广大记者、编辑乃至广大发行、广告在内的全体新闻从业人员恪尽职守、敬业奉献。因此，营造良好的舆论环境，河南省要高度重视人才队伍建设，强化人才培养和引进工作，打造一支高水平、高素质的新闻工作队伍。同时，面对新闻工作的新情况、媒体生存与发展的新格局，河南新闻工作者一定要与时俱进，不断提高自身的素质，锐意进取，开拓创新，为构建营造良好的舆论环境做出应有贡献。

四　市场环境

（一）　市场环境的内涵及重要性

广义的市场环境是指经济发展所处的自然条件、物质技术条件、经济条件、社会条件等，一般包括不变环境和可变环境。不变环境主要指自然资源、物质条件等，是经济发展的基础部分，通常包括气候环境、地理环境、生态环境、自然资源环境、国土资源环境、设施环境、产业环境和人居环境。可变环境指政策、法治、服务等，通常包括制度环境、体制环境、政治环境、行政环境、法制环境、政策环境、服务环境、诚信环境和人文环境。不变环境是相对稳定的环境，针对经济发展而言，市场环境中的可变环境起着尤为重要的作用，充分发育的可变环境将会促进经济增长和发展；反之，不健全的可变环境则会阻碍经济增长和发展。

广义的市场环境可以划分为要素市场环境、正式制度环境和非正式制度环境三个大方面。

1. 要素市场环境的概念和内容

要素市场一般指成为生产要素的资本、土地、劳动力、技术等市场的总称。在我国社会主义市场经济条件下，要素市场主要是指金融市场、劳动力市场和技术市场，它们具有高度的关联性。发达的要素市场环境应该具有经济关系竞争化、企业行为自主化、宏观调控间接化和经营管理法治化等特征。建立发达的要素市场环境对优化资源配置起着重要作用，是建立和完善社会主义市场经济体制的重要条件，是加快河南省民营经济市场化进程的基本要求。

资本市场和货币市场统称金融市场。资本市场是指证券融资和经营一年以上中长期资金借贷的金融市场，它包括股票市场、债券市场、基金市场和中长期信贷市场等，其融通的资金主要作为扩大再生产的资本使用，因此称为资本市场。货币市场是经营一年以内短期资金融通的金融市场，包括同业拆借市场、票据贴现市场、回购市场和短期信贷市场等

劳动力是指处于一定劳动年龄阶段并愿意就业的个人，也称为人力资源。劳动力要素市场也就是交换劳动力这一特殊商品的市场。

随着社会科技进步和经济发展，科学技术对经济发展和社会进步发挥越来越重要的作用，技术被人们看作现代生产必不可少的一类要素。而在实际经济生产中技术商品的市场化交易已使技术市场发展成为又一重要的要素市场。

2. 正式制度环境的概念和内容

正式制度环境是指人们有意识建立起来的并以正确方式加以确定的各种制度环境，它主要包括经济体制环境、产权制度环境、政策环境和法治环境，作为一个整体，它们共同影响着企业的发展，在市场环境中起主要作用。

经济体制环境是指国家组织经济的形式，它规定了国家与企业、企业与企业、企业与各经济部门的关系，并通过一定的管理手段和方法调控或影响社会经济活动的范围、内容和方式等。

产权制度环境是指一系列用来确定每个人相对于稀缺资源使用时的地位和社会关系。

政策环境是指国家或执政党制定的实现一定时期国家经济发展目标的战略与策略，它包括综合性的全国经济发展战略和产业政策、国民收入分配政策、价格政策、物资流动政策、金融货币政策、劳动工资政策、对外贸易政策、社会保障政策等。

法治环境是指与企业相关的社会法制系统及其运行状态。它包括三大要素，即国家法律规范、国家司法执法机关、社会组织的法律意识。

3. 非正式制度环境的概念和内容

非正式制度环境是指人们在长期的社会生活中逐步形成的习惯习俗、伦理道德、文化传统、价值观念及意识形态等对人们行为产生非正式约束的规则，使那些对人的行为的不成文的限制，在市场环境中起重要作用。

非正式制度环境主要包括诚信环境和人文环境。诚信环境是指适应现代市场经济发展要求的、同现代经济契约关系和民主政治密切相关，并继承了传统诚信美德的真诚无欺、信守然诺的心理意识、原则规范和行为活动的总和。诚信是市场经济的基本条件，而市场经济就是诚信经济。现代市场经济已经进入诚信时代，诚信已经成为企业的立足之本，发展之源泉。人文环境是指一定社会系统内共同体的态度、观念、信仰系统、认知环境等。

总之，市场环境是企业生存与发展的依托。它既包括硬件设施，也包括软件要素，是硬件、软件相互融合、相互支撑的综合体。良好的市场环境是民营企业做大做强、提升市场竞争力的必要条件。

（二）建立公平透明的市场环境途径

市场环境是市场主体生存和市场经济发展的基础，也是一个地区开放水平和区域经济的竞争实力的标志，地方政府应着力构建公平竞争的市场平台，为投资者提供一个宽松的市场环境。在公平竞争的市场环境下，交易成功率高，交易成本低，投资的风险相应较小。市场环境失序，则交易摩擦多，交易成本增加，潜在的投资风险相应增大。河南省应积极围绕改善外资企业的市场经营环境，突出做好以下几个方面的工作。

1. 优化信用环境

良好的信用环境是市场秩序条件完备的基础，也是一个城市的价值资源，同样有利于降低交易成本。近年来，我国加紧推进中小企业信用担保体系建设，下发了《关于加强中小企业信用管理若干意见的通知》，并在上海、北京等地启动了社会信用体系建设试点。河南省目前已初步形成以中小企业为主要群体包括企业和个人诚信在内的社会信用体系。甘肃、浙江、北京、江苏、广东等地也在积极推动社会信用体系建设。社会信用体系建设已成为大势所趋，谁在信用体系建设中抢先一步，培育出良好的信誉，谁就能在激烈的引资竞争中赢得主动，抢得先机。在信用体系建设中，政府要发挥表率作用，同时，逐步建立和完善以个人信用为基础的社会信用体系和多层次的信用制度，提高全社会的信用程度，营造以诚信为本的市场氛围。因此，河南省应把社会信用体系建设纳入重要议事日程，确立打造"诚信河南"的奋斗目标。

（1）加强信用道德建设，为打造"诚信河南"奠定扎实的思想基础。结合学习贯彻公民道德建设纲要，结合"文明行业"、"文明单位"和社区文明竞赛等创建活动，加强对信用道德的宣传和教育；从基础教育到大学教育，以及各种有关的培训，都要把信用观念的宣传和教育贯彻始终；新闻媒体要积极配合，加大宣传力度；各级政府要率先垂范，积极建设诚信政府，特别是各级政府在引资时做出的承诺要合法，并切实兑现。

（2）加强信用网络建设，为打造"诚信河南"提供先进的信息技术服务。对信用数据建库，开放和发展信用管理行业是当务之急。河南省应组织专门班子进行深入的考察、研究，按照"市场开发、资源整合、信息共享、滚动发展"的要求进行统筹规划，整合政府部门掌握的企业信用信息，建立统一的检索平台，实现互联互通，便于投资者了解和监督。发挥政府的启动和监管作用，大力培育信用中介市场，鼓励中介机构开展企业信用评估、评级等业务，着力搭建包括中介机构在内的企业信用数据网络和个人信用数据网络两个信息平台。各商业银行和工商、税务、质监、社保、公安、法院、海关等部门按照地方法规以及与诚信中介机构的约定，向其提供信用信息，并建立自身的信用信息网络，形成政府组织的公益性诚信体系与社会化的商业性诚信体系的并存和互通。

（3）加强信用法治建设，为打造"诚信河南"提供法律保障。进一步加强地方立法。地方立法的重点当把握两个方面：一个方面是建立和完善失信惩罚机制方面的立法。通过失信惩罚机制的建立，加大企业和个人失信的成本，迫使其行为趋向守信，让守信成为守信者的"通行证"。另一个方面是信用数据管理和公开方面的立法。对信用信息征集、评价的内容、程序、标准，信用信息披露、查询的内容、载体、程序，企业或者个人对信用信息申请更正的程序，以及信用信息从业人员的条件、守则等做出规定，确保信用信息市场的发展有章可循，规范、审慎运行。在加强地方立法的同时，切实做到有法必依、执法必严、违法必究，对失信违法行为严格依法惩处，让"失信者"付出其应有的代价。

（4）加强信用队伍建设，为打造"诚信河南"提供组织保证。政府相关部门特别是信用的管理和执法部门、中介机构以及企事业单位，都要高度重视信用人才建设，精心选择、培养一批骨干力量，建设一支具备现代信息技术、现代管理知识的专业人才队伍。企事业单位强化对经营管理人员的信用教育，健全内部信用管理制度，促进企业个体和市场整体信用程度的提高。

2. 加强市场监管

（1）放宽市场准入。运用市场化手段选择确定投资主体，打破地方、部门和行业垄断，建立统一实施和更为公开的市场准入制度，凡是具有自然垄断性、排他性的重大基础设施、基础产业项目，有多家潜在投资者参加竞争的，采取国内外公开竞争招标方式确定投资主体。

（2）依法保护市场主体的合法权益。对制假贩假的企业和个人，限制进入市场从事任何生产经营活动；加大市场执法力度，大力整治金融秩序、税收征管秩序，消除地方保护主义，打破行业垄断，严厉打击走私贩私、偷税漏税的违法行为，规范市场经济秩序，建立健全公平公正的市场竞争体系。

（3）规范企业年审。对无法律、法规依据的企业年审一律取消；法律、法规规定的企业年审实行公告制度，由年审实施部门对外公布年审的对象、内容、时间和要求；对同一企业有多项年审的，统一年审时间，并由工商行政管理部门牵头，会同其他相关部门实行联合年审。

3. 培育中介组织

大力培育律师事务所、会计师事务所、评估机构、咨询机构等经济鉴证类中介机构，积极推进国有经济成分的中介机构的脱钩改制和规范工作，加强行业协会自律管理，尽快建立符合社会主义市场经济体制要求的中介机构运营体制，为投资者提供咨询和联络沟通服务。同时，将政府承担的部分社会服务职能逐步从政府行政职能中剥离出来，制定行业协会和社会中介机构管理办法，逐步规范社会中介组织行为。

4. 完善经营环境

完整的产业配套和产业聚集有利于降低投资营运成本，提高投资回报和效率，也是吸引投资的一个重要方面。河南省政府应立足自身的比较优势，突出引资的重点产业，紧紧围绕电子信息、汽车电子、旅游开发、金融保险、现代农业等主导产业，加大产业链招商，积极争取产业链上游的配套件厂商到豫投资，重视外资企业最终产品的配套协作件的进口替代，通过加快其产品的国产化进程来降低企业的成本并提高竞争力。

5. 创新金融环境

河南省是国内外多家银行分支机构所在地。尽管较好的金融条件推动了河南省经济的发展，但还远没有像其他"河南品牌"一样成为吸引外资的环境品牌。要想增强河南省综合竞争力和吸引投资的力度，必须进行金融环境的创新，优化河南省金融环境。事实上金融业也有"群聚效应"，不仅要引进通常所熟知的银行、证券、保险业，其他金融衍生产品的开发和业态都是形成良好金融环境所必需的。同时，各种所有制的金融机构都应得到同样良好的支持和发展。通过争取国家政策支持，以及自身金融体制改革，在产业投资基金、创业风险投资、金融业综合经营、多种所有制金融企业、离岸金融业务等方面进行创新，一方面可以降低外商的商务成本，另一方面可以增强外商在本地融通资金的能力。良好的资金融通环境和金融业务的突破将会成为河南省吸引外商的助推器。

参考文献

敖秀芳：《中国企业"走出去"的对策研究》，《吉林省教育学院学报》2010年第11期。

薄海涛：《吉林省政府制度创新问题与对策》，吉林大学硕士学位论文，2007。

毕吉耀、张一等：《"十二五"时期世界经济发展趋势及其给我国带来的机遇和挑战》，《宏观经济研究》2010年第2期。

常忠诚：《制度创新与东北老工业基地可持续发展的路径选择》，吉林大学博士学位论文，2008。

陈建伟：《制度创新与区域经济发展》，吉林大学硕士学位论文，2007。

陈娜：《河南省区域经济差异与协调发展研究》，河南大学硕士学位论文，2011。

陈勇强、孙立波等：《我国对外工程承包存在的问题与应对策略》，《中国港湾建设》2006年第1期。

程恩富、尹栾玉：《加快转变对外经济发展方式须实现五个控制和提升》，《经济学动态》2009年第4期。

程健、邢珺等：《内陆地区开放型经济发展的困局与创新》，《生态经济》2013年第11期。

刁春和：《中国对外承包工程发展现状及展望》，《中国建筑金属结构》

2009 年第 6 期。

高虎城：《全面提升开放型经济水平》，《求是》2013 年第 24 期。

高苗：《我国农村城镇化发展的制度创新研究》，东北师范大学硕士学位论文，2008。

高伟：《吉林省县域经济发展研究》，东北师范大学硕士学位论文，2006。

郭福仙：《对我国对外开放模式的理性思考》，《湖南人文科技学院学报》2009 年第 1 期。

国家发展改革委地区经济司：《中部地区开放型经济发展情况与建议》，《中国经贸导刊》2012 年第 4 期。

胡鞍钢：《未来中国经济发展趋势与对外开放思路》，《中国党政干部论坛》2015 年第 2 期。

胡立俭：《中国开放型经济的转型升级之路》，《中国经济周刊》2014 年第 49 期。

黄泓：《国内外园区发展及重庆北部新区的借鉴》，《重庆工学院学报》2005 年第 9 期。

黄莉：《完善辽宁开放型经济体系的思考》，《辽宁经济》2012 年第 3 期。

黄世冬：《论我国城市化的制度障碍及制度创新》，厦门大学硕士学位论文，2005。

季宇：《浅析金融危机下我国对外工程承包的现状、发展趋势及对策》，《农业与技术》2009 年第 3 期。

纪宇：《我国对外工程承包行业发展探析》，《改革与开放》2007 年第 6 期。

姜丽华、曾昭宝：《河南省政府管理体制存在的问题及对策》，《河南社会科学》2005 年第 6 期。

经海涛、杨兴礼等：《重庆实体经济"走出去"的现状与思路研究》，《经济研究导刊》2011 年第 17 期。

康书生、蔡兵：《我国开放型经济面临的挑战分析》，《中国发展观察》2009 年第 5 期。

孔祥敏：《从出口导向到内需主导——中国外向型经济发展战略的反思及转变》，《山东大学学报》（哲学社会科学版）2007 年第 3 期。

冷冬：《工业化理论研究新进展我国对外工程承包业的现状与问题》，

《中国对外贸易》2002年第3期。

李二敏、干吉安：《安徽农业对外开放现状、存在问题及对策建议》，《安徽农业科学》2009年第11期。

李钢：《后危机时代中国外贸政策的战略性调整与体制机制创新》，《国际贸易》2010年第3期。

李清树：《努力实现河南对外开放工作的新突破》，《学习论坛》2007年第4期。

李晓平：《和谐社会的舆论环境研究》，中共中央党校博士学位论文，2008。

梁丹：《河南开放型经济发展阶段跨越的理性思考》，《中州学刊》2009年第3期。

廖业扬：《广西对外开放新模式与功能》，《广西社会科学》2008年第9期。

刘绍坚：《中国现代服务业进一步对外开放的思考和政策建议》，《宏观经济研究》2008年第9期。

刘英奎：《中国企业实施走出去战略研究》，中国社会科学院研究生院博士学位论文，2003。

刘志中：《辽宁加快服务业对外开放对策研究》，《辽宁大学学报》（哲学社会科学版）2008年第5期。

刘忠广：《河南外贸面临的机遇和挑战》，《消费导刊》2010年第5期。

刘忠广：《河南省对外承包工程的现状及对策建议》，《对外经贸实务》2010年第9期。

陆鑫：《地方政府制度创新研究——以无锡为例》，江南大学硕士学位论文，2008。

陆壹东：《跨越发展与制度创新》，《改革与战略》2008年第2期。

吕红：《河南省对外开放发展态势及制约因素研究》，《长春教育学院学报》2014年第24期。

孟德友、陆玉麒：《河南外向型经济区域差异及极化态势分析》，《地域研究与开发》2009年第8期。

孟德友、范况生：《河南省外商直接投资的地域规模结构分析》，《许昌学院学报》2010年第2期。

农业部软科学委员会办公室：《加入世贸组织与扩大农业对外开放》，中国农业出版社，2005。

彭予清：《经济全球化下我国对外承包工程的发展趋势》，《国际商务财会》2009年第11期。

裴长洪：《我国开放型经济的基本特征》，《中国经贸导刊》2009年第4期。

裴长洪：《新阶段开放型经济的新目标、新要求、新任务》，《中国经贸导刊》2009年第6期。

任超锋：《中国对外工程承包业应对国家风险的策略》，《经济研究导刊》2009年第33期。

任改玲：《河南省对外承包工程与劳务合作的发展探析》，《对外经贸实务》2009年第9期。

任晓莉、朱杰堂：《提高河南经济外向度的对策建议》，《郑州航空工业管理学院学报》2008年第1期。

任晓莉、杜明军：《河南经济国际化：成就、比较与推进》，《中州学刊》2008年第9期。

沈国军：《对外开放度与经济增长的实证分析——以河南为例》，《企业经济》2003年第4期。

四川开放型经济研究课题组：《四川开放型经济的建立与制度创新》，《中共四川省委党校学报》2005年第1期。

孙恒有等：《河南省对外劳务和工程承包的思考与建议》，《郑州航空工业管理学院学报》2011年第2期。

唐海燕、毕玉江等：《后危机时代加快转变对外经济发展方式的若干问题》，《华东师范大学学报》（哲学社会科学版）2011年第1期。

唐全中：《试论我国现代社会制度创新》，吉林大学硕士学位论文，2007。

王东升、郝生跃：《中国工程承包企业对外发展战略研究》，《科技与管理》2005年第1期。

王海蕴：《"一带一路"打造对外开放新格局》，《财经界》2014年第

12 期。

王胜迎：《我国地方政府制度创新行为分析》，西北大学硕士学位论文，2007。

王双正：《扩大农业对外开放：现状、趋势及建议》，《经济理论与经济管理》2011 年第 4 期。

王晓红：《金融危机与中国农业对外开放》，《时代经贸》2009 年Z1 期。

吴小海：《对外工程承包企业发展对策研究》，《现代商贸工业》2009 年第 8 期。

邢厚媛：《三十年风雨兼程：对外工程承包业在结构调整中走向成熟》，《国际经济合作》2008 年第 3 期。

邢厚媛：《实现对外工程承包转型升级的思考》，《国际经济合作》2011 年第 3 期。

肖勤福：《略论西部大开发中的引进来与走出去》，《中共中央党校学报》2002 年第 4 期。

薛荣久：《我国开放型经济体系构建的纲领与重大意义》，《国际商务（对外经济贸易大学学报）》2007 年第 6 期。

杨光：《中原城市群开放型经济发展研究》，郑州大学硕士学位论文，2007。

殷胜磊：《河南省县域经济增长差异的计量分析》，河南大学硕士学位论文，2011。

喻新安：《中原经济区研究》，河南人民出版社，2010。

张丹：《我国对外承包工程的风险与对策》，《会计师》2009 年第 2 期。

张军果：《对外开放要坚持"引进来"和"走出去"的有机结合》，《中央财经大学学报》2003 年第 7 期。

张敏：《新时期中国对外开放路径探析》，《合作经济与科技》2015 年第 12 期。

张述传：《为构建和谐社会营造和谐舆论环境》，《学习与实践》2006 年第 12 期。

张水波、杨秋波：《对外承包工程快速增长：问题与对策》，《国际经济合作》2007 年第 2 期。

赵桂平、王宏梅：《我国对外承包工程：现状、问题与对策建议》,《建筑设计管理》2007 年第 5 期。

赵克强：《新时期舆论调控研究》, 河南大学硕士学位论文, 2007。

赵伟、江东：《ODI 与中国产业升级：机理分析与尝试性实证》,《浙江大学学报》(人文社会科学版) 2010 年第 3 期。

赵振宇：《构建和谐社会与舆论环境建设》,《西南民族大学学报》(人文社会科学版) 2005 年第 9 期。

喆儒：《产业升级——开放经济条件下中国的政策选择》, 中国经济出版社, 2006。

郑斯林：《扎实推动中小企业对外合作》,《中国电子报》2008 年 12 月 20 日。

朱华：《中国"引进来""走出去"战略评析及其下一步》,《改革》2009 年第 4 期。

后　记

　　我国经济发展进入新常态，经济增长速度从高速转入中高速，经济增长结构与增长动力正处于加速调整之中，对开放发展提出了新要求。因此，河南要根据国际国内发展环境的深刻变化，调整对外开放发展战略。近年来，河南把对外开放确立为基本省策，强力实行开放带动主战略，持续拓展开放新领域，构建举省开放体制，凭借承东启西、联南结北的地缘优势，依托已经成型的郑州航空港经济综合实验区带来的创新开放模式，河南内陆开放稳定、健康、持续发展，成为内陆对外开放高地。河南省对外开放正在进入一个扩大规模、提高质量、加快步伐新的发展阶段，要适应国际经济格局发展新趋势和"新常态"下的发展新要求，继续实施对外开放基本省策，统筹利用国际国内两个市场、两种资源，抓住国家实施"一带一路"战略的重大机遇，努力形成新一轮开放优势，全面提升在全球产业链、价值链、物流链中的地位，构建开放型经济新体制。

　　本书深刻阐释了河南实现开放发展的紧迫性和重要性，从经济全球化、缩小同全国发展差距、构建经济增长内生机制、建设中原经济区等方面论述了开放发展是新常态下河南经济社会又好又快发展的客观要求和必然选择；系统分析了河南开放发展的历史阶段、发展现状和存在问题、面临的新机遇和新挑战，提出了河南开放发展的基本思路和模式选择；全面研究了河南对外开放的战略任务和战略重点，从产业、企业和区域不同层面打造河南开放发展平台，在提升出口和招商层次、扩大劳务输出和经济技术合作上实现新突破；并探讨了如何建立对国内国际高端生产要素富有吸引力的体制环境，在制度创新、环境建设等方面提出了相关政策建议。

本书由王建国研究员主编，由课题组成员共同完成。参与撰稿的有：左雯（第一、二、三、四、五、六、十三、十四、十五章）、柏程豫（第七、八章）、李建华（第九、十、十一、十二章），郭小燕、杨兰桥等同志参与了部分撰稿工作。本书由王建国研究员拟定大纲并统稿，左雯同志承担了本书出版的联络和书稿的编辑处理工作。

在本书付梓之际，要深深感谢河南省社会科学院科研处、办公室、财务处的热情帮助，感谢社会科学文献出版社的大力支持，感谢社会科学文献出版社任文武老师的竭力帮助，感谢所有鼓励、支持、帮助本书撰写出版的领导和同志们。

作　者

2016 年 10 月

图书在版编目（CIP）数据

新常态下的河南开放发展／王建国主编. -- 北京：
社会科学文献出版社，2016.12
（河南省社会科学院学术书系）
ISBN 978 - 7 - 5097 - 8506 - 5

Ⅰ.①新…　Ⅱ.①王…　Ⅲ.①区域经济 -经济发展 -
研究 -河南省　Ⅳ.①F127.61

中国版本图书馆 CIP 数据核字（2015）第 291825 号

·河南省社会科学院学术书系·

新常态下的河南开放发展

主　　编／王建国
副 主 编／左　雯　李建华　柏程豫

出 版 人／谢寿光
项目统筹／任文武
责任编辑／高　启　高振华

出　　版／社会科学文献出版社·皮书出版分社（010）59367127
　　　　　地址：北京市北三环中路甲29号院华龙大厦　邮编：100029
　　　　　网址：www.ssap.com.cn
发　　行／市场营销中心（010）59367081　59367018
印　　装／三河市东方印刷有限公司

规　　格／开　本：787mm×1092mm　1/16
　　　　　印　张：20.25　字　数：319千字
版　　次／2016年12月第1版　2016年12月第1次印刷
书　　号／ISBN 978 - 7 - 5097 - 8506 - 5
定　　价／78.00元

本书如有印装质量问题，请与读者服务中心（010 - 59367028）联系